장애와 함께 살아간다는 것

변화하는 사회 속 장애청소년들의 이야기

Disability and Social Change: Private Lives and Public Policies
by Sonali Shah and Mark Priestley

그린비 장애학 컬렉션 03
장애와 함께 살아간다는 것 : 변화하는 사회 속 장애청소년들의 이야기

발행일 초판1쇄 2014년 10월 20일 | **지은이** 소날리 샤 · 마크 프리슬리 | **옮긴이** 이지수
펴낸곳 (주)그린비출판사 | **펴낸이** 노수준 · 박순기 | **편집** 김미선 | **디자인** 이민영 | **등록번호** 제313-1990-32호
주소 서울시 마포구 동교로17길 7, 4층(서교동, 은혜빌딩) | **전화** 02-702-2717 | **이메일** editor@greenbee.co.kr

ISBN 978-89-7682-784-5 03330
이 도서의 국립중앙도서관 출판시도서목록(CIP)은 서지정보유통지원시스템 홈페이지(http://seoji.nl.go.kr)와
국가자료공동목록시스템(http://www.nl.go.kr/kolisnet)에서 이용하실 수 있습니다.(CIP제어번호: CIP2014026724)

나를 바꾸는 책, 세상을 바꾸는 책 www.greenbee.co.kr

장애와 함께 살아간다는 것

변화하는 사회 속 장애청소년들의 이야기

소날리 샤·마크 프리슬리 지음 | 이지수 옮김

그린비 장애학 컬렉션·03

ㅎB
그린비

옮긴이 서문

누구나 어린 시절을 거쳐 어른이 된다. 그래서 어른들은 아이들에 대해, 그리고 그들이 살아가고 있는 세상에 대해 잘 알고 있다고 속단하기 쉽다. 이것이 나이 든 사람들이 젊은 사람들에 대해 쉽게 평가하고 쉽게 충고할 수 있는 이유일 것이다.

그런데 내 아이를 키우고 청년들을 가르치며 인생의 중년기를 살아가고 있는 요즘, 나는 청소년들을 마주하는 것이 점점 두려워진다. 어쩌면 나는 그들과 그들의 세상에 대해 아무것도 모르고 있는 것이 아닐까 하는 생각이 들기도 한다. 개개인이 가진 특성이 다르다는 것은 말할 나위도 없고, 지금의 어른들이 살아왔던 세상은 지금의 청소년들이 살아가고 있는 세상과 너무나 다르다. 세상은 참으로 빠르고 급격하게 변화하고 있고, 그 변화는 젊은 사람들에게 결코 호의적이지 않다. 그런 세상을 살아 나가야 하는 청소년들의 불안과 좌절은 점점 커지고 있다. 젊은 날의 내 경험이 지금의 젊은이들에게 아무런 준거도 되어 줄 수 없으리라는 무력감이 고개를 든다.

다른 한편 드는 생각은 이전 세대로부터의 지혜도 얻기 힘든 세상을 살아가는 데 가장 중요한 것은 청소년들 스스로가 가지고 있는 자존 감이 아닐까 하는 것이다. 아무것도 쉽게 주어지지 않고 아무것도 보장 되지 않으며 모든 것이 뛰어넘어야 할 장벽이 되어 버린 지금의 세상에 서 청소년들을 지켜 줄 수 있는 힘은 그럼에도 불구하고 '난 괜찮은 사 람'이라는 의식, '아직은 아닐지라도 언젠가는 꽃을 피울 내면의 힘이 내 안에 자리하고 있다'는 스스로에 대한 신뢰일 것이다. 높은 자존감은 젊은 사람들이 처한 당장의 현실이 녹록지 않아도 그것을 견디고 변화 를 꿈꿀 수 있게 하는 원동력이 된다.

자존감은 마음속에서 자라는 새싹 같은 것이다. 그것은 고정된 속 성이 아니라 변화하고 성장한다. 그것은 어린 시절부터 축적되는 경험 을 통해서 움트고 그가 속한 다차원적인 환경과 영향을 주고받으며 자 란다. 인생을 살아가는 동안 새싹은 튼튼한 줄기와 커다란 잎을 가진 나 무로 변화할 수도 있을 것이다. 그러므로 사회라는 험로에 들어서기 전 에 자존감이라는 새싹을 틔우는 일은 평생을 두고 유용한 자산이 될 것 이다.

장애와 함께 인생을 살아가는 청소년들이라면 어떨까. 1970년대 이후 장애 문제를 이해하는 핵심 이론으로 등장한 장애의 사회적 모델 은 장애를 개인이 가진 손상이 아니라 그들에게 가해지는 사회적 억압 으로 규정한다. 사회적 모델은 장애 문제를 사회구조적인 차별과 배제 로 개념화함으로써 장애를 가진 사람들을 해방시켰다. 장애인들은 스 스로를 '문제'로 보지 않을 수 있게 된 것이다. 결함을 가진 인간으로서 의 정체성에서 벗어나 사회적 배제의 피해자로서 자기를 규정할 수 있 었으며 이는 곧 문제의 원인이 아니라 문제 해결의 주체로 설 수 있음을 의미했다.

그러나 사회적 모델이 등장하고 몇 세대가 지나면서도, 장애인에 대한 제도적 차별과 배제는 근절되지 않았다. 차별을 줄이기 위한 제도적 노력이 없지 않았지만, 장애인은 그가 가진 손상을 보상할 만큼의 뛰어남을 입증해 내지 않고는 같은 조건의 비장애인과 대등한 위치에 설 수 없었다. 손상은 이제 신이 내린 형벌이거나 감추어야 할 허물은 아닐지라도 여전히 극복해야 하는 짐이고 한계다.

더구나 함께 살아가는 사람들의 인식의 차원, 즉 장애인에 대해 사람들이 가지고 있는 이미지와 감정, 심리적 거리감은 쉽게 좁혀지는 것 같지 않다. 장애인은 무관심의 대상이거나 '안됐고 불쌍한' 존재일 수는 있지만, 내 가족으로 받아들이기는 꺼려지는 사람이고 내가 장애인이 아니어서 다행스러운 '타자'이다. 노골적인 차별을 드러내지는 않지만, 장애인을 만났을 때 그가 가진 손상에 제일 먼저 주목하는 보통 사람들의 시선은 피하기 어렵다. 이런 경험 속에서, 사회적 모델의 세례를 받은 장애청소년들은 머리로는 장애가 자신의 결함이 아니라고 인식하더라도 매일의 삶 속에서는 끝없는 혼란에 처하게 될지 모른다. 장애를 가진 청소년들이 자존감을 싹 틔우고 키워 나가는 데에서도 그들이 가진 손상은 극복해야 하는 한계로 작용할 수 있다.

그렇다고 해서 손상을 가지고 있으면 자존감이 낮을 수밖에 없다고 속단하는 것은 매우 위험한 편견이고 차별이다. 손상을 가지고 있다는 이유만으로 모두 동일한 경험을 하는 것은 아니며, 자신의 경험에 대해 동일하게 부정적인 해석을 내리며 살아가는 것도 아니기 때문이다.

그러므로 장애를 가진 청소년들을 이해하기 위해서는 다음과 같은 질문들이 매우 신중하게 다루어져야 한다. 장애를 가진 청소년들은 어떤 사회적 장벽과 몸의 한계를 경험할까. 이 장벽과 한계는 개인들에게 어떻게 해석되고 받아들여지며, 자아상에 어떤 영향을 미치게 될까. 장애를 갖지 않은 청소년과 장애를 가진 청소년의 경험과 자아상 형성 과정은 어떻게 같고 어떻게 다를까. 유사한 손상을 안고 살아가는 사람들 사이에는 어떤 보편성과 개별적 특수성이 있을까. 장애청소년들이 높은 자존감을 형성하는 것은 가능할까, 가능하다면 무엇이 이를 가능하게 할까.

이 책은 장애인 당사자들이 들려주는 자전적 이야기를 깊이 있게 분석함으로써 이런 질문들에 대한 대답을 찾아 나가고 있다. 비장애인 연구자에 의해 이루어지는 일방적인 해석과 분석이 아니라 장애인들 스스로가 들려주는 자신들의 경험과 생각, 인식을 전해 들을 수 있는 것이다.

우리에게 이야기를 들려주는 이들은 2차 세계대전 이후 영국 사회를 살아온 사람들로서 세 세대의 장애청소년을 대표하고 있다. 첫번째 세대는 1940년대에 태어나 영국의 사회 정책과 장애 정책이 처음 형성되고 확대되던 시기에 젊은 시절을 보낸 사람들이다. 이들은 장애 문제에 대한 국가 차원의 제도와 서비스를 처음 경험하였지만, 그 제도와 서비스는 장애인의 사회 통합보다는 분리를 조장하는 것이었다. 두번째 세대는 1960년대에 태어난 사람들로서, 장애인에 대한 분리와 배제를 조장하는 정책과 서비스가 사회적인 비판에 직면하면서 장애인 당사자의 자각과 사회운동이 성장하던 시기에 젊은 시절을 보낸 사람들이다. 이들은 사회적 분리를 겪으면서도 자신들의 연대가 사회를 변화시킬 수 있다는 자신감을 맛본 세대이기도 하다. 세번째 세대는 1980년대에 태어나 「장애차별금지법」과 장애인 인권이 강조되는 현재에 초기 성인기를 맞이하는 첫 세대가 된 사람들이다. 이들은 차별금지와 인권을 화

두로 정책과 서비스가 재편되지만 신자유주의 경제기조 속에서 고용은 불안정해지고 경쟁은 배가되는 시대를 살아가고 있다.

장애청소년들의 경험은 크게 다섯 개의 영역에서 그려진다. 태어나면서부터 맺어지는 일차적 관계인 가족 안에서의 삶(3장), 그들의 손상에 대해 일차적으로 반응하는 사회 양식이라 할 수 있는 의료체계 안에서의 삶(4장), 아동·청소년기를 가장 폭넓게 규정하는 학교 및 교육체계 안에서의 삶(5장), 사회인으로서 그리고 독립적인 성인으로서의 삶에 접근하는 열쇠가 될 고용체계 안에서의 삶(6장), 그리고 이 모든 사회적 체계들 속에서 축적되는 개인의 경험을 통해 그들이 형성해 가는 자아 정체성(7장)의 영역까지, 저자들은 담담하지만 섬세하게 이들의 경험을 좇아가고 있다.

이들의 이야기는 세 세대의 개인들이 겪은 소소한 일상으로부터 사람들 사이의 관계, 개인적 느낌과 생각을 있는 그대로 드러내지만, 그것은 개인적인 경험으로만 끝나지 않고 사회구조와의 연결점을 찾아 한 걸음 더 들어간다. 그들이 살았던 시대적 상황이나 정부의 정책과 제도가 역사적 인간으로서의 개인, 그리고 그를 둘러싼 사람들의 관계와 어떻게 영향을 주고받는지 분석하는 것이다.

인생의 주요 전환점에서 개인에게 주어지는 선택의 여지는 사회구조적 변화에 의해 틀 지어지고 규정된다. 동시에 개인은 자신에게 주어진 선택지가 협소하거나 인권 침해적일 때 구조적 변인들에 대해 나름대로의 방식으로 대처하고 저항하며 때로는 구조를 변화시키기도 한다. 이러한 저항의 힘은 어린 시절 가족 안에서 얻은 심리적 지지일 수도 있고 같은 처지에서 사회적 격리를 경험했던 동료들과의 연대일 수도 있다. 또한 개인이 가지고 있는 잠재력을 발견하고 격려해 준 선생님이나 교육체계일 수도 있다. 그러므로 거시적인 정책 및 제도와 미시적인 개인적 경험은 마치 날실과 씨실처럼 짜여서 장애청소년들의 삶을 구성하고 있는 것이다.

이 책에서 만나는 개인들은 억압적이거나 분리적인 제도 안에서도 자신을 계발하고 성장시킬 수 있는 여지를 끊임없이 찾아내고 있다. 장애청소년들은 그들이 속한 가족과 학교, 병원, 직업 현장 안에서 한 켜 한 켜 경험을 쌓고 그 경험을 소화해 내며, 담담하지만 강하게 삶을 이어 나간다. 이 과정은 손상을 가진 '나'를 이해하고 자존감을 지키며 동료와 연대해 나가는 삶의 여정이다.

녹록지 않은 세상을 살아가는 데 중요한 자산이 자존감이라고 한다면, 장애를 가지고 인생을 살아가는 청소년들도 자존감을 싹 틔우고 키워 나갈 수 있어야 한다. 장애청소년들이 자존감을 지키며 살아가는 것은 매우 개인적인 일 같지만, 이것이 가능한 여건을 만드는 것은 장애인이 부딪히는 사회의 구조적 장벽을 낮추는 작업의 하나다. 이 책이 장애와 함께 살아가는 청소년들의 성장을 격려할 수 있는 사회를 이루는 데 작은 보탬이 되기를 희망한다. 끝으로 이 책이 나오기까지 성심을 다해 도와준 그린비출판사에 감사드린다.

2014년 여름
이지수

감사의 말

이 책에서 가장 핵심은 수많은 개인들의 인생 이야기이다(비밀보장을 위해 이 책에서는 이들을 스스로 정한 가명으로 지칭했다). 삶의 매우 내밀한 부분까지 우리에게 나누어 준 그들의 관용에 대해 진심으로 감사를 드린다.

이 책은 3년간 너필드 재단 신진 연구자 지원사업의 도움을 받아 리즈 대학교의 장애학 센터가 수행한 연구를 토대로 하고 있다. 우리는 이 연구 프로젝트가 이루어지는 동안 유연하게 지원을 계속해 준 너필드 재단 측에 특별한 감사를 드린다.

우리는 또한 사회학과 및 사회정책학과의 동료들과 그 외의 많은 동료 연구자들에게도 감사를 전하고자 한다. 이들은 우리의 생각에 많은 영향을 주었고, 초고에 대해 의견을 제시해 주었으며, 조사 연구가 가능하도록 많은 실질적인 도움을 주었다. 특별히, 닉 엘리슨Nick Ellison, 브렌 닐Bren Neale, 세라 어윈Sarah Irwin, 앤 보세이Anne Borsay, 댄 굿리Dan Goodley에게 고마움을 전한다.

차례

장애와 함께 살아간다는 것

| 일러두기 |

1 이 책은 Sonali Shah and Mark Priestley의 *Disability and Social Change: Private Lives and Public Policies* (Bristol: The Policy Press, 2010)를 완역한 것이다.

2 인용문헌의 서지정보는 인용문 끝에 '지은이, 출판 연도: 쪽수' 식으로 명기했다. 인용문헌의 자세한 서지정보는 본문 뒤에 실린 참고문헌에 밝혔다.

3 본문의 각주는 모두 옮긴이의 것이다. 본문 내용 중 옮긴이가 독자들의 이해를 위해 추가한 내용은 대괄호([ ])로 묶어서 표시했다.

4 단행본·전집·정기간행물 등은 겹낫표(『 』)로, 논문·회화·영화 등은 낫표(「 」)로 표시했다. 구체적인 법령명 역시 낫표로 표시해 주었는데, 포괄적인 의미의 법인 경우 그대로 두었다.

5 외국 인명이나 지명, 작품명 등은 2002년에 국립국어원에서 펴낸 외래어 표기법을 따랐다.

서론

영국에서 20세기 후반기는 장애를 공적인 이슈로 생각하고 반응하는 방식에 있어 그 어느 때보다도 큰 변화가 있었던 시기인 듯하다. 새로운 공공 정책들이 만들어졌을 뿐 아니라 장애에 대한 정치적 자각이 이루어졌다. 그러나 이 시기를 살았던 사람들은 어떠했을까? 오늘날 장애청소년[1]의 삶은 이전 세대의 장애청소년들과 어떻게 다를까? 간단히 말하자면, 그들의 삶도 변화했을까? 이 질문에 답하기 위해서 이 책은 개인의 전기적 경험과 역사적 정책 분석을 서로 조합해 보려고 한다.

이 책에서 분석한 자료는 리즈 대학교University of Leeds가 너필드 재단Nuffield Foundation의 지원을 받아 수행했던 지난 3년간의 프로젝트에서 얻은 것이다. 특히 이 책에서 활용된 개인들의 전기적 내러티브는 1940년대, 1960년대, 1980년대에 출생한 세 세대 남녀 50명의 생애

---

1 이 책에서 'young disabled people'은 '장애청소년'으로 번역하였다. 법적으로 청소년은 9~24세를 의미하고, 일반적으로는 중고생 정도의 연령을 지칭한다. 이 책에서 청소년은 성인기 삶을 준비하는 과정을 포괄적으로 지칭하는 개념으로 사용하였다. 출생부터 본격적인 성인으로서의 삶 이전까지를 포함한다는 점에서 이 용어를 일반적인 의미의 '청소년'보다는 훨씬 넓은 연령층을 포괄하는 의미로 사용하고 있음을 밝혀 둔다. ──옮긴이

사 인터뷰 중에서 추출한 것이다. 이들은 모두 잉글랜드에서 성장한 사람들이다. 이들 동년배 세대들은 저마다 변화무쌍한 시대에 성장하였다. 맨 위 세대는 2차 세계대전 기간 중에 또는 종전 직후에 태어나서, 장애가 영국의 사회 정책 안에 점차 체계적으로 자리를 잡아 가던 시기(그리고 전후 복지국가가 등장하던 시기)에 성장하였다. 중간 세대는 1960년대에 태어난 사람들로, 장애인에 대한 사회적 배제의 논리에 대해 비판이 제기되던 시기(예컨대 분리식 보호와 특수학교에 대한 비판이 제기되고, 초기 장애운동이 시작되었던 시기)에 아동기와 초기 성인기를 경험한 사람들이다. 가장 젊은 세대는 1980년대에 출생한 사람들로서, 「장애차별금지법」과 인권법 ——장애인의 삶의 모든 측면에 영향을 미치는——의 시대에 초기 성인기를 보내는 첫 세대가 되었다.

이 책은 의무취학연령 이전에(즉 출생과 함께 또는 영유아기에) 신체적인 손상을 가진 것으로 진단받거나 꼬리표를 붙이게 된 사람들의 이야기에 초점을 맞추었고, 잉글랜드의 북쪽과 남쪽, 도시와 농촌에서 성장한 사람들을 두루 포함시켰다(한 참여자는 잉글랜드로 이사하기 전에 스코틀랜드의 학교에 다닌 적이 있다). 맨 위 세대를 대표하는 15명, 중간 세대를 대표하는 19명, 젊은 세대를 대표하는 16명이 참여자로 선정되었다(인터뷰에 참여한 60명 가운데 50명의 이야기를 담았다).

통계적으로 대표성을 갖도록 참여자를 선정한 것은 아니며, 다양한 삶의 경험을 추출하는 것에 목적을 두었다. 하지만 동년배 집단 안에서는 젠더의 균형을 맞추었고 가능하면 인종적 소수자의 경험을 포함하려고 하였다. 참여자는 공개모집을 통해 자발적으로 참여의사를 밝힌 사람들로 선정하였다(모집은 일반 매체, 장애 관련 잡지, 장애 조직, 교육 기관, 여가와 서비스 제공자 등을 통해 이루어졌다).

성별로 보았을 때 맨 위 세대에서는 남성 참여자가 다소 적게 모집되었다. 어린 시절부터 신체적 손상을 가지고 있었으며 자신의 이야기를 함께 나누고자 하는 남성을 고연령층에서 모집하는 것이 다소 어려웠기 때문이다(중간 세대와 젊은 세대의 남성 모집에는 어려움이 없었다). 세대 간 경계도 조금씩은 '신축적으로 조정'하였다. 예컨대 정확히 '1940년대'에 출생하였는지보다는 1970년 「만성질환과 장애인 법」 Chronically Sick and Disabled Persons Act 제정 이전에 학교를 마치고 성인 노동시장에 진입하였는지를 좀더 중요시하였다(이에 따라 1951년에 출생한 남성 한 명과 1938년에 출생한 여성 한 명이 이 세대로 선정되었다).

이 책은 당사자의 이야기를 통해서 다양한 주제들을 다루고 있지만, 책 제목[원제 『장애와 사회 변화』Disability and Social Change]이 보여 주는 바와 같이 공공 정책에서의 변화와 사람들의 개인적인 삶 사이의 연관성에 초점을 맞추고 있다. 중요한 것은 이 책이 개인의 이야기를 넘어서서 그 이야기들이 드러낼 수 있는 더 큰 경향성과 시간에 따른 발전을 보여 주는 것으로 나아가기를 목표로 한다는 것이다. 이 책은 정책, 제도, 환경, 관계가 장애청소년과 그 가족이 삶을 살아 나가는 동안 가질 수 있는 선택의 범위에 어떻게 영향을 미치는지를 보여 주는 다양한 증거들을 제시하고자 한다. 공공 정책과 제도들은 개인이 삶에서 만나게 될 선택과 기회에 엄청난 영향을 미친다. 때로는 그 공공의 목적을 벗어나 의도하지 않았던 결과를 만들어 내기도 한다. 예컨대 보건의료 정책, 교육 정책이나 고용 정책들은 개인의 가족 관계, 사회적 관계, 그리고 자아 정체성에 극적인 영향을 미칠 수도 있다.

개인의 삶과 공공 정책 간의 연관성을 통해서 역사적 변화를 살펴보는 것은 구조와 환경뿐 아니라 개인의 주체적 작용과 선택에 대한 논의를 가능하게 한다. 이런 방식을 통해서 이 책은 사람들이 공공 정책들에 의해 주어진 인생의 방향과 전망을 어떻게 받아들이고, 타협하고, 저항하고, 때로는 그 방향을 바꾸는지에 대해서 더 많이 이해할 수 있는 기회를 제공한다. 개인적인 이야기들은 그들이 공적인 지원과 정책 방향에 힘입어, 아니 그보다는 공적인 지원과 정책 방향에도 불구하고, 어떻게 자신의 삶을 살아 내는지 보여 줄 것이다.

이 책은 서로 다른 방식으로 읽힐 수 있다. 당연히 이 책은 역사적으로 중요한 특정 시기에 장애인에게 영향을 미치는 공공 정책과 제도가 어떻게 변화하였는지에 대한 하나의 설명으로서 관심을 받을 수 있다. 또 한편으로는 변화하는 세상에서 신체적 손상과 장애를 가지고 성장해 온 사람들의 경험에 대한 생생한 증언을 제공한다. 더 나아가 이 책은 질적인 종단 연구와 장애역사disability history 연구에서 부딪힐 수 있는 일들에 대한 이해를 더해 줄 수 있을 것이다.

우리 저자들에게 '이야기'와 '사실들'을 날실과 씨실로 하여 우리의 역사적 해석을 엮어 내는 일은 매우 흥미롭고 도전적인 여행이었다. 우리는 자신들의 삶의 경험을 매우 관대하게 공유해 준 연구 참여자들로부터 많은 자극을 받았다. 그렇지만 우리는 개인의 '전기'를 뛰어넘고자 하였다. 많은 개인들의 이야기 속에서, 우리는 장애학 문헌의 익숙한 주장들을 뒷받침하는 많은 사례들을 발견할 수 있었다. 하지만 다른 한편으로 정책 개발 이면의 잘 알려지지 않은 놀랄 만한 일들과 흔적들, 그리고 잘 다듬어지지 않은 논쟁의 주제들도 만날 수 있었다. 우리는 참여자들이 우리에게 말해 준 자신들의 삶의 내용에 대해 그 타당성을 검증하려고 하지 않았다. 다만 그것들을 좀더 광범위한 사회적·역사적·이론적 맥락 안에 위치 지으려고 하였다. 이러한 해석에 대해서는 전적으로 우리 저자들에게 책임이 있다. 이 책은 2010년 총선 직후에 완성되었지만, 가능한 한 장애 관련 정책의 초창기부터 변화를 담아내려고 노력하였다.

이 책은 일곱 개의 장으로 구성되었고 각 장마다 간략한 결론을 포함하고 있다. 1장은 최근 수십 년 동안 영국의 장애 정책에서 논쟁이 되어 왔던 몇 가지 주요 주제를 간략히 소개하고, 개인 전기와 역사를 연결하려 했던 핵심적인 사회학적 도전에 대해 살펴본다. 이는 장애와 관련하여 개개인이 가지고 있는 경험이 공공 정책에서, 그리고 장애학 연구 내에서 어떤 위상을 갖는가 하는 중요한 질문을 제기하는 것이다.

2장은 연구 과정에서 생성된 개인의 이야기들을 직접적으로 보여준다. 여기서는 6명의 인생 이야기를 짧게 요약하고 있는데, 세 세대 각각에서 2명씩의 사례를 추출하여 소개하고 있다. 이들의 이야기는 사회적 맥락과 정책 변화가 그 주인공들이 삶에서 경험했던 선택과 기회에 어떠한 영향을 미쳤는지에 대한 논의를 이끌어 낼 것이다. 각 세대의 이야기를 소개한 다음에는 이를 통해 제기되는 이슈들을 주요 쟁점으로 정리하였다. 나머지 장들은 주제별로 구성되어 있다. 개인의 삶과 공공 정책 사이의 연관성에 관련된 주요 주제들을 탐색하는 것이다.

3장은 공공 정책과 제도, 특히 병원과 학교가 아동의 가정생활과 가족 관계를 발달시키고 유지하는 데 어떠한 영향을 미치는지 살펴본다. 이는 개인의 생애사 속에서 가족과 비공식적 지원망이 얼마나 중요한 것인지를 잘 보여 준다. 그것은 때로 공공 정책이 가져온 장애화disabling influence에 대해 저항하기 위한 자원으로서 작용한다. 4장은 신체적 손상을 가진 젊은이들의 삶에서 의료제도와 의료적 권위가 갖는 역할에 대해 좀더 상세하게 살펴본다. 4장은 사람들의 삶 속에서 이루어지는 비의료적인 결정에 대해서까지 보건 전문가들이 행사하고 있는 영향력이 어떻게 변화하고 있는지, 그리고 의료 또는 치료에서의 관리체제 regime가 어떻게 변화하고 있는지를 보여 준다.

5장은 교육제도, 특히 학교제도에 초점을 맞춘다. 이는 개인의 인생 경험과 삶에 대한 기대의 기본적인 틀을 만드는 데 중요한 영향 요인이다. 학교 유형에 대한 학생들의 선택과 학교 배정 방식에서의 변화, 분리된 학교제도의 사회적 함의 등을 포함하여 논의가 이루어질 것이다. 6장은 아동기에서 성인기로 옮겨 와서, 고용제도의 변화를 탐색하고 그것이 젊은이들이 인생에서 갖는 기회와 직업 기대에 미치는 영향을 살펴본다. 성인 노동시장으로의 진입, 직업세계에서의 처우와 지원, 노동시장에서의 변화 등이 함께 논의된다.

7장은 좀더 전체적인 접근으로 되돌아와서, 자신의 삶 속에서 장애를 이해하려는 젊은이들의 노력과 관련해 공공 정책과 제도가 어떻게 틀을 만들어 나가는지 살펴본다. 장애를 공적인 이슈로 다루는 것은 개인들이 맺고 있는 사회적 관계와 개인의 정체성을 이해하는 데 있어 기회가 될 수도, 장애물이 될 수도 있다. 이 장에서는 직접적 또는 간접적인 차별이 개인에게 미치는 영향, 공적인 제도에 의해 만들어진 사회적 공간이 개인에게 미치는 영향, 장애 정치와 장애 문화를 통해서 등장한 새로운 종류의 사회자본과 문화자본, 역할모델에 대한 접근성에서의 변화가 개인에게 미치는 영향 등을 논의한다.

결론적으로, 이 책의 목적은 1940년대부터 지금까지 영국에서 자란 장애청소년들의 삶이 어떻게 '변화하고' 있는지를 드러내려는 것이다. 우리는 개인의 전기와 역사 사이의 상호 연관, 사적인 것과 공적인 것 사이의 상호 연관, 그리고 미시적인 것과 거시적인 것 사이의 상호

연관을 시간의 흐름에 따라 보여 줄 수 있기를 바란다. 이를 위해서 새로운 전기적 자료와 그것에 접근하는 새로운 방식을 소개하였다. 개인의 삶의 이야기로부터 얻어진 자료들을 비판적인 방식, 즉 역사적 증거를 드러내고 논의하는 방식으로 다루어 나감으로써, 우리는 사회과학에서 개인의 이야기가 짤막하게 '전기적 삽화'로 소개되고 다루어지는 것을 넘어서, 비판적인 정책 분석이 어떻게 개인의 이야기들에 가치를 더하는지, 또 그 역으로 개인의 이야기가 어떻게 비판적인 정책 분석에 가치를 더하는지 보여 주려고 한다.

1장

정책, 역사 그리고 개인의 전기

이 장은 20세기 영국의 변화하는 장애 정책과 관련하여 개인의 전기와 역사를 연결시키는 새로운 도전에 대해 살펴봄으로써 이 책의 핵심 주제에 다가가기 위한 배경을 펼쳐 보이려고 한다. 서론에서 설명한 것처럼, 사람들의 개인적 삶에 영향을 미쳐 왔던 정책의 주요한 차원들에 대해서는 이후 각각의 장들에서 좀더 세밀하게 탐색할 것이다. 이 차원들이란 공적 보건의료 정책, 교육 정책, 고용 정책 등이다. 이 장의 주요한 목적은 다음 장에서 소개될 개인들의 전기적 경험을 이해할 수 있도록 그 맥락을 짚어 보는 것이다.

이 장은 1940년대 이후 공공 정책의 주요한 변화들을 간략하게 검토하는 것으로 시작할 것이다. 그런 다음, 현재 상황을 과거의 정책 발달이나, 장애운동이 제기했던 정치적 요구와 관련지어 살펴볼 것이다. 이 장의 후반부는 개인의 전기가 이러한 사회적 변화를 드러내고 관련된 문제들을 제기하기 위해 어떻게 활용될 수 있는지 좀더 자세히 논의할 것이다.

변화하는 정책과 요구

장애학과 정책 관련 문헌들은 손상을 가진 사람들이 교육, 고용, 가정생활, 정치적 참여, 문화적 표현 등 사회적 삶의 중요한 영역들에서 그리고 교통, 주택, 정보 접근 등 공공재와 서비스에 대한 접근에서 불이익을 겪어 왔음을 보여 주는 많은 증거들을 제시해 왔다(예컨대, Topliss, 1975; Barnes, 1991; Prime Minister's Strategy Unit, 2005; Williams et al., 2008). 문제는 이러한 불이익이 어떻게, 왜 발생하는지를 설명하는 것뿐 아니라 이러한 상황이 시간에 따라 어느 정도 변화해 왔는지 그리고 공공 정책에서의 변화가 사람들의 삶에 어느 정도 실질적인 변화를 가져왔는지를 밝혀내는 것이다.

영국의 장애인들이 직면한 심각한 불평등과 장벽에 대해 지속적인 관심을 기울이면서, 장애를 공적인 이슈(예컨대, 장애에 대한 대중의 태도, 장애운동의 대두, 복지에서 권리로 이동해 간 사회 정책의 방향, 과학기술의 진보, 노동시장 기회 등의 차원)로 다루게 되는 중요한 변화가 있었음을 보여 주는 증거도 다수 확보하게 되었다. 몇몇 정책 입안자들의 근거 없는 낙관주의를 공유하려는 것은 아니지만, 우리는 21세기 영국에서 살아가는 장애청소년들이 그들의 선배들과는 다른 기회구조 안에서 인생의 중요한 결정을 내릴 수 있게 되었다는 가정을 가지고 있다. 이러한 가정을 우리의 논의 속으로 끌어들이기 위해서, 지난 70년간 정책의 지평이 어떻게 변화하였는지에 대한 간략한 검토가 필요하다.

전후 정책의 전개

1940년대의 극적인 정치적·정책적 혁신은 비록 그 기원은 20세기 중반보다 이전에 이미 분명하게 나타나고 있었다 하더라도(Roberts, 1960; Fraser, 1973), 역시 근대적인 영국 복지국가의 등장에 따른 성과였다(예컨대 Bruce, 1966). 국가 차원의 사회보험과 보건의료서비스의 기초는 전쟁 이전에 만들어졌지만, 야심찬 베버리지 보고서가 출간된 1942년은 '요람에서 무덤으로'라는 구호로 대표되듯, 전 생애를 포괄하는 사회적 보호와 보장을 향해 나아가는 중대한 전환점이 되었다. 이런 맥락에서 장애를 바라보는 정부의 입장은 당시 보건부 장관인 헨리 윌링크Henry Willink의 말 속에 잘 표현되고 있다.

> 맹blind이나 불구cripple와 같이 영속적인 장애로 인해 고통받는 사람들을 도와주는 문제는 그것이 총체적이든 부분적이든, 베버리지 보고서의 계획과 관련하여 정부의 주목을 받고 있다. 정부의 목표는 가능한 한 그들을 재활시키는 것이다. (Hansard[영국국회의사록], 1944년 1월 20일자, v396, c374W)

재활(그리고 예방)에 대한 강조는 의료 전문가들의 주도적인 역할을 당연한 것으로 받아들이게 했다. 그러나 더 넓은 틀에서, '재활'은 당시의 사회 정책들에서도 강조되는 것이었다. 사회 정책은 사회적 통합의 확대를 지향하였고, 더 광범위한 공적 참여를 권리로서 인식할 것을 지향하였다. 따라서 장애는 교육, 고용, 사회적 보호와 마찬가지로 하나의 주요한 정책 분야로서 새롭게 다루어지고 있었다.

전쟁을 치르고 난 사회에서 사회적 보호에 대한 논의는 사회정의를 지키는 것에 대한 관심으로 특징지어졌다. 1942년까지 이미 38,000명이 '완전한 장애'total disablement라는 범주로 인정받아 군인연금을 받고 있었고 그 연간비용이 4,500,000파운드에 이르렀다. 군인으로 복무하다가 신체적 손상을 갖게 된 사람들에 대한 도덕적 책임감은 (6장에서 논의되는) 고용 재배치에 대한 사람들의 관심을 증가시켰다. 따라서 1946년 「국민보험(산업재해)법안」National Insurance (Industrial Injuries) Bill에 대한 논쟁에서 의원들은 "이들이 일반적인 시민들의 생활보다 나쁘게 처우받아서는 안 된다"는 점을 강하게 주장하였다(Hansard, 1946년 1월 18일자, v419, cc800~917). 예컨대 전쟁장애인연금War Disablement Pension에 대해서 소득세를 면제하려 했던 것은 장애를 입은 퇴역군인들이 일을 하는 경우 그들이 장애를 입기 전보다 더 나은 생활을 할 수 있어야만 한다는 의지를 보여 주려던 것이다(Hansard, 1943년 7월 20일자, v391, cc716~864).

핵심적인 입법들 가운데, 1945년의 가족 수당Family Allowances, 1946년 「국민보험법」National Insurance Act, 그리고 1948년 「국민부조법」National Assistance Act 등은 모두 장애에 대한 조항을 포함하고 있었다. 비록 그것이 훗날까지도 광범위하게 실행되지는 않았지만, 1948년 「국민부조법」은 지방정부에 새로운 권한을 주어서 복지서비스를 확장하도록 하였다. 이는 이후 1970년대와 1980년대에 빠르게 확대된 바 있는 일련의 사회서비스와 지역사회 기반 지원책들을 위한 토대가 되는 정책적 틀을 만든 것이었다.

1944년 「장애인(고용)법」Disabled Persons (Employment) Act은 보완적인 '보호' 고용이나 노동시장 진입을 준비할 수 있도록 하는 개별 맞춤형 개입 프로그램을 고용 보장과 조합함으로써 포괄적인 서비스를 제공하였다. 이와 유사하게 1944년의 「교육법」Education Act은 적어도 원칙적으로는 장애아동들도 그들의 친구들과 함께 배울 수 있게 되리라는 기대를 불러일으켰다. 실질적으로는 특수학교의 제도적·행정적 분리를 강화하였지만 말이다. 이러한 전후의 주요 역사적 정책 발달에 대해서는 몇몇 문헌에서 상세하게 다루었지만(특히 Topliss, 1975; Barnes, 1991; Borsay, 2005), 뒤이은 몇십 년 동안 이들 야심찬 정책의 목표들이 충족되었는지에 대해서는 회의적이고, 이러한 회의는 장애인에 대한 배제가 여전히 지속됨을 보여 주는 증거들이 속속 나타나면서 더욱 심화되었다.

1957년 「정신질환 및 정신박약에 관한 법률」Law Relating to Mental Illness and Mental Deficiency에 대한 왕립 위원회는 거주시설의 조건에 대해 더 많은 관심을 기울이는 듯했지만, 1950년대의 다른 보고서들(예컨대 Department of Education and Science, 1956)은 장애아동과 그 가족을 위해 가정을 지원하는 데에 열의를 보였다. 1968~1969년에는 영국의 장애와 손상에 대한 전국 조사가 수행되었는데, 이는 생활 여건과 서비스에 대한 욕구에 초점을 맞춘 것이었다.

에다 토플리스와 브라이언 글라우드(Topliss and Gould, 1981)는 1970년의 「만성질환과 장애인 법」Chronically Sick and Disabled Persons Act을 통해 제공된 많은 급여들이 사실상 1948년 「국민부조법」에 의해 제공된 것보다 조금 더 증가한 수준이었을 뿐이라고 지적하고 있지만, 이 법은 대체로 중요한 발전으로 인정받고 있다. 1969년 시봄 보고서 Seebohm Report에 따라 지방정부에 새롭게 설치된 사회서비스국은 통일적인 공적 사회복지서비스 체계를 마련하고자 하였고, 가족을 지원하는 것에 초점을 맞추었다. 지역사회 거주에 대한 지원을 늘리고 좀더 집중적인 사회보장 급여를 제공하는 방향으로 나아간 것이다 (Topliss, 1979).

권리와 의무

변화하는 정치적 풍토 속에서 1970년 「동등임금법」Equal Pay Act, 1975
년 「성차별금지법」Sex Discrimination Act, 1976년 「인종관계법」Race
Relation Act 등이 제정되었다. 이는 여성주의와 반反인종차별운동의 평
등권 요구에 따른 성과였다. 이에 비해 장애인들로부터 평등권에 대한
요구를 들을 수 있게 된 것은 1970년대 중반에 이르러서였다. 「장애차
별금지법」Disability Discrimination Act(DDA)은 이로부터 20여 년이나 늦
게 제정되었다. 그러나 건강에 대한 소비자주의가 성장하고 전후 복지
국가에 대한 합의가 깨짐에 따라(Abel-Smith, 2005) 공적 서비스와 그
에 관련된 전문가들의 권위에 대한 도전은 점점 더 거세게 일어났다.
비전문가들이 전문적 지식에 대해 도전하고 대안적인 정책 지향을 창
출하게 된 것(Barns and Mercer, 2006)은 장애인들 사이의 자조自助운
동이 시작되고 서로 정보를 공유하게 됨으로써 더욱 촉진되었다. 예컨
대, 1976년에 설립된 '장애 관련 정보와 조언을 위한 전화'Disablement
Information and Advice Line(DIAL)는 장애인 자조운동의 대표적인 사례
이다(Davis and Mullendar, 1993).

1975년 UN의 「장애인권리선언」Declaration of Rights of Disabled
Persons은 우리 인생의 모든 경제적·사회적 측면에서 장애인의 완전한
참여를 증진하는 데 국가가 나설 것을 요구하였다. 동시에 신체적 손상
을 가진 사람들의 운동이 명확한 정책적 요구를 중심으로 연합체를 형
성하기 시작하였다. 특히 장애소득집단Disablement Income Group, 분리
에 저항하는 신체 손상자들의 연합Union of Physically Impaired Against
Segregation(UPIAS), 장애연맹Disability Alliance 등이 두드러졌다. UN
은 1981년을 '국제 장애인의 해'로 정했고, 이는 영국장애인조직협의

회British Council of Organisations of Disabled People와 국제장애인연맹 Disabled People's International의 설립과 함께 장애운동이 본격화되는 전환점이 되었다(Driedger, 1989; Hasler, 1993). 1970년대에 '분리에 저항하는 신체 손상자들의 연합'UPIAS의 활동과 더불어 1983년에 출판된 마이클 올리버의 책『장애인복지』(Oliver, 1983)는 장애에 대한 '사회적 모델'의 표준을 제시하였고, 이제 장애의 사회적 모델은 정책 관련 논의에서 광범위하게 인용되는 수사가 되었다.[1]

공공 정책적 관점에서 1981년에 통과된 「교육법」은 학교를 통합교육의 장으로 전화시킨다는 특징이 있다. 「장애차별금지법」 도입을 위한 첫번째 신호탄은 1982년에 장애국장Minister for the Disabled 잭 애슐리 Jack Ashley에 의해서 쏘아 올려졌다. 이는 장애인에게 가해지는 제한에 대한 국회 위원회의 설립(1979년)에 따른 것이다. 많이 언급되지 않았지만 1981년의 「장애인법」Disabled Persons Act도 건축 환경에 대한 물리적 접근성을 높이고자 한 중요한 변화였다.

1986년 「장애인(서비스, 자문, 대리)법」Disabled Persons (Service, Consultation and Representation) Act은 지방정부에게 새로운 책임을 부과하였다. 즉 서비스에 대한 개개인의 욕구를 사정查定해야 할 책임을 지방정부에 맡긴 것이다(1970년 법에 따른 것이었다). 1988년 그리피스 보고서Griffiths Reports와 1989년 백서『인간 중심의 돌봄』Caring for People

---

1 장애의 사회적 모델은 1970년대 후반 영국의 장애인 사회학자들에 의해 주창된 장애 이론이다. 장애 문제가 사회적인 것임을 강조하기 위해 '장애' 개념을 '손상'과 구분하여 사회적 억압과 장벽으로 정의하였다. 장애인은 문제의 원인이 아니라 주류사회에 의해 억압받는 사람으로서 문제해결의 주체로 부각되었다. 사회적 모델은 이전의 의료적 모델과 대비되는 패러다임의 전환으로서, 이후 장애 정책과 제도의 방향을 개인의 재활이 아닌 사회적 억압의 철폐로 바꾸는 데 크게 기여하였다. ─옮긴이

의 뒤를 이어, 1990년 「국민보건의료서비스와 지역사회보호에 관한 법」NHS and Community Care Act은 장애인 보호의 '혼합경제' 안에서, 지원서비스를 이용하는 사람과 서비스를 제공하는 사람 사이의 좀더 직접적인 관계를 상정하였다(Morris, 1993; Priestley, 1998a). 1988년에 설립된 자립생활 기금이 성공적으로 활용되면서, 1996년 「지역사회보호(직접지불제)법」Community Care (Direct Payment) Act은 장애인이 자신에게 필요한 개인적 지원을 공적인 기금을 사용하여 구매하고 관리할 수 있는 권리를 가지고 있다는 것을 처음으로 인정하였다(Riddell et al., 2005a).

1980년대와 1990년대 신우파 정권이 재집권하면서 정책의 관심은 나선형으로 증가하는 복지 지출을 억제하는 데에 쏠렸고, 이 지출 가운데 장애 관련 복지 급여가 주요한 관심사로 떠올랐다. 1997년 선거에서 신노동당 정부가 집권한 것은 이러한 기류가 지속되는 것과 함께 장애 정책 입안자들 사이에 '권리와 책임'이라는 의제 또한 강력하게 대두하였음을 보여 준다. 1999년 「복지 개혁 법안」Welfare Reform Bill은 장애인에게 제공되는 급여 지출을 삭감하려는 시도에 대한 대중의 저항에 불을 붙였는데, 그것은 무능력 급여Incapacity Benefit[2]와 같이 일하지 않는 장애인에 대한 정부 급여의 수급권을 줄이는 데 주안점을 둔 것이었다.

---

2 무능력 급여는 국가연금 수급 연령에 도달하지 않았지만 질병이나 장애로 인해 일을 할 수 없고 사회보장 기여금을 내지 못하는 사람들에게 정부가 제공하는 급여이다(즉, 여기서의 '무능력'은 '노동 무능력'을 말한다). 무능력 급여는 2008년 '고용 및 지원 수당'(Employment and Support Allowance, ESA)으로 전환되었고, 영국 신연립정부는 2010년 복지개혁을 통해 무능력 급여를 받고 있던 사람들의 노동능력을 재사정한다고 밝혔다. 재사정을 통해 무능력 상태가 인정되는 사람들은 고용 및 지원 수당 대상자로 전환하고, 무능력 상태가 아니라고 판정된 사람들은 구직자 수당(Jobseeker's Allowance)의 대상자로 전환하겠다는 것이다. 시범 사업 결과 기존 무능력 급여 신청자의 약 30%는 노동 능력이 있는 것으로 판정되었고, 약 40%는 여타의 지원이 필요하지만 고용 및 지원 수당의 대상은 아닌 것으로 판정되었으며, 오직 30% 정도만이 이 대상으로 전환되는 것으로 나타났다.—옮긴이

2010년 정부 지출에 대한 포괄적인 재검토에서도 장애인 급여는 그 수급권자를 현저하게 감소시키는 데 초점을 맞추면서, 이러한 정책 기조는 지속되고 강화되었다.

콜린 반스가 상세하게 설명한 것처럼 1980년대는 장애인의 정치적 요구가 크게 성장한 시기이다(Barnes, 1991). 이는 장애인을 사회적으로 배제하는 것에 대한 포괄적인 법적 대응을 요구하는 것이었다. 1995년 「장애차별금지법」이 통과된 것은 장애인의 삶에 영향을 미치게 될 다양한 정책들 내에 차별받지 않을 장애인의 권리를 정립하기 위한 확실한 이정표가 되었다. 그러나 이 법이 실행되기까지는 10년 이상의 긴 시간이 걸렸고 서서히 단계적으로 확대되었다(고용에서의 차별에 초점을 맞추는 것으로 시작하여 1999년에는 공공재와 서비스에까지 그 적용 범위를 확장해 나갔다). 주지하듯이 이 책은 장애아동과 장애청소년에 초점을 맞추고 있는데, 장애아동과 장애청소년들에 대한 교육서비스에서 차별받지 않을 권리가 실현된 것은 2001년 「특수교육 욕구와 장애에 관한 법률」Special Educational Needs and Disability Act에 이르러 비로소 가능해졌다는 점을 짚고 넘어가야 할 것이다.

「장애차별금지법」을 집행하고 그 목적을 증진하기 위해서 1999년에 독립적인 장애권리 위원회Disability Rights Commission(DRC)가 설립되어, 별로 영향력이 크지 않았던 기존의 전국장애협회National Disability Council를 대체하였다(그럼으로써 인종 평등 위원회Commission for Racial Equality나 기회 평등 위원회Equal Opportunities Commission가 수행한 일과 병치될 수 있는 일들을 거의 유사하게 수행하였다). 장애권리 위원회는 개별적인 차별 사건을 다루는 것뿐 아니라, 장애차별이 점점 더 제도화되고 있음을 지적함으로써 이에 대한 자각을 촉구하고 차별 입증을 위한 증거를 더 모으는 데 주력하였다.

2006년에 새로운 장애평등의무Disability Equality Duty가 만들어졌는데, 이는 모든 공적 주체들로 하여금 단지 「장애차별금지법」에 규정된 장애인의 권리를 유지하는 것뿐 아니라 그것을 더 증진하는 데 기여해야 한다는 적극적인 의무를 부과한 것이다. 2006년 「평등법」에 따라서 장애권리 위원회는 2007년에 해산되고 새로이 설립된 '평등과 인권 위원회'Equality and Human Rights Commission에 통합되었다. 동시에 장애문제사무소Office for Disability Issues(ODI)[3]를 만듦으로써 정부 안에서의 다양한 정책들 사이의 조정력을 강화하였다. '장애인의 삶의 기회 개선'을 위한 총리 직속 미래전략처로부터 발간된 주요 보고서에 기초하여(Prime Minister's Strategy Unit, 2005), 장애문제사무소는 2025년까지 장애인의 평등권을 성취하기 위한 전략을 개발하는 데 초점을 맞추었다. 이는 아동에 대한 성과에 특별히 초점을 맞추는 것을 포함하여 14개의 주제를 다루는 '로드맵'으로 구체화되었다. 2008년에 시작된 5개년 자립생활 전략The Five-year Independent Living Strategy도 역시 장애를 가진 어린이가 성공적으로 성인으로 전환하는 데 관심을 기울이고 있다.

이렇듯 21세기 첫 10년 동안의 공공 정책 결정에서는 계속해서 평등 담론이 두드러지게 대두하고 있었다. 이런 맥락에서, 영국이 UN의 장애인권리협약Convention on the Right of Persons with Disability을 2009년 6월에 비준한 것은 영국정부가 장애인의 평등한 삶에 대해 공공 영

---

3 정부 부처 간의 업무 조정을 위해 만들어진 조직으로서, 정부 관료 이외에 장애인 단체와 당사자들도 참여하였다.—옮긴이

역의 입장을 표명하는 일종의 분수령이 되었다. 장애인권리협약의 광범위한 조항들은 삶의 모든 영역에 걸친 인권의 포괄적인 모습을 제시했으며, 국가가 다양한 정책들을 통하여 이들 권리를 유지시키고 보호하고 증진할 의무가 있다는 점을 분명히 하였다. 그러나 이 시기에 경제적 위기가 닥치고 2010년 선거에서 보수-자유민주연합이 집권하면서 포괄적인 정부지출 계획에 거대한 예산 삭감안이 제출되었다. 이에 따라 국가가 이러한 의무를 충족시킬 만한 능력이 있는지는 또다시 불확실해졌다.

장애인의 권리 증진이라는 과제를 이루어 나가기 위해서 우리는 역사로부터, 특히 장애인들의 경험으로부터 교훈을 얻어야 한다. 앞에서 살펴본 공공 정책의 발전이 장애운동을 통해 그들의 정책에 대한 요구가 제기되기 시작한 것과 함께 이루어져 왔다는 사실은 우연이 아니다. 이들은 모든 사회생활 영역에서의 평등과 완전한 참여, 그리고 인권을 주장해 왔다. 사실 연구자인 우리가 가지고 있는 사고의 틀, 즉 장애를 하나의 사회문제로 바라보는 관점은 바로 사회 변화에 초점을 맞추는 장애운동을 통해서 발전해 온 사고방식으로부터 도출된 것이다(Campbell and Oliver, 1996). 학문적 측면과 정치적 측면 모두에서 가장 중요한 성취는 장애에 대한 '사회적 해석', 또는 장애의 '사회적 모델'로부터 나온 것이다(UPIAS/Disability Alliance, 1976; Oliver, 1990). 장애를 단지 개인적 차원의 어려움이 아니라 공적인 문제로 생각하는 이러한 역사적 전환은 운동가와 학자 모두로 하여금 좀더 광범위한 비판에 참여하도록 하고, 장애인에게 힘을 부여하는 정책적 대응의 가능성에 대해 상상할 수 있도록 하였다.

앞서 설명한 대략적인 내용은 20세기 후반기에 장애를 공적인 문제로 인식하고 대응하는 흐름이 현저하게 가속화되었음을 보여 준다. 그러나 이러한 일관성 있는 설명은 개인적인 인생 이야기들과 실제적 삶이 가지는 복잡성과 때로는 모순된다. 따라서 이 책의 나머지 부분에서는 공공 정책과 사람들의 다양한 삶 사이의 연관성을 찾는 데 관심을 두려고 한다. 신체적인 손상을 가진 보통 사람들은 급변하는 이 시대를 어떻게 경험하였으며, 정책의 변화는 그들의 개인적인 삶의 선택과 기회를 어떻게 바꾸어 놓았는가? 정책적 발전은 이들의 삶에 어느 정도의 차이를 가져왔는가? 이러한 질문에 답하기 위해서 비판적인 장애연구에서 많은 논쟁을 불러일으켜 왔던 또 다른 중요한 문제를 다루어야만 한다. 즉 개인의 경험을 광대한 사회적·역사적 변화와 어떻게 연관시킬 것인가 하는 문제이다.

개인적인 것과 사회적인 것의 연관성

이 책의 중심 주제는 공적인 정책과 개인적 삶 사이의 복잡한 상호작용을 다루는 것으로, 이 연관성은 사회과학자들과 역사학자들 사이에서 관심이 증대하고 있는 문제이다(Szreter, 2009). 이 장의 앞부분에서 영국 장애 정책의 대략적인 발전 과정을 살펴보았다면, 이제는 실제적인 삶을 연구하는 것으로 관심을 돌려 보려는 것이다. 특히 여기서는 개인 전기와 역사 사이의 관련성에 대해 살펴보고, 이를 장애와 사회 변화를 이해하는 데 적용하려 한다. 사회과학, 비판적 장애학에서 전기적 내러티브를 활용하는 것과 그것이 가지는 가치에 대한 논쟁을 소개하려는 것이다. 우선 시간에 따른 변화를 설명하기 위해 생애 이야기를 활용하는 것에 대한 최근의 논쟁을 검토할 것이다. 그런 다음 개인적인 내러티브와 이야기를 비판적인 장애학에서 활용하는 것에 대한 논의를 살펴볼 것인데, 개인의 이야기를 사회적 모델에 따른 분석과 융합시키는 데에서 발생할 수 있는 긴장에 대해서도 논의해 보려고 한다. 여기서의 논의는 생애사 자료의 활용 가능성과 오용 가능성에 대해 설명해 주는 기존의 연구 문헌들에 기초하여 이루어질 것이다. 이를 통해 구조와 행위 주체, 개인 전기와 역사 사이의 관계에 대한 더 많은 질문을 불러일으킬 수 있기를 기대한다.

삶과 시간

찰스 라이트 밀스는 그의 독창적인 저작 『사회학적 상상력』에서 "전기, 역사, 그리고 이들이 사회구조와 맺고 있는 상호연관성의 문제에 대한 연구"를 핵심적인 관심사로 규정하였다(Mills, 1959: 149). 나아가 지적인 작업을 정교화하는 데 대한 조언에서, 그는 다음과 같이 주장했다.

> 공적인 이슈가 인간에 대해서 가지는 의미는 그것을 개인적인 어려움, 그리고 개인의 삶의 문제에 연관시키는 것을 통해서만 비로소 드러날 수 있다는 것을 알아야 한다. 사회과학이 다루는 문제는 그것이 제대로 형성되었다면, 개인이 가진 어려움과 사회적 이슈 모두를, 개인의 전기와 역사 모두를, 그리고 그것들이 복잡하게 얽혀 있는 관련성까지를 포함하는 것이어야 한다. 그 안에서 개인들은 삶을 이어 나가고, 사회는 만들어진다. 그리고 그 안에서 사회학적 상상력은 우리 시대의 인간의 삶의 질에 대해 어떤 차이를 만들 수 있게 된다. (Mills, 1959: 226)

개인적인 경험과 사회적 관계 사이의 연관성에 대해 연구하는 것은 다양한 접근방식을 취할 수 있지만, 생애 과정life course이라는 개념과 방법을 통해 더욱 견고해져 왔다(이 책의 저자들이 저술한 이전의 저작들도 이러한 연구방법을 취하였다). 동년배 집단 연구birth cohort studies에 대한 사회학적인 관심은 이미 오랜 역사를 가지고 있고(Eisenstadt, 1956; Ryder, 1965), 개인의 삶을 역사적 시간과 연관시킬 수 있는 가능성에 대해서는 더 많은 관심들이 있었다. 생애 과정 연구의 대표자라고 할 수 있는 글렌 엘더는 네 개의 주요 관심사를 제시하였다. "인간의 삶과 역사적 시간의 상호작용, 인생의 타이밍, 연관된 또는 상호의존적인 인생들, 선택에서의 인간 주체성" 등이 그것이다(Elder, 1994: 5). 우리가 다루고자 하는 것은 바로 장애인과 장애 정책 간의 관계 안에서 이런 주제들이 어떻게 나타나는가 하는 것이다.

첫째, 저마다 서로 다른 역사적 시간 속에 태어난 사람들은 상이한 역사적 세계와 기회구조에 노출되며, 이 역사적 세계와 기회구조는 그가 삶에서 누리는 선택과 기회에 영향을 미친다는 사실을 기억해야 한다. 엘더에 따르면, 예를 들어 역사적 변화——이를테면 사회적 역할과 태도, 기술 문명, 법, 정책, 공적 제도와 그것을 수행하는 전문가 등에서의 변화——가 개인의 삶에 정말로 어떤 영향을 미치는지에 대해 질문할 필요가 있다.

둘째, 엘더는 주요한 인생 사건이나 역할과 관련된 '사회적 타이밍' social timing이 개인이 속한 세대, 문화, 사회적 집단에 따라 어떻게 달라질 수 있는지를 중요시한다. 장애인의 경우 주요한 인생 전환기(학교를 떠나는 것, 직업세계에 들어가는 것, 독립적인 삶을 시작하거나, 부모가 되는 것 등)가 비장애인의 일반적인 경향에 비해 다소 연기되거나 다른 것으로 대체될 수 있다는 많은 증거들이 있다. 그런데 예를 들어 영국에서 초기 성인기에 들어선 많은 젊은이들이 자기 아이를 갖게 될 때까지도 그 부모의 집에 함께 살면서 여전히 연장된 종일제 학생으로서 교육을 받고 있다는 사회 통계치를 접하게 되면, 비전형적이라고 생각할 수 있는 집단들(장애를 가진 젊은이들뿐 아니라 보살핌을 받는 아이들이나 10대에 엄마가 된 아이들 같은 집단)의 경험이 정말 특수한 것인지 애매해진다. 그러므로 소수자 집단이 인생을 전환하는 사회적 타이밍을 이해하는 것은 고려해 볼 만한 주제인 것이다.

개인적 삶과 사회적 변화 사이의 연관성을 찾아내고 탐색하기 위해서는 시간을 거스르거나 통과해서 보는 것이 필요하다(Thomson et al., 2003). 여기에는 양적·질적 접근법이 모두 가능하다(예컨대 인생의 주요 사건사를 통해서 또는 구술적인 생애사를 통해서). 질적 종단 연구에서 시간은 일차적인 매체가 되어, 이를 통해서 자료가 모이고 탐색된다. 시간은 다차원적인 개념으로서, 적어도 세 가지의 명백히 다른 방식으로 작동한다. 즉 시간은 전기적 시간(출생에서 죽음까지 흘러가는 시간)으로 보일 수도 있고, 세대적 시간(사람들을 그들의 출생 동년배, 그 부모와 아이들로 연결시키는 시간)일 수도 있으며, 역사적 시간(사람들을 연대기적인 사건과 변화하는 사회적 환경에 연결시키는 시간)일 수도 있다. 생애 과정에서의 변화는 여러 방향에서 이해될 수 있지만, 인생 경험을 '개인적인' 역사 또는 프로젝트로 구성하는 경향이 있어 왔고 이는 세번째 원칙으로 우리를 이끈다.

많은 여성주의 저작들이 우리에게 주지시키는 것처럼, 사람들은 관계적이고 상호의존적인 삶을 살아가면서 서로 엮이고 상호적으로 구성된 전기를 만들어 나가게 되는데, 이러한 개인 전기는 역사적 상황 안에서 형성된 가족사가 지속적으로 만들어 내는 대화 안에 체화되어 있는 것이다(Vierzigmann and Kreher, 1998). 상호의존적인 모임들이나 연결망은 곧 부모, 친구, 배우자, 돌보는 사람, 동료 등과의 상호작용을 통해서 개인의 전기를 구성하고 재구성하는 데 기여한다. 최근에는 우리 삶의 관계적 성격을 삶이 전개되는 과정을 따라 종단적으로 연구하는 것에 대한 관심이 높아지고 있다(Neale and Flowerdew, 2003). 장애는 이와 관련하여 흥미로운 패러독스를 제기한다. 한편으로 장애를 가진 삶은 (정책이나 법에서의 대부분의 개념 정의에서) 다른 사람에게 더 '의존적'인 삶이라고 표상되어 왔다. 다른 한편으로 장애를 가진 삶은 덜 호혜적인 것으로, 즉 심각한 손상을 가진 사람들이 경험하는 사회적 관계는 주로 주기보다는 받는 것이라고 여겨져 왔다. 실제 삶과 관계를 들여다보는 것은 이러한 종류의 고정관념과 가정들에 대해서 어떠한 의문들이 제기될 수 있는지를 우리에게 알려 줄 것이다.

끝으로 행위 주체로서의 자각과 선택권을 유지하는 것이 중요하다. 이는 장애의 역사를 이해하는 데 있어서 사회적 결정론에 빠질 위험을 피하기 위한 것이다. 장애의 개별 모델 패러다임은 특히 그것이 '의료 모델'의 모습을 띨 때 생물학적 결정론의 관점을 강하게 반영한다. 이는 그 사람이 가지고 있는 손상이 인생에서의 선택과 기회에 최우선적인 영향을 미친다고 보는 것이다. 한편 사회적 모델 패러다임에서도 이와 비슷한 맥락의 위험이 도사리고 있다. 사회적 모델의 가정이 개인의 삶에 잘못 적용되면, 자칫 '사회'가 사람들의 삶에 대한 유일한 결정적 영향요인이라고 생각하게 될 수 있다(Crow, 1996). 장애운동은 집합적인 주체를 통한 사회 변화의 가능성을 강조함으로써, 그리고 독립적인 삶에서의 개인적 선택과 통제의 위력을 강력하게 주장함으로써, 이러한 가정에 대해 강하게 반대해 왔다. 결국 사회적 변화가 어떻게 개인적 삶에서의 기회구조를 만들어 내는지, 이 구조가 어떻게 개인적 선택의 기초를 형성하는지를 살펴보는 것뿐 아니라, 저마다 가지고 있는 제한 속에서도 인간이 실행할 수 있고 실행하고 있는 선택에 대해 살펴보는 것이 핵심적인 것이다. 이렇게 함으로써 우리는 개인의 주체성, 저항력, 탄력성이 여러 가지 장벽에도 불구하고 어떻게 삶을 변화시킬 수 있는지를 보여 주는 중요한 증거들을 인생 이야기들 속에서 찾아낼 수 있는 것이다.

엘더의 원칙을 적용했던 선행연구들이 보여 주고 있는 것처럼, 최근의 생애 과정 연구는 개인의 삶을 역사적인 시간과 연결하고 다른 사람의 삶과 연결함으로써 개인의 전기를 좀더 사회학적인 것으로 만들고 있다. 이 책의 목적은 '개인적' 장애 경험을 전후 영국이라는 '사회적' 맥락과 다시 연결하는 것이다. 그러나 이를 위해 인생 이야기를 활용하는 것은 몇 가지 어려운 질문을 유발한다. 내밀한 개인적 경험에 기초한 연구가 정말로 관음증적인 취미 이상의 것이 될 수 있을 것인가? 우리가 정말로 개인적 경험을 거시적인 사회 변화에 대한 광범위한 설명과 연결시킬 수 있을 것인가? 장애를 가진 구술사가들이 비판적인 사회사가로서 기여할 수 있을까? 장애의 역사가 정말로 장애를 가진 사람들의 전기적 구술을 통해서 다른 사람들에게 알려질 수 있을까?

전기와 장애의 사회적 모델

케니스 플러머가 말한 것처럼, 빠르게 변화하는 세상에서 우리는 과거를 잃어버리기 쉽지만, 기록된 삶의 이야기는 우리의 목소리가 미래에까지 기억될 수 있도록 한다(Plummer, 2001). 장애와 관련하여, 샐리 프렌치와 존 스웨인은 우리에게 "역사는 힘을 가진 사람들에 의해서 소유

되고 기록되며, 비가시성과 침묵은 억압으로 가는 초석"이라는 것을 되새기게 한다(French and Swain, 2000: 160). 그러므로 역사적으로 전면에 드러나지 않았던 장애인 집단의 삶의 이야기를 듣는 것은 특히 중요하다(Goodley, 1996). 이를 통해 우리는 미래 세대에게 상이한 문화와 실천들을 포괄하는 더 큰 공동체에 대해 일깨울 수 있을 뿐 아니라, "사람들의 삶을 변화시키는 데 관련된 이슈들을 좀더 완전하게 이해하게 하는 데 기여할 수 있기 때문이다"(Atkinson, 1998: 19). 이러한 맥락에서, 장애인들이 가지고 있는 인생의 기억들을 보존하는 것은 커다란 의미가 있다. 그러나 단순히 이야기를 위한 이야기를 모으는 것이라면 이를 왜 해야 하고 어떤 의미가 있는지 생각해 볼 문제이다.

첫째, "장애 문제를 사회적으로 해석할 때 장애인은 더 이상 핵심적인 문제가 아니"(Finkelstein, 2001: 1)라고 주장하는 것이 중요하다. 우리의 일차적인 목적은 장애인이 사회에 완전히 참여하고 동등하게 대우받는 것을 방해하는 일련의 사회적 관계와 제도, 장벽의 연결망을 드러내고 이에 도전하는 것이다. 이런 관점에서 기존의 수많은 전기적 연구들은 그저 개별적인 것에 지나지 않는 것으로 볼 수 있다. 둘째, '장애'에 대한 사회적 해석은 '손상'의 체화된 경험과 직접적으로 관계된 것이 아니다(Hughes, 2007; Priestley, 1998b; Thomas, 1999). 그보다는 장애가 어떻게 "우리의 손상 위에 부과"되는지, 그리고 어떻게 그 부과된 장애에 도전할 수 있는지를 이해하는 데 초점을 맞추어야 한다(UPIAS/Disability Alliance, 1976: 3). 그러나 사람들의 일상적인 이야기 속에서 장애와 손상의 경험은 종종 차별화되지 않고 얽혀 있기 때문에 장애의 사회적 해석, 또는 장애의 '사회적 모델' 안에서 개인의 전기에 대해 설득력 있게 접근하는 연구를 수행한다는 것은 결코 쉽지 않다.

사회적 모델에 기초한 연구들 안에 이미 '장애'에 대한 이론적 강조가 있음에도 불구하고, 학계의 연구자들이든 장애활동가들이든 할 것 없이 장애인의 생생한 경험에 대해 여전히 강조하고 있다. 개인적 이야기를 장애연구 안에서 활용하는 것은 진정성 있는, 근거 있는, 윤리적인, 심지어 해방적인 것 등으로 다양하게 불려 왔고(Goodley, 1996; Smith and Sparkes, 2008), 때로는 "우리 없이는 우리에 대해서 아무것도" nothing about us without us라는 요구를 연구에 반영하고 있는 것으로 비쳐졌다(Charlton, 1998). 장애인의 일차적인 경험을 진술하는 것은 많은 사람들에게 신뢰할 수 있고 책임성 있는 장애학의 핵심 구성요소로 인식되었다(또한 집합적인 정치운동을 위한 핵심적 토대로 이해되었다). 그러나 장애인의 삶이 연구의 요체가 되면서 그것은 탈정치화될 위험도 갖게 되었는데, 이를 우리는 일종의 존재론적 표류라고 부를 수 있을 것이다. 이는 장애의 본질 자체에 대한 가정이 사회적인 것에서 개인적인 것으로 미묘하지만 광범위하게 이동하고 있음을 의미한다.

장애인을 포함하여 주변화된 사회집단'에 대한' 연구는 역사적인 관심사일 수 있지만, 겉으로 드러나지 않고 감추어진 채로 이들을 주변화시키는 구조적인 힘(자본주의, 제국주의, 가부장제 등)을 더욱 드러나지 않게 하는 것일 수 있다. 마치 심사숙고해야 할 유일한 대상이 그들의 삶뿐인 것처럼 오직 장애를 가진 사람에만 집중하는 연구를 지향하게 되는 것이다. 이러한 존재론적 표류를 피하기 위해서는, 이면에 감추어진 사회적 현실로서의 장애에 초점을 유지하는 것이 필요하다. 그렇지만 동시에 "우리 없이는 우리에 대해서 아무것도"라는 요구가 의미하듯이, 장애인의 경험은 반드시 장애 연구의 한 부분을 차지해야 할 것이다.

이러한 패러독스에서 두 가지 고려해야 할 점이 발생한다. 장애인의 삶의 경험이 모두 '장애' 경험인 것은 아니라는 점이다(Thomas, 1999). 장애에 대한 초점이 없이 이들의 경험을 읽는 것은 장애인'에 대한' 연구가 될 위험이 있다. 즉 그들의 사생활을 엿보는 것에 불과하고 사회적 이슈의 변화를 향한 정치적 행동과 무관한 것이다. 장애라는 개념이 의미하는 것이 무엇인지에 대한 생각이 없이 '장애' 경험을 연구하는 것은 개별화되고 탈정치적인 이야기 하나를 생산해 내는 것과 다를 것이 없다. 비판적인 장애연구를 향해 나아가기 위해서는 장애를 서로 다른 방식으로 경험하는 사람들의 다양한 목소리에 가치를 부여하면서도, 장애가 억압의 한 형태라는 점에서 이들의 동질성을 인정하는 존재론적 위치를 유지하는 것이 중요하다. 이러한 균형 잡힌 활동은 연구 문제를 좀더 구체적이고 세밀하게 형성함으로써 가능한 것이었다.

사회적 모델의 관점에서 내러티브를 연구하는 것은 '장애인의 삶의 경험'에서 '사람들의 삶 안에 있는 장애 경험'으로 그 초점을 이동시켜야 한다. 이 미묘한 표현의 차이는 매우 중요한 것이다. 즉 "핵심 주제는 장애"라고 했던 핀켈스타인의 말을 기억하면서도, 개인의 경험은 장애가 드러나는 방식이 사람마다 얼마나 독특한지를 보여 주고 있다는 사실을 인정하는 것이다. 결국 개인적 경험의 중요성은 존재론적인 이슈로서보다는 인식론적인 이슈로서 더 잘 이해된다. 즉 전기적인 이야기는 그들 스스로 목적이 될 수는 없지만, 이 이야기들은 유용한 경험적 렌즈를 제공하는 것이고, 이 렌즈를 통해서 우리는 장애를 만드는 사회의 변화를 관찰할 수 있는 것이다.

이야기를 통해 장애에 대해 알아가기

20세기 들어 장애에 대한 자서전과 전기는 마치 노다지를 캐내듯 쏟아져 나왔다. 헬렌 켈러의 『나의 인생 이야기』(Helen Keller, 1905)와 로버트 스콧의 『장님 만들기』(Scott, 1969)를 비롯한 수많은 자서전이 출간되었다. 그러나 정치적으로, 이론적으로 엄청난 발전이 있었음에도 불구하고, 이러한 저술들은 그 문체와 접근방식에서 시대에 뒤떨어지는 것처럼 보였다. 영국에서 장애인의 자서전으로서 두드러진 전환점이 된 것은 폴 헌트의 『스티그마: 장애의 경험』(Hunt, 1966)의 출간이었다. 헌트는 신문에 광고를 기재하여 60명 이상의 내러티브를 수집했고 그 가운데 12명의 것을 편집하여 책으로 묶었다. 이 책은 6명의 여성과 자신을 포함한 6명의 남성의 이야기를 담고 있다. 반스 외의 연구자들이 말한 것처럼(Barnes et al., 2003: 77), 헌트가 밝힌 출판 의도는 일상생활 속에서 겪게 되는 장애 경험을 단지 손상과 관련해서만이 아니라, '정상인'들이 지배하는 사회라 부르는 것과의 연관성 속에서 바라봄으로써 '감상적인 자서전'을 뛰어넘는 것이었다(Hunt, 1966: 146).

편집자로서 헌트의 접근방식은 일차적으로밖에 들리지 않았던 보통사람들의 이야기에 목소리를 부여하는 것이지, 이들 이야기에 대해 사회적 또는 역사적 비평을 통해 평가하려는 것이 아니었다. 비록 이야기들 자체가, 특히 헌트 자신의 이야기는 강력한 사회적 비판을 담고 있었지만 말이다. 서론에서 헌트는 이 이야기들이 1960년대 후반 영국의 장애인들이 처한 사회적 상황과 관련하여 '가치 있는 통찰'을 제공할 뿐 아니라 '생생한 이야기'로서의 다양성과 개별성을 가지고 있다는 점을 강조하였다. 조 캠플링이 편집한 『우리들 자신의 이미지: 장애여성들의 이야기』(Campling, 1981)에서도 이와 비슷한 접근이 이루어지고 있다. 이 책에서 저자는 25명의 여성들에게 "장애여성으로서 자신의 상황에 대해 쓰고 싶은 것은 무엇이든지 쓰도록" 하였다. 사회 정책에 관심을 가지고 있는 사회과학자로서 캠플링은 자료들을 맥락에 맞게 조직하고 해석하려는 시도를 했음 직하다. 그러나 그녀는 서론에서 다음과 같이 밝히고 있다. "각각의 이야기들에 대한 간략한 개요를 첨가하는 것"이외에, "나는 편집자로서의 기능을 최소화하였고, 감히 논평이나 해석을 하려고 하지 않았다. 여기 실린 이야기들은 그 스스로 말한다. 그 밖의 것은 사족이거나 침해라고 해야 할 것이다"(Campling, 1981: vii~viii).

스티븐 험프리와 파멜라 고든의 『보이지 않는 곳에서』는 장애인들의 직접적인 체험담을 실제적으로 활용하고 있다(Humphries and Gordon, 1992). 이 체험담들은 1900년에서 1950년까지 장애인들이 경험한 어린 시절, 학창시절, 노동시장 진입과 사회적 관계 등에 대해 그들이 가지고 있는 기억들을 수집한 것이다. 이 책의 경우는 장애인들의 경험이 갖는 사회적·역사적 맥락에 대해 좀더 관심을 집중하고 있다.

1980년대와 1990년대에 비판적인 장애학이 등장하면서, 장애의 다양한 측면을 사회문제로서 다루는 새로운 저작들이 풍부하게 생산되었다. 이들 저작 중 몇몇은 영국 공공 정책의 역사적 발전을 분석하는 데 사회적 모델의 새로운 아이디어를 분명하게 연결시키고 있다. 예컨대, 콜린 반스의 『영국의 장애인과 차별』은 국가적 차원의 「장애차별금지법」이 만들어지기까지 정책의 발전과 성과에 대해서 체계적으로 검토하였다(Barnes, 1991). 이런 종류의 비판적인 정책 분석은 그것이 장애인의 삶의 이야기를 끌어와서 분석에 활용하지는 않았다고 하더라도, 큰 그림을 제시하는 데 매우 중요한 것이다.

앤 보세이의 저작 『1750년 이후 영국의 장애와 사회 정책』(Borsay, 2005)도 장애인에 대한 공적인 처우에서 나타났던 중요한 변화들(1970년대 이전까지)에 대해 설명한 것으로, 역사적 연구에 대한 관심을 증대하는 데 기여하였다. 보세이의 접근도 공공 정책과 장애인의 경험을 서로 연결시키고 있다(이 책은 험프리와 고든의 1992년 연구에서 제시되었던 사례들처럼 이전에 출판되었던 사례들로부터 선정한 장애인의 경험을 활용하였다).

사회과학에서 '전기에 대한 관심'은 최근 들어 장애학에서의 많은 저작들을 가능하게 하였고, 장애 경험을 분석하기 위해 내러티브 접근을 사용하는 데 대한 커다란 관심을 불러일으켰다. 예컨대 『인생 이야기 연구』(Goodley et al., 2004)나 『학습장애를 가진 부모와 함께 성장하기』(Booth and Booth, 1998) 등이 있다. 개인적인 내러티브를 증거로서 활용하는 것은 이제 널리 알려져 있고 이는 어떤 현상에 대한 우리의 이해를 풍부하게 해주고 있다. 그러나 이러한 이야기들은 사회에 존재하는 장애화 장벽을 입증하고 그것에 도전하기 위해 활용될 때에만 정치적인 의미를 가지는 것이다. 따라서 개인의 전기를 사회 안에서 장애를 유발하는 장벽, 제도, 관계에 연결시키는 작업이 핵심적인 것이다.

이 책은 이전의 다수 저작들을 통해서 장애와 생애 과정에 대한 관심을 공유하고 있던 두 저자에 의해서 시작되었다. 예컨대 소날리 샤의 『성공한 장애인의 직업적 성취』는 전문적인 취업 커리어에서 개인적 요인과 사회적 요인이 어떻게 서로 상호작용하는지를 보여 주기 위해서 장애성인과의 생애사 인터뷰를 활용하였다(Shah, 2005a). 종일제 교육에 참여하고 있는 장애청소년들의 직업 선택에 대한 연구에서도 관련 주제가 다루어졌다(Shah, 2005b; 2008). 여기서는 개인적인 전기를 특정한 정책적 맥락에 연관시켜 분석하였다. 예컨대 장애청소년들이 자신의 미래를 계획하는 데 참여하도록 하는 정책과 실천의 맥락에서 개인적 경험을 분석한 것이다. 전기적인 이야기들은 그들의 직업 선택을 촉진하거나 제한하는 개인적 요인과 맥락 요인을 알려주는 것뿐 아니라, 직업에 대한 그들의 열망과 미래의 사회 변화에 대한 그들의 바람도 잘 보여 주었다.

이와 유사한 관심, 즉 장애청소년들의 인생 경험과 인생 행로에 대한 관심은 프리슬리가 참여한 경제사회조사 협의회Economic and Social Research Council(ESRC)의 『장애아동의 삶 프로젝트』(Watson et al., 1999 참조)와 보호시설을 떠나 성인기로 전환하는 장애청소년들에 대한 연구에서도 분명하게 드러나고 있다(Priestley et al., 2002). 전기적 접근방법은 젊은이들의 삶이 가지고 있는 관계적 특성과 가족, 친구, 전문가 등 다른 사람들의 도움이나 방해가 그들의 삶에 미치는 주요한 영향에 대해 잘 보여 준다. 이 두 프로젝트는 젊은이들이 사회적 낙인과 분리, 감시의 과정에 굴복해 가는 과정에서 그들의 장애 정체성을 어떻게 타협적으로 구성해 가는지에 대해 많은 것을 보여 주고 있다.

이들 선행연구들은 여러 가지 문제를 생각해 보게 한다. 예컨대 장애청소년들이 교육, 사회적 보호, 또는 고용을 통해 쌓아 가는 '경력' career을 종단적으로 살펴보는 것은 그들의 인생 행로와 정체성, 이후의 성과에 영향을 미치게 될 선택, 관계, 환경적 장벽, 공공 정책과 사회적 공간을 추적하는 데 도움이 된다. 서로 다른 프로젝트들을 통해서 축적되어 있는 개인의 전기적 사례들을 모아 집합적으로 살펴보는 것도 중요할 것이다. 개인의 이야기들에서 발견할 수 있는 하나하나의 삽화들은 동시대를 살아가는 장애인들 간에 어떤 인생 행로가 공유되고 있는지를 밝혀 줄 수 있을 것이다.

프리슬리가 편집한 『장애와 생애 과정: 전 지구적 관점』은 서로 다른 세대의 개인들로부터 수집한 전기적 자료를 사회·역사적 변화와 연관시켜 이해하는 방법을 보여 주었다(Priestley, 2001). 특히 이 책의 결론에서는 개인의 삶을 시간, 장소, 인생 궤적, 전환점, 이용할 수 있는 자원 등과 관련하여 생각해야 한다는 점을 강조하고 있다. 『장애: 생애 과정 접근』에는 장애, 세대, 현대사회에서의 생애 과정 사이의 좀더 구조적인 관계를 이해하기 위한 이론적인 틀이 더욱 발전된 모습으로 소개되고 있다(Priestley, 2003).

전기와 사회구조

생애사 연구에 대해 제기되는 지속적이고 타당한 비판들 중 하나는 그것이 구조에 대한 사회학적 개념들을 적절히 다루지 못한다는 것이다. 이러한 비판은 사회구조주의자들이나 사회심리학의 관점에서 많이 제기되었다. 길 허버드가 설명한 대로, "생애사 연구는 어떤 잠재력을 가지고 있다. 즉 생애사 연구를 통해 우리는 사람들이 사회구조를 어떻게 해석하고 이해했는지를 드러낼 수 있고, 삶 속에서 중요한 전환점을 맞이한 개인들에게 사회구조가 어떻게 인식되는지를 탐색할 수 있는 힘을 얻게 된다"(Hubbard, 2000: 11.4). 게다가 내러티브든 비-내러티브든 생애사 연구방법은 허버드가 말한 것 이상으로 기여할 수 있는 힘을 가지고 있고, 개인의 인식을 뛰어넘어 나아갈 수도 있다.

　　이는 개인 주체가 중요하지 않다는 뜻이 아니다. 울리히 벡이 지적한 것처럼, "개인들은 그들 스스로 살아 있는 사회의 재생산 단위이며"(Beck, 1992: 90), 앤서니 기든스가 설명한 것처럼, 사회적 규범과 구조는 인간 주체의 사회적 행위와 동떨어져 독립적으로 존재할 수 없고, 인간 주체들에 의해 형성되는 것이다(Giddens, 1984). 예를 들면, 20세기 후반에 장애운동과 장애의 사회적 모델이 등장하면서 사회 규범과 구조에 중요한 변화들이 발생하였는데, 이것은 집합적·개인적 주체들의 행동을 통해서 일어날 수 있었던 것들이다(French and Swain, 2006). 많은 장애인들이 제도화된 억압에 대한 경험을 공유하고 있지만, 개개인들은 장애화 장벽을 매우 다양한 방식으로 경험하고 타협을 이뤄 나갈 수 있다. 또한 개인이 사회구조와 어떻게 관련을 맺어 나가는지에 대해서는 복합적인 차별의 교차점들이 저마다 독특하게 작용하고 있다. 예를 들면, 교육과 노동시장에서의 구조적 불평등은 단지 장애와 관련해서뿐 아니라 젠더, 인종, 사회계급, 성적 지향 등과 관련해서도 개개인의 삶의 선택에 영향을 미칠 수 있는 것이다.

머틸다 릴리와 존 릴리는 사회학이 인간의 삶과 사회구조 사이의 상호적 관계에 여전히 매료되어 있음을 상기시킨다(Riley and Riley, 1999). 나이 듦에 대한 저작에서 그들은 "인생에서 동년배 집단 간의 차이는 상대적으로 불변하는 유전적 배경과 지속적으로 변화하는 사회 사이의 어떤 상호작용의 결과임에 틀림없다"고 주장하기에 이르렀다. 그러나 그들은 또한 '생애 과정' 연구의 개인주의화로 말미암아, 이 문제에 접근하는 데 있어 사회학은 대체로 실패하였다고 주장한다. 생애 과정에 대한 연구는 변화하는 개인의 '삶'에 경험적 초점을 맞춤으로써 변화하는 사회구조를 이해하지 못하게 되었다는 것이다. 따라서 그들은 "이 접근은 이제 허상을 좇는 강박관념이 되었다. 거기에서 구조적 현상은, 최대한 주의를 기울인다고 하더라도, 개인이 처한 '맥락적' contextual 특성에 불과한 것으로 축소되어 처리되고 있다"라고 결론지었다(Riley and Riley, 1999: 126).

이와 비슷한 문제를 논의하면서, 찰스 고든과 찰스 론지노는 개인 전기로서의 나이 듦과 사회 사이의 연관성을 세 가지 차원에서 설명한다(Gordon and Longino, 2000). 인구학적 차원(이 경우는 하나의 노인 집단), 제도화된 구조(노동 제도, 가족 제도, 복지 제도 등), 사회구조에 직면하여 그것을 소비하는 관례화된 일상적 생활방식이 그것이다. 이처럼 변화하고 있는 정치적·도덕적·문화적 상태에 대해 고려하는 것은 중요하다. 개개인들은 변화하는 정치적·도덕적·문화적 상태 속에서 시간의 흐름을 타면서 그들의 삶을 살아 나가고 있다. 이러한 접근방식은 전후 영국에서 보이는 장애 정책의 변화를 이해하는 데 도움을 주었고, 뒤에 이어질 장들에서 전개된 분석을 이끌어 주었다.

비판적 현실주의 관점에서 장애를 바라보는 연구는 이러한 접근방식을 설명하는 데 도움이 된다. 로이 바스카는 실증주의와 해석학적 접근이 모두 사회과학적 질문에 적용하기에는 한계를 가지는 것이라고 주장하였다(Bhaskar, 1975; 1997; 1998). 왜냐하면 그것들은 개인이나 개인들의 집단을 넘어서서 사회적 현상의 이면에 존재하는 실재를 설명하지 못하기 때문이다. 그는 이러한 경향을 '사회적 원자론'social atomism이라 칭하였는데, 이러한 문제는 방법론적 개인주의가 개인이 경험하는 실제의 사회적 맥락을 설명하지 못하기 때문에 발생하는 것이다. 바스카는 세 가지 수준의 현실을 구분하여 개념화한다. 관찰할 수 있는 '경험적'empirical 현실, '실제의'actual 사건들, 그리고 이들을 유발시키는 지속적인 사회적 관계와 체계의 '진정한'real 본질이 그것이다. 이러한 유형론에 비추어 보면, 사회적 모델의 관점에서 말하는 장애의 사회적 관계는 물질적인 결과를 산출할 수 있는 '진정한' 본질이지만, 직접적으로 관찰할 수 있는 것은 아니다. 하지만 매우 다양한 종류로 존재하는 장애화 장벽은 장애의 '실제적' 표현으로 보일 수 있다. 다른 한편, 사람들은 이러한 장벽을 좀더 분명하게 관찰할 수 있는 '경험적' 현실로서 만나게 된다.

내러티브 전기의 연구는 이러한 경험적 현실로 들어가는 창문을 제공하는데, 우리는 이 창문을 통해서 더 깊은 사회적 관계와 거시적인 사회 변화의 '흔적'을 들여다볼 수 있다(예컨대, Chamberlayne and Rustin, 1999; Ulrich, 2000; Priestley, 2001). 캐럴 토머스가 말한 것처럼, "경험적 내러티브는 사회구조적인 것을 이해할 수 있는 길을 제시한다"(Thomas, 1999: 8). 그러므로 개인적 전기와 장애화 장벽 사이의 연관 관계를 밝히는 것은 중요한 과업이다. 이 작업을 통해 장벽의 성격과 양식을 관찰하기는 어렵겠지만, 이 사회를 구성하고 있는 힘들을 모형화해 볼 수는 있을 것이다. 바스카가 지적한 것처럼, 인과 관계의 방향은 처음에는 하나의 방향으로 이동한다. 즉 장애의 사회적 관계로부터 삶의 경험으로 이동하는 것이다. 반면에 그것에 대한 우리의 이해는 반대 방향으로 나아가며, 이는 경험적인 생애사 연구를 통해서 가능하다.

이에 더하여, 바스카가 정확하게 지적한 것처럼, '실제적' 현실은 시간과 공간 안에 존재하며 이는 이 책에서의 방법론적 접근의 중심이 되는 것이다. 마이클 올리버에게 장애는 "장애인에게 한계를 부과하는 모든 것들——개인의 편견부터 제도적인 차별까지, 접근할 수 없는 건물에서 이용할 수 없는 교통체계까지, 교육에서의 분리로부터 고용에서의 배제까지——"을 포함하는 것이다(Oliver, 1996: 33). 그러나 이러한 장애의 '실제적인' 표현은 시간의 흐름에 따라서 달라질 수 있다. 그것들은 적어도 어느 정도 만들어질 수도 있고, 만들어지지 않을 수도 있다. 장애화 장벽은 발생할 수도 제거될 수도 있고, 정책과 제도도 등장할 수도 사라질 수도 있으며, 관계도 시간에 따라 짧게 존재할 수도 발전될 수도 있다. 인생의 행로에서 사람들이 움직일 수 있는 폭은 심각하게 제한되지만, 인생에서의 선택은 변화한다. 그러므로 이제 중요한 것은 오늘날 영국에서 장애청소년들이 가지고 있는 인생의 기회와 선택이 과거 전후세대의 경험과 비교하여 어떻게 '달라졌는지' 이해하는 데 이러한 지식을 적용하는 것이다. 장애화 장벽에 대한 내러티브적 이야기는 불변적인 것이 아니라, 해당 시기를 이해하는 데 적합한 것으로 이해해야 하는 것이다.

나가며

1장은 이 책에 대한 대략적인 개관과 함께 몇 가지 질문을 제기하였다. 즉 영국의 장애 정책 발전에 대해 개관하였고, 전기적인 이야기를 통해서 역사를 이해할 수 있는지에 대한 질문들을 제기한 것이다. 요약하면 이 장의 앞부분은 2차 세계대전부터 20세기의 끝, 그리고 21세기에 들어서기까지 영국에서 매우 급속하고 다양하게 진행된 장애 정책의 결정 과정에 대해 살펴보았다. 비록 간략한 소개였지만, 몇십 년간 일어났던 정책 변화의 우여곡절을 살펴보았고, 이를 통해 이후의 장들에서 다루어질 주요 정책의 전개에 대해 짚어 볼 수 있었다. 이 장에서 더 많은 지면은 역사와 전기를 연관시키는 것에 할애되었다. 즉 '개인이 겪는 어려움'을 공적인 이슈와 연관시키는 문제 말이다. 여기에서 해결하기 어렵지만 피할 수 없는 몇 가지 쟁점들이 제기되었다. 그것은 전기적 내러티브를 비판적인 장애연구에서 활용하는 데 대한 것이다. 특히 어떻게 장애를 만들어 내는 사회의 구조적 특성에 대한 초점을 유지하면서도 장애인의 진정한 목소리를 포함시킬 것인가 하는 문제이다.

이 장은 몇 가지 흥미로운 질문을 제기한다. 오늘날 영국의 장애청소년들이 가진 삶의 경험은 이전 세대의 그것과 비교하여 어떤 점에서 유사하고 어떤 점에서 다른가, 그리고 이러한 차이에 대한 사회 정책의 역할은 무엇인가? 장애청소년들의 삶의 기회를 증진하거나 방해하는 중요한 인간 관계는 무엇이며, 정책과 제도, 환경에서의 변화는 이들 관계에 어떻게 영향을 미쳤는가? 과거의 정책들은 얼마나 성공적이었고 앞으로 무엇이 더 요구되는가?

다음 장에서는 시각을 달리하여, 변화하는 시대를 거쳐 온 개인들의 삶이라는 관점에서 개인의 발달을 살펴볼 것이다. 단순히 이들의 이야기를 '들려주는 것'이 아니라, 이를 앞에서 제시되었던 좀더 큰 그림의 맥락 안에서 비판적으로 검토하고, 정책이 삶의 양상에 있어서 어떻게 차이를 만들어 내는지에 대한 문제제기를 시작하려는 것이다. 이러한 과제를 수행하고 이론적인 논의를 이끌어 내기 위해서는 사람들의 개인적 이야기에 접근하는 데 있어 다음의 원칙과 기법을 따라야 할 것이다.

실제 삶 속에서 진정한 변화(또는 변화 없음)의 증거를 찾는 것도 중요하지만, 개인들의 삶 사이(특히 세대 간)의 차이를 보여 주는 증거를 찾는 것도 중요하다. 개인의 생애 과정 속에서 중요한 사건들을 규명하는 것도 필요하지만, 인생의 전환기에 나타나는 '관계적' 성격을 찾아내는 것도 중요하다. 중요한 인생 사건들이 가지고 있는 심리·정서적 함의를 깨닫는 것이 중요하지만, 자신의 삶을 이야기하는 연구 참여자들이 반성적이고 비판적인 역사가라는 사실을 인정하는 것도 중요하다. 개인의 장애 경험을 사회적 모델의 관점에서 숙고하고, 개인의 삶에 차이를 만들어 내는 환경, 관계, 제도, 정책을 규명하는 것 역시 중요하다.

- 1940년대 이후로 장애인의 삶에 영향을 미치는 공공 정책에서의 주요 변화는 무엇인가?

- 더 큰 그림을 개관하는 것에서는 배울 수 없지만 장애인의 개인적 삶의 이야기로부터 배울 수 있는 것에는 어떤 것들이 있는가?

- 전기적 증거에 깊이 의존해 있는 장애연구에 의해서 제기되는 주요 관심사에는 어떤 것들이 있는가? 그리고 이러한 관심사들은 어떻게 설명될 수 있는가?

2장

삶의 이야기들

1장에서 설명한 것처럼, 이 책은 신체적 손상을 가진 장애청소년들의 인생이 세 세대를 거치면서 어떻게 변화해 왔는지, 그리고 공공 정책이 이들에게 어떻게 영향을 미쳤는지 살펴보고 있다. 그러나 이미 지적한 바와 같이, "인생은 복잡한 것이고, 때로는 너저분한 것이어서, 사업 운영 경험과 인생 경험은 학술연구 결과나 이론적 모델에 맞아떨어지지 않는다"(Priestley, 2001: 240). 여기에서 초점은 사회적으로 구성된 정책 결정의 틀보다는 사람들의 실제적인 삶에 맞추어질 것이다. 이 장에서는 자신들의 삶의 이야기를 들려준 세 세대 장애인들을 소개할 것이다. 이들의 이야기는 6개의 삽화(요약된 인생 이야기)로 소개되는데, 훨씬 길게 이야기된 것을 당사자들의 동의와 타당화 과정을 통해 요약한 것이다. 각 세대마다 2개씩의 삽화가 소개되며 한 쌍의 삽화가 소개된 후 거기에서 제기된 주제에 대한 논의가 이루어질 것이다. 여기서 제기된 논점에 대해서는 뒤이은 주제별 장에서 좀더 상세하게 다루어질 것이다.

사례들을 소개하는 것은 인터뷰를 통해 탐색된 경험과 기억들의 풍미를 조금이라도 전달하기 위한 것이다. 여기에서 의도하는 것은 완성된 형태의 자서전이나 사례 연구를 생산하거나 '인생의 전말'whole story 을 들려주려는 것이 아니다. 장애인들의 경험에 대한 대략적인 그림을 보여 주고, 독자들로 하여금 개인적인 삶과 공적인 정책들 사이의 관계에 대한 관심을 촉발하려는 것이다. 말하자면, 여기에 소개된 이야기들을 통해 의학적 치료, 교육, 고용, 가족 관계, 자아 정체성, 그리고 장애 정책들 사이의 연관성을 보려는 것이다.

1940년대의 아이들

이 책에서 가장 나이 많은 세대로 소개되는 사람들은 2차 세계대전 무렵 또는 그 직후에 태어나서, 영국의 사회 정책 안에서 장애에 대한 좀 더 체계적인 접근이 시작되었던 시기에 성장한 사람들이다. 특히 이들과 이들의 가족들은 전후 복지국가의 등장 시기에 장애 경험을 쌓아 나간 사람들이다. 말하자면 1장에서 살펴본 것처럼 베버리지 보고서 이후 터져 나왔던 고용, 교육, 보건의료서비스에서의 급진적인 새로운 법령들과 관계를 맺으며 성장한 것이다.

플로렌스의 이야기

플로렌스[인터뷰이들의 이름은 모두 가명이다]는 1940년대 후반에 한부모가정의 딸로 태어났다. 그녀가 걷지 못할 것이라고 의사가 진단을 내렸을 때 생모는 그녀를 떠났다. 한 살 때까지 그녀는 1년을 병원에서 생활하였고 그후 아동 거주홈에 배치되어 위탁가정을 만나게 되었다. 그러나 그들은 신체적 손상을 가진 아기에게 적응하지 못했고, 플로렌스는 아동 거주홈에서 선별되어, "달리 있을 곳이 없기 때문에" 병원으로 되돌려 보내졌다. 그녀의 어머니가 정기적으로 접촉을 하긴 했지만(예컨대 수술같이 동의를 필요로 할 때), 어머니는 거리를 유지하였고 아동거주홈에서는 아무도 병원에 있는 플로렌스를 방문하지 않았다.

다섯 살이 되었을 때 플로렌스는 위탁되었고, 마침내 병동을 방문했던 한 여인의 가정에 입양되었다. 그녀의 새 가족은 플로렌스가 현관 앞의 계단 같은 물리적 장벽에 그럭저럭 적응할 수 있을 것이라고 생각했다. "그들은 내가 걸을 수 없다는 걸 알긴 했지만, 정확한 기록이 없었기 때문에 충분한 정보를 얻지 못했던 것이다." 물리적인 장애물 때문에, 플로렌스는 그 집에서 지내는 동안 다른 아이들을 만나거나 그녀가 병원에 있을 때 알고 지냈던 다른 장애아동들을 지속적으로 접촉하기 어려웠고, 친구 관계를 발전시킬 수 있는 기회를 별로 갖지 못하였다.

시간이 흘러, 플로렌스의 손상은 눈에 덜 띄게 되었고, 사회적인 상황에서 그녀는 종종 손상을 감추기도 하였다. 하지만 이는 좀더 친밀한 관계, 특히 연인과의 관계를 발전시키는 데 영향을 미쳤다. 이에 더하여 플로렌스는 무엇 때문에 그녀의 손상이 발생했는지, 그것이 유전될 것인지 아닌지, 언젠가 아이를 가질 수 있는 기회가 생겼을 때 자신의 손상이 영향을 미치지는 않을지 불안해하였다. 그녀는 짧은 교제 경험을 갖기도 했지만 깊은 관계로까지는 좀처럼 나아가지 못했다. 점차 시간이 지나면서 그녀는 혼자 살기로 결정하였다. "나는 내가 결혼하지 않고 아이도 갖지 않기로 한 것이……현명한 결정이었다고 생각한다. 내가 그 결정을 하게 된 가장 큰 이유는 사람들이 나의 장애가 어떤 것인지 잘 알지 못하기 때문이었다."

플로렌스가 걷지 않는다는 것을 그녀의 어머니가 먼저 알아차리기 전까지 의사들은 플로렌스가 가진 손상에 대해 진단조차 하지 않았다. 그렇지만 제도화된 의학적 치료는 플로렌스의 어린 시절 큰 부분을 차지했다. 의사를 설득하지 못하자, 그녀의 어머니는 검사를 더 받아 보기 위해 플로렌스를 또 다른 병원으로 데리고 가야 했다. 검사 결과 플로렌스는 "서 있지도, 걷지도 못하고 아무것도 할 수 없을 것"이라는 (잘못된) 예후를 통보받았고, 그 때문에 그녀는 더 오랫동안 병원에 머물러 있을 수밖에 없었다. 그녀는 치료를 위해서 1년 더, 그리고 달리 갈 곳이 없었기 때문에 2년 더 병원에서 지냈다. 플로렌스는 1950년대 초반의 나이팅게일 병동을 기억하고 있다. 거기에는 "똑같은 20개의 침대가 한쪽 벽면에 도열해 있고 그 끝에 간호사가 지키고 앉아 있었다". 외부인의 방문은 주 2회, 오후 1시간씩으로 제한되었다. 그녀는 대부분의 시간을 침대에 누워서 지낼 수밖에 없었다. 거의 날마다 물리치료가 행해졌고, 그녀는 걸음을 뗄 수 있게 될 때까지 외래환자로서도 계속해서 치료를 받았다(그녀는 보행용 보조기구를 발급받지도 않았고, 그녀를 입양한 어머니가 '환자용 유모차'의 교부를 거부했는데도 말이다). 휴일에는 다리를 늘이기 위해서 다리뼈를 꺾는 시술이 더해졌다. 나중에 성인이 되었을 때, 플로렌스는 통증 때문에 한쪽 다리를 절단하기로 결정했는데, "그나마 그것이 일어날 수 있는 일들 중 가장 나은 것이었다".

특수학교를 가는 것에 대한 논의가 있었지만, 플로렌스는 1950년대에 일반학교에 다녔다. 그녀가 여섯 살 때, 그녀의 어머니는 교육 담당 공무원을 설득해서 그녀가 살고 있는 지역의 유아학교에 들어갈 수 있게 하였다. 물리적인 장애물이 있었지만, 비공식적인 방법으로 해결하는 수밖에는 없었다. "내가 여섯 발자국 이상을 떼어야 할 때는, 그저 선생님이 나를 안아서 옮겨 주는 것 말고는 다른 방법이 없었다." 초등학교에 입학할 때가 되자 더 큰 어려움이 생겼다. 초등학교는 플로렌스가 걸어 다닐 수 있는 거리에 있지 않았는데도 장애가 있는 학생을 위한 이동수단이 따로 제공되지 않았기 때문이다. 다행인 것은 그녀가 친구들에게 받아들여졌다는 느낌을 가질 수 있었다는 것이고, 친구들은 플로렌스가 물리적인 환경에 적응할 수 있도록 도와주었다. 하지만 이러한 상황은 중학교에 들어가면서 좀 달라졌다. 특히 놀림을 당하는 일이 많아진 것이다. "플로렌스, 넌 날 잡지 못할 걸. 이 뒤뚱거리는 멍청아."

개별적인 지원이나 학교 적응을 위한 서비스는 제공되지 않았다. "내가 운동장 이 끝에서 저 끝까지 뛰어갈 수 없다는 사실에 대해 그들은 전혀 신경 쓰지 않았다. 그저 날 밀치고 골을 넣으면 그만이었다." 친구들과의 관계만 생각하면, 플로렌스는 특수학교에 더 가고 싶어 했을지도 모른다. 그녀는 어릴 적 병원에서 알고 지내던 아이들이 특수학교에 갔다는 것을 알고 있었기 때문이다. 하지만 그녀의 어머니는 그걸 허락하지 않았을 것이다. 지금 생각하면, 플로렌스가 특수학교에 갔다면 직업교육을 받을 기회를 거의 갖지 못했을 것이고 "그곳을 벗어나기도" 어려웠을지 모른다. 과거의 일처럼 말하고 있지만, 직업적 성취와 관련해서 많은 전문가들이 쳐 놓은 장애물에 부딪히기는 지금도 마찬가지다. 전문가들은 그녀의 잠재력보다는 손상에 초점을 맞추고 있는 것이다. 플로렌스는 교사가 되기를 원했지만 사람들은 그 꿈은 잊어버리고 대신 사무원으로서의 기술을 익히라고 충고하였다.

1960년대 중반, 플로렌스는 학교를 떠나 전화교환원과 사무원으로서 첫 직장을 잡았다. 그녀의 두번째 직업은 타자수였다. 그때 그녀는 사무실에 가기 위해 리프트도 없이 두 층의 계단을 오르내려야 했지만 그 일을 좋아했다. 장애인인지 여부를 적는 것은 선택사항이었음에도 불구하고, 플로렌스는 취업원서에 자신의 손상을 밝히기로 하였다. "장애를 감추지 않는다면, 일은 시작도 못해 볼 수도 있었지만 말이다." 훗날 플로렌스는 사무원 일을 그만두고 그녀 자신이 갈 수도 있었던 바로 그 특수학교에서 장애아동들과 함께 일하게 되었다. 그런 다음에는 사회복지사 교육을 받았다. 현재의 직장에서 그녀는 자신에게 꼭 맞추어진 정형외과 보조기구와 사무용 의자를 사용하고 있다. 이는 이전 직장에서는 활용할 수 없었던 것들이다. 그녀는 운전도 할 수 있게 되었다. 하지만 이것도 자동차를 그녀에게 맞게 개조해 줄 수 있는 사람을 우연히 만났기 때문에 가능하게 된 것이었다.

병원을 벗어난 이후 젊은 시절의 플로렌스에게 장애 정체성에 대한 자각은 거의 없었고, 가능하다면 그녀는 장애인이 아닌 척하며 넘어갔다. 그녀는 자신이 남들과 '다르다'는 것을 중학교에 가서 느꼈지만 현실에서는 대체로 이것을 인식하지 않고 넘기려 했다. 가족 안에서 "엄마는 내가 완전히 앉아 있는 사진이 아니라면, 학교에서 찍은 사진을 보려고 하지 않았다.……난 앉아 있기만 하면, 내 장애를 드러낼 만한 표시가 나지 않았으니까". 그녀는 되도록이면 "장애인 등록을 하지 말라"는 말을 들으면서 살아왔기 때문에, 나중에 어른이 되었을 때 장애인 급여나 지원을 받을 수 있는 자격을 갖기가 어려웠다. 옛날을 회상하면서 플로렌스는 자신이 어렸을 때 장애인 친구들을 가졌더라면 긍정적인 장애 정체성을 발견하기가 더 쉬웠을 것이라고 말한다. 그녀는 살아오는 동안 교육적인 통합의 기회라는 측면에서 큰 변화가 일어나는 것을 보아 왔고, 지금은 장애대중들이 엄청나게 의식화되었다고 생각한다. 그리고 그것은 "장애인들이 바깥세상으로 나왔기" 때문에 가능한 것이라고 느낀다. 그러나 그녀는 여전히 존재하는 물리적인 장애물들 앞에서 좌절을 경험하고 있다.

댄의 이야기

댄은 1940년대 중반에 삼형제 중 맏이로 태어났다. 그의 아버지는 일을 하러 멀리 떠나 있었지만, 중산층의 마을에서 가까운 친척들이 모여 살고 있었기 때문에 이웃 아이들이나 사촌들과 사귈 수 있는 기회가 많았다. 그의 집은 그 당시 평범한 집이었는데, 집 안에 욕실이나 온수 시설이 없었고, 아이들은 일주일에 한 번씩 마을의 공중목욕탕에 가서 목욕을 하였다. 댄의 어머니는 그가 열 살 때 돌아가셨다. 아버지가 재혼을 해서 가족이 다른 도시로 이사를 가기 전까지 형제들은 할머니와 함께 살았는데, 댄은 할머니와 친밀한 관계를 맺었다. 댄은 어린 시절을 대체로 행복하고 평범한 것으로 기억하고 있다. 그는 두 번 결혼하였고 지금은 자신의 자녀와 손자, 손녀를 두고 있다.

장애가 있든 없든 가족 간에는 서로 돌보고 지지해 줄 것이라는 강한 믿음이 있었다. 이러한 가족 내의 돌봄과 지지는 공적인 서비스를 통한 사회적 원조가 없어도 유지되는 것이었다. 연로한 친지들은 젊은 가족 성원들이 보살폈으므로, 그의 할머니를 보호시설에 보내는 것에 대해서 가족들은 강력하게 반대했다. 그러나 자선기관의 도움을 받는 것은 그의 가족들에게는 일상적인 일이었다. 댄은 자선단체가 장애아동을 위해 제공하는 여행, 음식, 오락 프로그램 등의 서비스를 받았던 기억이 있다. 그는 항상 그의 가족들에 의해 지지를 받는다고 느꼈다. 하지만 이것이 과잉보호를 받는다거나 다른 가족들에 의해 어떤 제한을 받는다는 것은 아니었다.

댄의 손상은 태어날 때 생긴 것으로 일찍이 발견되었다. "의사는 우리 부모님께 내가 자랄수록 장애가 더 악화될 것이라고 말했었다." 그가 일고여덟 살이 되었을 때 댄은 정형외과 수술을 받았지만 그 절차에 대해서 자세히 들은 기억은 없다. "의사들이 내 곁에 앉아서 '수술은 어떻게 진행될 것이고, 결과는 어떠할 것이다'라고 이야기해 준 기억은 없다." 그런 다음 그는 꽤 긴 시간을 회복을 위해 병원에 입원해 있었고, 그 후에도 어린 시절 내내 부정기적으로 병원에 입원해야 했다.

댄은 일반학교에 입학했고, 초기에 약간의 놀림을 당했지만, 곧 친구를 사귀고 다른 아이들과 어울릴 수 있었다. 병원에서 보낸 시간 때문에 학교생활에 공백이 생긴 후, 의사는 그를 지역의 특수학교에 보내라고 제안했다. "그 학교는 정말 크고 오래된 구식 건물이었고, 우리는 버스 옆면에 교육청협의회Council Education Department라고 쓰인 파란색 단층버스를 타고 다녔다." 이 학교는 그가 원하던 곳이 아니었다. 그 학교는 "내가 학교 밖의 어느 누구와도 다르다는 것을 일깨워 주는 공간이었기 때문이다". 그 학교에서는 학업적인 도전도 별로 없었다. 이웃에 사는 그의 친구들은 일반학교에 다니고 있었다. 1년 반 후에 그는 일반 중학교로 옮겨 왔다. 그곳에서는 "라피아 야자나무로 바구니를 만드는 일이 아니라 수학과 영어 공부를 했다".

열여섯 살에 학교를 떠나게 되었을 때, 댄은 그 집안의 남자들이 그러하듯이 해군 입대를 지원했다. 그러나 손상 때문에 거부당했다. "내 앞을 막아선 장벽이 '너는 해군이 될 수 없다'고 말하고 있었다. 나는 '왜?'라고 질문했다.……'넌 행군을 할 수 없잖아'라는 대답이 돌아왔다." 그것은 댄이 장애인이 되었다는 느낌을 갖게 했던 첫번째 사건이었다. 그는 장애인 고용을 위한 '녹색카드'를 받기 위해 등록을 했고, 그곳에서 그는 백화점 리프트 안내원 일자리를 소개받았다. 리프트 안내원은 그 당시에 장애인을 위한 맞춤형 일자리 중 하나였다. 댄은 맞춤형 일자리 중 어떤 것도 마음에 들어 하지 않았고, 그래서 친구들의 도움을 받아 가며 다른 일자리를 찾았다. 그러나 고용주는 댄과 같이 손상을 가진 사람들이 기계를 사용하는 것이 안전한지에 대해서 우려를 표하면서, 그를 해고하였다. 다행히도 1950년대와 1960년대 당시에는 들어갈 수 있는 일자리가 충분히 많기 때문에 댄은 일자리를 잃지는 않았다.

댄은 1970년대에 들어서서 처음으로 실업 상태에 빠지게 되었고 구직센터에 가게 되었다. 그곳에서 장애인 재취업 지원관은 그를 평가하고 나서 (그가 일반고용 시장에서 취업한 경험이 있음에도 불구하고) 지역의 사회서비스국이 운영하는 보호작업장에서 일할 것을 제안하였다. 그는 그곳에서 이런저런 일을 하면서 5년을 보냈다. "나는 별의별 일을 다 했다. 가구 만드는 일도 도왔고 짐차를 운전하기도 했다." 그러던 중 그는 사회적 돌봄 직종에 관심을 갖게 되었고, 학습장애인들과 함께 숙식하는 직원으로 채용되었다. 이 일자리는 1980년대에 대형 요양병원들이 문을 닫으면서 생겨난 것들이었다. 그는 노인들을 위해 일하기도 했다.

특수학교에 갔던 것은 댄이 어린 시절에 가지고 있었던 장애에 대한 인식을 변화시켰다. 즉 장애는 뭔가 노인과 관련된 것이라고 여겼던 것에서 자신과 같은 어린이들에게도 영향을 미치는 어떤 것으로 생각하게 된 것이다. 그러나 그는 특수학교를 떠날 때까지도 스스로를 장애인으로 규정하지 않았고, "장애인이란 나보다 훨씬 더 뭔가를 할 수 없게 된 사람들"이라고 생각했다. 그는 살아오는 동안 교육, 고용, 사회적 돌봄 등에서의 중요한 정책적 변화를 겪어 왔다. 그는 자립생활에 대한 지원이 확대됨으로써 가질 수 있게 된 기회들에 대해서 지대한 관심을 가지고 있지만, 여러 법률의 제정에도 불구하고 전문가들과 사회적 서비스가 여전히 다수의 장애인들의 삶을 억압하고 있다고 느낀다. 또 한편으로 의학적 치료와 의료기술에서 큰 변화가 있었고 전문가와 대중의 태도로부터 '참 많은 것들이 달라졌구나'라고 생각하고 있다. 그러나 댄은 장애인들의 자각, 사회적 자원, 입법 등의 차원에서 영국은 여전히 미국에 훨씬 못 미친다고 보고 있다.

요약과 논의

플로렌스와 댄의 이야기는 여기에 소개된 세 세대 가운데 가장 나이 든 장애인들의 아동기와 청년기 경험과 관련하여 몇 가지 의문을 불러일으킨다. 역사적인 시기라는 차원에서 보면, 그들의 어린 시절은 영국 공공 정책에서의 중요한 변화로 점철되었고, 이는 장애인의 삶에 크게 영향을 미쳤다. 1945년 선거에서 애틀리Clement R. Attlee의 노동당이 압도적으로 승리하고, (1장에서 설명한 것처럼) 전후의 복지 정책이 자리 잡은 것은 중요한 역사적 사건이었다. 이 두 사람의 이야기 속에는 이러한 변화의 흔적이 녹아들어 있다. 그러나 공적인 개입의 부재 역시 선명하게 드러나고 있다.

　댄의 어린 시절 이야기는 매일 매일의 일상적인 생활을 엿볼 수 있게 한다. 그의 일상은 확대가족 및 지역공동체의 지원과 상호성이라는 비공식적인 연결망으로 채워진 것이었다. 마이클 영과 피터 윌모트는 『런던 동부의 가족과 친족』이라는 연구를 통해, 당시의 도시화된 노동계급 안에서 확대가족의 유대가 여전히 유지되고 있었다는 것을 보여 주었다(Young and Willmott, 1957). 그러면서 지방정부의 주택 보급 계획과 같은 공적인 정책의 변화가 어떻게 이러한 확대가족의 유대를 서서히 허물어뜨렸는지를 보여 주었다.

　댄의 이야기를 비판적인 장애학 문헌과 여기 소개된 이후 세대의 이야기들과 비교하며 읽어 보면, 옛날이라고 해서 언제나 시설을 통한 장애인 분리가 이루어졌던 것만은 아니라는 사실을 깨닫게 된다. 마이클 올리버(Oliver, 1990: 38)는 마이클 이그나티프(Ignatieff, 1983)의 주장을 인용하였는데, 그의 주장은 19세기 산업화 과정에서 수용소와 구빈원의 등장이 "빈곤가족들의 욕구를 충족시켰다"는 것이다. "당시의 빈곤가족들은 처음으로 참을 수 없다고 느끼게 된 부담에 적응하려고 고군분투하고 있었던 것이다." 이는 특히 노동계급 가족이 시설서비스에 의지하고 있었다는 뜻이다. 19세기부터 20세기까지의 영국에서 시설복지 정책의 발달은 많은 장애인들의 가정생활에 극적인 영향을 미쳤지만, 우리가 잊지 말아야 할 것은 지금과 마찬가지로 장애아동의 대다수는 개별 주택에서 가족과 함께 살고 있었다는 것이다.

플로렌스의 이야기는 그 반대 상황을 분명하게 보여 준다. 가족의 지원이 없는 상황에서 공적 급여는 그녀에게 '정상적'인 생활방식을 제공하기에는 부족한 것이었다. 단지 "달리 갈 곳이 없다는 이유만으로" 병원과 아동 거주홈에 격리되었던 그녀의 경험은 분명 그 당시의 확대된 공적 급여에 대해 회의를 갖게 한다. 플로렌스의 이야기에서 알 수 있는 것처럼, 적어도 1970년대 중반까지는 장애아동들이 위탁보호에 맡겨지는 것은 일상적이지 않았고, 아이들의 입양 문서에는 "입양하기에는 부적절"하다는 언급이 자주 있었다(Rowe and Lambert, 1973). 플로렌스의 경우에도 전환점이 되어 준 것은 다른 가족이 우연히 관여하게 된 것이었다. 이전까지 그녀는 생모에 의해서뿐 아니라 정부에 의해서도 끝 모를 시설 생활로 일생을 살아야 하는 운명으로 밀어 넣어지고 있었다.

플로렌스의 이야기를 통해서도 당시에 의학적·치료적 개입이 폭넓게 이루어졌다는 것을 알 수 있다. 그녀가 어렸을 때 병원에 갇혀 살다시피 했다는 사실은 당시 사회보호시설뿐 아니라 병원이 얼마나 중요한 것이었는지를 보여 준다. 댄의 이야기에서는 일반학교와 특수학교 사이의 선택의 문제와 같이 의료와는 전혀 다른 영역의 결정에까지도 의료 전문가들이 영향력을 확대하였다는 것을 알 수 있다. 이 두 사람의 이야기에서 긍정적인 결과는 대체로 부모(어머니)나 다른 중요한 개인들의 저항에서 비롯된 것이지, 공적인 서비스에서 비롯된 것은 아니었다. 이들이 특수학교에 다니면서 적응하는 데 어려움을 겪었거나, 학교 내 공적 지원체계의 부재로 인해 자신이 가지고 있는 '다름'을 깨닫게 되었던 것에도 주목할 필요가 있을 것이다.

일자리에서도 마찬가지로 적응하기 어렵고 보호받지 못했다는 것은 분명하다. 한편 고용에 대한 두 사람의 이야기는 공공 정책이 이들의 삶의 기회와 선택에 미쳤던 영향을 좀더 분명하게 보여 준다. 플로렌스가 장애인으로 '등록'하지 않기로 결정한 것과 댄이 '맞춤형' 일자리를 거부한 것은 공공 정책과 개인적 삶의 의식적인 겨룸을 보여 준다(6장에서 탐색될 것이다). 두 사람의 이야기 모두에서 직업 선택의 기회는 전문가들보다는 친구들의 도움으로 인해 만들어졌다. 고용할당제나 직업재활 같은 정책적인 틀이 갖추어져 있었음에도 불구하고 말이다. 1970년대에 장애인 재취업 지원관Disablement Resettlement Officer을 만난 댄의 경험과 플로렌스에게 맞춤형 사무용 의자가 제공되었던 사실은 또 다른 변화를 엿볼 수 있게 한다. 두 사람 모두 지역사회 보호라는 서비스 영역이 확장되는 과정 중에 다른 장애인들과 함께 일할 수 있는 곳에서 두번째 직장을 가질 수 있었다는 점도 주목할 만한 것이다.

어린 시절 플로렌스와 댄에게 자신들은 뭔가 다르다는 정체성을 처음으로 느끼게 했던 것은 병원이나 특수학교와 같은 시설로의 분리였다. 그러나 그들의 이야기에서 우리는 그들이 특수한 자격이나 공적인 지원, 또는 특수한 권리 등을 요구하는 것에 크게 주목하지 않고 계속해서 타협하며 성장해 왔음을 알게 된다. 두 이야기들 모두, 이들이 젊은 시절에 '장애'라는 인식을 특별히 강하고 분명하게 가지고 있지는 않았다는 것을 보여 준다.

1960년대의 아이들

두번째 세대는 1960년대에 태어난 사람들로, 장애인들에게 가해지는 사회적 배제에 대한 저항이 점차 거세졌던 시기에 아동기와 청년기를 보낸 사람들이다. 예를 들면 이 시기에는 거주시설과 특수학교에 대한 비판이 광범위하게 일어났고 장애인의 지역사회 생활을 위한 지원 방안이 확대되는 방향으로 정책이 전개되었다. 그리고 초창기의 장애운동이 시작되었다. 앞의 이야기들과 마찬가지로, 다음의 두 사람의 사례는 이러한 변화가 개인의 실제 삶에 미쳤던 영향에 대해 생각할 수 있는 자료를 제공한다.

포피의 이야기

포피는 1960년대 중반에 세 아이 중 막내로 태어났다. 그녀의 아버지는 군부대에서 일하고 있었기 때문에 자주 집을 떠나 있었다. 포피도 집을 떠나서 기숙 학교에서 지냈기 때문에 휴일이나 주말에만 가끔씩 집에 돌아왔다. 그녀가 집에 와 있을 때면, 가족들은 그녀를 가족의 일원으로서 편안하게 대하려고 애썼다. 하지만 어린 시절 포피는 자신이 형제들과 친하게 지내지 못했다고 느꼈다. "나는 막내였고 장애인이었기 때문에 내가 집에 돌아오면 나는 늘 더 많은 관심을 받았다. 그런데 언니는 특히 이에 대해서 화를 내곤 했다." 포피는 돌이 지날 때까지도 손상에 대한 진단을 받지 않았다. "엄마는 내가 제대로 자라고 있지 않다는 것을 눈치채고 있었다." 두 살 때 의사의 진단을 받았고, 늙은 전문의는 포피의 엄마에게 그녀를 시설에 보내야 한다고 제안했다. "나에 대해 잊어버리고 더 많은 아이들을 낳고 잘 살기 위해서는 그렇게 해야 한다는 것이었다. 분명히 그 당시에는 이런 일이 일반적이었을 것이다. 다행히도 엄마는 이 제안을 거절했다!"

포피는 네 살이 되어서야 기숙사가 있는 특수학교에 보내졌는데, 이는 그녀의 부모가 정기적으로 이사를 다녀야 했기 때문이다. 그녀는 열여섯 살이 될 때까지 그 기숙 특수학교에서 지냈다. 그 학교는 그녀가 살아가는 세상이 되었고, 그녀는 여름방학 동안 집에 오면 지루함과 외로움을 느껴야 했다. 집은 접근성에 제한이 있는 공간이었기 때문에 그녀는 독립적으로 이동하는 데 어려움을 겪어야 했다. 학교에는 정상화를 추구하는 강력한 시설 규정이 있었다. 여기에는 집중적인 물리치료와 언어치료 프로그램이 포함되어 있었다. "네가 더 의존적이면 의존적일수록 네가 가질 수 있는 것은 점점 더 작아진다는 분위기가 있었다. 목욕과 샤워를 혼자서 해도 된다는 허락을 받았을 때 내가 얼마나 기뻤는지 기억이 난다. 난 서둘러 목욕해야 하는 것과 취침시간이 일정하게 정해져 있는 것이 정말 싫었다." 이러한 경험 때문에 포피는 자신이 아직도 휠체어를 사용하는 것과 다른 사람에게 의존해야 하는 것에 대해 공포를 가지고 있다고 생각한다. 몇몇 아이들로부터의 성적 학대에 대해 저항하며 증언한 것 때문에 신체적인 처벌을 받은 적도 있었다. "나는 그것이 옳지 않다는 것을 알았지만 아무도 말하는 사람이 없었다."

그러나 거기에 있었던 12년 동안, 포피도 점차적으로 1970년대 후반기의 개화되는 분위기를 느낄 수 있었다. 학생들에 대한 학업 기대 수준이 높지는 않았지만, 포피도 1980년대 초반에 장애청소년을 위해 마련된 기숙형 계속교육 대학further education college¹에 들어갈 수 있는 기본적인 자격을 충분히 얻었다. 여기에서 그녀는 또 다른 4년을 보냈다. 그곳의 분위기는 별로 시설 같지 않았고, 학생들에 대한 기대 수준도 높았다. 스무 살이 되어서야, 그녀는 기숙 특수학교를 떠나게 되었다. 고향에 있었던 일반인을 위한 계속교육 학교에서 몇 차례 시험을 치른 후, 그녀는 일반 고등교육 기관에서 공부를 계속하기 위해 집을 떠나게 되었다. 그러나 그 대학의 접근성은 정말 형편없는 것이었다. '도서관과 학생회관'은 2층 이상의 계단을 올라가야 있었고, "나는 동료들에게 보조기와 랩톱을 위아래층으로 날라 달라는 부탁을 해야 했다. 그건 아주 짜증나는 일이었다." 포피는 다른 학생들이나 교직원들 사이에 장애에 대한 인식이 없다는 것을 알게 되는 한편으로, 선배 장애학생들과의 교분을 통해서는 여러 가지 충고와 엄청난 지지를 얻을 수 있었다. 그녀는 우수한 성적으로 대학을 졸업했다.

포피는 어린 시절의 대부분을 집을 떠나 살아왔기 때문에, 기숙 학교에서의 다른 장애아동들과는 우정을 나눌 수 있었지만, 고향에서는 친구를 사귀지 못하였다. 특수학교에서 그녀가 기억하는 것은 "아마도

---

1 영국은 초등학교 6년, 중학교 5년의 11년 의무교육 이후에 2년간의 계속교육 기간을 둔다. 계속교육 은 대학 진학을 준비하는 과정(sixth-form)과 다양한 직업교육 과정으로 구분된다. 이 책에서 언급 되고 있는 대부분의 '대학'은 칼리지(college)를 말하는 것으로, 의무교육을 마치고 고등교육(종합 대학)으로 가기 전 약 2년간의 계속교육을 받는 학교들을 말한다. ─옮긴이

년 사람들과 관계를 맺기 어려울 거고, 다른 사람들처럼 섹스를 나누거나 가족을 이루며 살지는 못할 거야"라는 식의 말들이었다. "한번은 내가 어떤 남자아이와 키스를 하다가 들켜서 정말 심하게 벌을 받은 적이 있었다. 하지만 이 사건은 나로 하여금 친밀한 관계에 대한 갈망을 더 크게 만들었을 뿐이다. 이런 전반적인 경험은 내가 비장애인들을 신뢰할 수 없게 만들었다." 그녀는 계속교육을 받는 동안 연애를 시작했고, 20대 중반 대학University을 가기 직전에 현재의 남편을 만났다. 그녀는 쌍둥이를 조산하여 잃는 아픈 경험과 그로 인한 건강상의 문제를 겪은 후 다시 아이를 가졌고 사춘기 이후 꿈꾸던 가족을 이룰 수 있었다.

포피는 대학을 마치고 첫번째 직장에 들어갔다. 그녀가 맡은 일은 지역의 사회서비스 제공기관에서 다른 장애인들을 위한 여가활동을 조직하고 제공하는 것이었다. "처음 그 일을 시작했을 때는 날이면 날마다 빙고게임만 했다. 장애인들이 그렇게 낮은 기대를 받고 있다는 것에 난 정말 짜증이 났다!⋯⋯나는 뭔가를 시작해야겠다는 생각을 했다." 이 경험을 통해서, 그리고 다른 장애인들을 만나게 되면서 그녀는 또한 장애예술과 정치에 발을 들여놓게 되었다. 이는 후에 다른 장애인들과 함께하는 지역협의체를 만드는 기초가 되었다. 1990년대에 이르러 이 협의체는 장애 문제에 대한 장애인들의 자각을 고양시키는 활동을 전개하였고, "우리는 장애평등 교육활동가Disability Equality Trainers가 되어서 높은 봉급도 받을 수 있게 되었다".

포피의 경우, 자신이 남들과 다르다고 느꼈던 첫번째 기억은 아주 어린아이였을 때로 거슬러 올라간다. "나는 아주 작았고, 엄마가 밀어주는 휠체어에 앉아서 언덕길을 내려가고 있었다.⋯⋯어떤 여자가 교회에서 걸어 나오다가⋯⋯나에게 입 맞추면서 말하기를 '아가야, 교회에 나가라, 하나님이 너를 치유해 주실 거다'라고 했다. 그후로도 꽤 오랫동안 나는 그 말을 믿었다." 포피는 점점 10대로서 느끼는 감정과 함께 좌절해 갔고, 스스로 편안하게 느낄 수 있는 정체성을 찾기 위해 노력했다. 하지만 자신이 독립적인 성인으로서의 삶을 살 수 있을지, 자신의 가족을 이룰 수 있을지에 대해서는 여전히 확신을 갖지 못하고 있었다. 계속교육 학교에 간 것은 분명 전환점이 되었다. 이를 통해 그녀는 독립과 선택에 대해 더 많은 것을 깨닫게 되었다. 하지만 "내가 정치에 눈을 뜨고 나로 하여금 내 자신의 꿈과 열망을 추구할 수 있게 하는 강력한 문화적 정체성을 찾도록 해준 것은 장애예술가들의 문화였다".

포피는 1995년 「장애차별금지법」 이후에 세상이 크게 변화된 것은 맞지만, 일반 사람들의 태도는 여전히 더 변화되어야 한다고 말한다. "표면적으로는 많은 것들이 변화된 것처럼 보이지만 그 저변에는 여전히 변화하지 않는 실상과 태도가 있다." 그녀는 장애아동이 일반학교 안에서 소수자로 있으면서 스스로 수용되었다고 느끼기는 지금도 여전히 어려울 것이라고 생각한다. "좀더 잘해야 한다는 압박, 비장애인 수준으로 경쟁해야 한다는 압박이 있다"는 것이다. 그녀는 또 자신처럼 평생 짊어져야 할 손상을 안고 노년을 맞이하는 사람들에게 제공되는 정보가 충분하지 않다고 느끼고 있다.

이언의 이야기

이언은 1960년대 중반에 태어났다. 그의 어머니는 이언이 태어난 후 직장을 포기하였고 아버지는 지역교육청 관료로서 좀더 안전한 일자리를 얻기 위해 집을 떠나 지냈다. 이언은 행복한 어린 시절을 보낸 것으로 기억하고 있다. 외동으로서 부모로부터 지지와 격려를 받으면서 자랐다. "나는 '넌 장애가 있기 때문에 이런 건 할 수 없을 거야'라는 말을 듣지 않고 컸다." 할아버지도 한 집에 살면서 이언과 함께 시간을 보냈다. "우리는 잠들 때까지 서로 책을 읽어 주었다. 그리고 나는 책 읽기가 어린 나를 이끌어 주고 도움을 주었다고 생각한다." 이언의 아버지는 몇 년 전에 돌아가셨지만, 이언은 지금도 그가 성장해 온 그 집에서 어머니와 함께 살고 있다.

이언의 손상은 그가 태어나자마자 알려졌고 그는 인생의 첫 달을 병원에서 보내야 했다. 그가 가진 손상은 드문 것이지만, 그가 있었던 병원이 그와 같은 손상을 가진 아이를 두 명이나 접해 보았었다는 점에서 이언은 자신이 운이 좋았다고 느낀다. "병원에서 말했던 것처럼, 나는 내 평생을 살아가는 동안 나 같은 사람을 못 만날지도 모른다!" 이언의 가족은 1970년대 초반에 마련된 새로운 사회보장 정책인 '돌봄과 이동 수당'Attendance and Mobility Allowance으로부터 일정 정도 재정적인 지원을 받았다. 그후 지방정부의 사회서비스국으로부터도 집에서 좀더 독립적일 수 있도록 하기 위한 설비와 집 개조 비용을 지원받았다. "우리는 집을 증축하기 위한 비용을 지원받았다. 나는 욕실에 들고 나기가 어려웠는데, 아버지는 욕실을 증축하여 내가 휠체어를 가지고 좀더 쉽게 욕실에 들어가고 샤워도 할 수 있도록 해주고 싶어 하셨다." 지방의회 의원은 이언의 가족이 필요로 하는 추가적 건축을 할 수 있도록 세금을 면제받을 수 있게 도와주었다.

이언이 네 살이 되었을 때 이언은 '허약한 아이들'을 위한 특수학교로 보내졌다. 이언은 이 학교가 교외에 있는 웅장한 빅토리아식 건물이었고, "수술 후 회복 중인 아이들이 이 학교로 많이 보내졌던 것"으로 기억하고 있다. 그 학교는 이언의 집과 같은 지역에 있었고 그의 부모는 자동차를 가지고 있긴 했지만, 정형외과 의사는 이언이 주중에는 학교 기숙사에서 생활할 것을 권하였다. 등하굣길에 다칠 수 있는 위험을 줄이기 위해서였다. 이 때문에 이언은 학교 안에서 방과 후 프로그램이나 야간 활동을 즐기는 이득을 누릴 수 있었다.

식구들의 격려에 힘입어 이언은 어린 나이에 읽기를 배웠다. "움직이는 것이 쉽지 않았기 때문에 내가 할 수 있는 유일한 일은 책을 읽는 것이었다." 이 점이 그의 유치원 선생님에게 금방 알려졌고, 선생님은 "내 읽기 실력이 좋았기 때문에 1년을 월반시키려고 하였다". 이언은 대체로 학교생활을 잘 해냈고, 교장선생님까지 그의 능력을 인정해 주었다는 것이 삶에 중요한 영향을 미쳤다는 생각을 한다. "학업 면에서 빼어난 것은 아닐지 몰라도……그건 적어도 내가 할 수 없는 일이 아니라 충분히 해낼 수 있는 일이었다." 1970년대 초반에는 학업뿐 아니라 전도 교육Conductive Education[2] 같은 새로운 방식의 교육이 주목을 받았다. 교직원들은 부다페스트의 페토 연구소Peto Institute에 가서 이러한 교육에 중요하게 활용되는 기술을 배워 왔다. 그러나 물리치료에 대한 이언의 경험은 부정적이었다. 왜냐하면 정상적으로 기능해야 한다는 압박감을 느꼈기 때문이다. "나는 아주 일찍부터 이미 내가 걸을 수 없다는 것을 받아들였는데, 물리치료사는 늘 나를 걷게 만들려고 노력했다."

열한 살이 된 1970년대 중반에 이언은 새로운 중등 특수학교에 갔

---

2 운동장애가 있는 어린이에게 가능한 한 자신의 힘으로 움직이도록 하는 교육방법. 전도 교육은 헝가리의 물리치료사였던 언드라슈 페토(András Peto) 교수의 이론에 기초하여 만들어진 뇌성마비 아동에 대한 교육방법이다. 전도 교육의 기본 관점은 뇌병변으로 인한 운동 기능의 문제가 단지 움직임의 문제일 뿐 아니라 학습을 비롯한 발달 전반의 문제와 관련되어 있다는 것으로, 뇌성마비 아동의 발달을 전체적인 관점에서 접근하려고 하였다. 전도 교육은 뇌성마비 환자 가족들의 지지를 얻으며 세계적으로 확산되었지만, 그 효과성에 대한 검증은 아직 도출되지 않았다.—옮긴이

다. 그 학교는 그의 고향 마을에 새로 지어진 것이었다. 그가 이전에 다녔던 학교와 달리, 이번 학교는 마을에서 분리되지 않고 지역사회 공동체 안으로 학교가 들어가야 한다는 점을 강조하고 있었다. 그러나 그곳에서의 경험은 훨씬 덜 행복한 것이었다. 학업 관련 기대 수준이 낮았고 학생들에게 기껏해야 전체 10개 과목 중 5개의 중등학력 인정시험[3]만을 볼 수 있도록 제공하였다. 학교는 지방공사가 지은 열악한 주택단지 안에 있었고 자잘한 범죄의 표적이 되어 "브롱스Bronx 안에서의 우범지역" 같은 곳이었다. 대학에 진학한 후, 이언은 우연히 그 학교의 교장 선생님을 만난 적이 있었다. "그는 나를 붙잡고 '네가 어떻게 여기에 있니?……내 학생들 중에 A레벨에 도전할 만큼 영리한 아이는 한 명도 없었던 것 같은데'라고 하였다."

이언이 열여섯 살이 되었을 때, 그러니까 1980년대 초반 무렵까지 좀더 통합적인 교육을 지향하는 정책들이 개발되었다. 그러나 이언이 접근할 수 있었던 대안은 오직 계속교육을 위한 기숙형 특수대학 두 곳 중 한 곳을 선택하는 것이었고, 이 두 곳의 학교는 모두 그의 고향에서 멀리 떨어져 있었다. 그는 그 중 하나를 선택해서 1년의 시간을 그곳에서 보냈고 열일곱 살이 되어 비로소 일반학교를 처음으로 경험하게 되었다. 그는 이동이 불편하다는 것을 실감했고, "처음 이틀간은 내가 다

---

3 영국 학제에서는 11년의 의무교육을 마칠 때 보는 일반 중등학력 인정시험(General Certificate of Secondary Education, GCSE)과 계속교육까지 마치고 대학을 입학할 때 보는 일반 학력 인정시험(General Certificate of Education, GCE)이 있다. GCE는 중등학교 졸업을 인정하는 보통 수준의 시험(O-Level)과 대학의 진학을 목적으로 응시하는 고급 수준의 시험(A-Level)으로 나뉘어 있었으나, 1989년부터 보통 수준 시험은 GCSE에 통합되고 고급 수준의 시험만 남아 있다. 나이에 제한은 없으나 보통 수준은 대개 16세를 전후하여, 그리고 고급 수준은 대개 18세를 전후하여 응시하는 것이 보통이다. 일반적으로 영국의 중등교육 과정은 9개의 기본과목과 1개의 선택과목 등 10개의 과목을 듣게 하고 이에 대해 학력 인정시험이 치러진다. ─옮긴이

른 별나라에 떨어진 것 같았다"고 했다. 그의 동료들보다 한 살이 더 많았고 "그 친구들은 모두 같이 중고등학교를 다니다가 대학도 같이 왔기" 때문에 이언에게는 친구를 사귀는 것이 어려웠다.

이언은 학교 안에서 취업상담원과 대화할 수 있는 기회를 갖지 못했지만, 기숙형 대학에 있게 된 다음부터는 그의 아버지가 그 지역의 '장애인 정보 및 조언의 전화'DIAL에서 자원활동을 할 수 있도록 데리고 다녀 주었기 때문에 처음으로 일을 해볼 수 있었다. 이언은 방학 때마다 계속 그곳에서 일을 하였고 그후 다른 자원조직에서도 주로 사무행정직으로 일을 하였다. 그러나 대중교통에 의존하는 것은 장애물이 되었다. "나는 택시를 주로 이용하면서 한 번도 운전을 해보지 않았기 때문에……그게 제약이 되었다." 지금은 집에서 지역 정치인을 위한 시간제 일을 하고 있다. 편지와 질문에 답해 주는 일이다(그의 고용주는 최근 「장애차별금지법」에 따라 접근성을 더 높일 수 있는 새로운 사무실로 이사를 하였다).

'친구 찾기' 같은 인터넷 사이트가 발전하면서 이언은 사람들과 접촉을 유지할 수 있게 되었다. 과학기술에서의 진보는 휠체어의 크기나 모양 같은 것에도 변화를 가져왔다. "이전에 내가 썼던 휠체어는 그걸 돌리려고 하면 마치 탱크를 돌리는 것 같았다." 계단의 리프트처럼 가정 내에서 독립적으로 움직일 수 있도록 하는 기술도 발전하였다. 이언은 이제 40대 중반에 들어섰는데 지난 10년 동안 그의 생활은 주로 가정 내로 제한되어 왔다. 이전 같으면 이는 책과 텔레비전에 묶이는 것을 의미했을 것이지만, 인터넷과 랩톱 컴퓨터는 그가 침대에 있으면서도 고용 상태를 유지하고 타인과 접촉하는 것을 가능하게 했다. 그러나 집에 있는 시간이 많아질수록 사회적 자신감이 약화되는 것 또한 사실이다.

이언은 의학적 치료방법이 진보하는 것을 목격해 왔고 이를 통해 자신과 같은 손상을 지닌 아이들의 삶의 질은 더 나아질 것이라고 생각한다. "나는 그렇게 하지 못했지만……난 이미 너무 늙었다." 그는 이러한 치료와 예방에 가치를 부여하지만 이것이 "논의의 여지가 있는" 의견이라는 것을 인식하고 있다. 이언은 특수교육이 어떤 장애인들에게는 도움이 된다고 믿지만, 교육 정책에서의 어떤 변화가 있었다면 자신의 삶도 달라질 수 있었을 것이라고 생각한다. "만약 내가 지금 태어났다면 나도 가까운 일반 초등학교에 갈 수 있었을 것이고, 그렇게 되었다면 지금과 많이 달라졌을 것이다." 그가 다녔던 중학교는 이제 질적으로 우수한 교육 과정을 제공하고 있고 학생들은 일반적인 주류의 계속교육을 받을 수 있는 기회를 가지고 있다. 고용 기회도 더 많아졌고 "……태도도 변화했다. [장애가] 이제 더 이상은 죄도 아니고, 부끄러워할 일도 아니게 된 것이다."

요약과 논의

포피와 이언의 인생 이야기는 우리에게 몇 가지 질문을 제기한다. 이 질문은 앞에 소개된 플로렌스와 댄의 이야기에서도 유사하게 나타났던 것이지만, 동시에 두 세대 간 공공 정책에서의 중대한 변화를 반영하고 있는 것이기도 하다. 학술적인 연구들에 비추어 보면, 포피와 이언의 세대는 장애인들에 대한 사회적 배제의 경향에서 급속한 변화가 있었던 시기에 성장한 사람들이다. 예컨대 학술 문헌들에서는 이 시기에 모든 종류의 거주시설에 대한 비판이 일어났다고 전하고 있다(Goffman, 1961; Caputo and Yount, 1993). 그러나 1970년대에도 장애아동을 위한 특수학교의 수는 빠르게 증가하고 있었고, 이 시기 장애아동들의 대부분은 위녹 보고서(Warnock Report, 1978)가 교육적인 분리에 주목하여 다음 세대를 위한 변화를 예고하기 이전에 이미 중학교에 들어가 있었다(Clough and Corbett, 2004 참고).

가족생활에 대한 지원과 관련해서, 이언과 포피의 경험은 아이들이 가족 안에 수용되고 정상성을 유지하는 것이 얼마나 중요한지를 보여 준다. 포피의 어린 시절은 부모, 형제, 이웃 친구들로부터 점차 동떨어지게 되는 과정으로 볼 수 있다. 이는 어릴 때부터 기숙형 특수학교에 장기 수용된 결과였다. 이언의 경우 주말에는 집으로 돌아올 수 있었지만, 그의 경험도 포피와 유사하다. 이런 상황에서 그들이 어린 시절에 일상적으로 속해 있던 환경이란 시설 안에서 만나게 된 다른 장애아동들과의 친구 관계뿐이었다고 할 수 있다. 이처럼 세상과 분리된 환경 안에서는 미래에 성인이 되었을 때 그들이 누릴 수 있는 가정생활에 대한 사회적 기대나 역할모델을 가질 수 없게 된다. 그러나 포피와 이언은 모두 특수학교에 다니는 것이 어떤 이득을 줄 수 있다는 점에 대해 이야기하고 있다. 일반학교에서는 잠재적인 고립과 낙인화의 두려움이 있다는 것이다.

1960년대와 1970년대에 포피와 이언이 경험했던 기숙형 특수학교는 고도로 시설화된 관리규율을 잘 보여 주고 있다. 그것은 신체적 정상화를 달성하려는 치료적 분위기와 학대의 위험으로 요약할 수 있을 것이다. 일시적으로 유행하는 치료방법이나 교육방법에서 비롯되는 일종의 학대까지 포함해서 말이다. 이 시기 이후로 두 사람의 이야기 속에서 묘사되었던 접근방법들에 대해서는 광범위한 논쟁이 이루어지고 비판이 제기되었다(Oliver, 1989와 Read, 1998의 반응을 참고하라). 그러나 두 사람의 이야기는 모두 1970년대 특수교육에서 접근방법이 다양화되었다는 것, 그리고 계속교육 영역이 발달하면서 (비록 허점이 많은 것이었지만) 장애인들이 재교육받을 수 있는 기회가 생겨났다는 것을 보여 준다. 청년기 대학생으로서 처음으로 일반교육을 접하였던 경험은 포피와 이언 모두에게 적지 않은 문화적 충격이 되었다.

대학에서 포피는 접근성의 어려움을 겪었는데, 이는 1990년대 이전까지 학교에 차별금지 정책과 정당한 편의 제공의 책임이 부여되지 않았다는 것을 보여 준다. 위 세대들과 마찬가지로 이들이 환경적인 장애물에 대해 취할 수 있는 실제적 해결책은 공적 서비스 제공자를 통해 제도적으로 서비스를 받는 것이 아니라, 가까운 가족이나 개별 직원들의 우연적인 배려에 의지하는 것뿐이었다. 그러나 이언의 이야기에서는 손상을 가지고 살아가는 데 따르는 추가적 비용을 감안한 새로운 공공 정책(돌봄과 이동 수당, 편의설비의 제공, 주택개조 지원금 등)의 흔적이 발견되기도 한다. 이것은 특히 1965년에 설립된 장애소득집단 Disablement Income Group이 1973년 사회보장법 시안과 메이비스 하이먼의 『장애로 인한 추가 비용』(Hyman, 1977)에 대해 반대하면서 강조했던 것이다(Large, 1991 참조).

포피가 왜 다른 장애인들과 함께하는 일자리를 구하려고 했는지는 분명하지 않다(이언은 그의 아버지가 자원활동에 데리고 다니면서부터 이 일을 시작했다). 이렇게 장애인과 관련된 직업을 구하는 것은 한편으로 어린 시절을 거주시설에서 보내면서 시작되었던 분리된 삶의 궤적을 여전히 지속하는 것으로 보일 수도 있다. 하지만 또 다른 한편으로, 포피는 그녀의 직업을 통해 장애예술이라는 하위문화를 새롭게 접할 수 있었다. 이 안에서 그녀는 지금까지와는 완전히 다른 장애 정체성을 탐색할 수 있게 된 것이다(Morrison and Finkelstein, 1993; Sutherland,

1997; Masefield, 2006 참조).

이전 세대와 비교하여 달라진 것은 장애에 대한 자각과 평등을 지향하는 정책들을 통해 임금을 받거나 또는 자원활동적인 직업을 가짐으로써 이들은 새로운 장애 정체성을 발견할 수 있는 기회를 갖게 되었다는 것이다. 1980년대 중반부터 (런던 자치구 장애지원팀의 전문가들에 의해 설립된) 장애인 훈련가 포럼Disabled Trainers' Forum과 같이, 능력이 고양된 장애 당사자들이 '훈련가'라는 새로운 직업을 갖기 시작하였다. 이를 통해 의료 전문가와 사회복지 전문가들만이 가지는 것으로 당연시되었던 장애 문제에 대한 권위와 전문성이 도전을 받기 시작하였다 (Gillespi-Sells and Cambell, 1991). 포피가 지적한 바와 같이, 이언이 일했던 DIAL처럼 소비자 주도적인 정보 제공 및 조언서비스가 등장했다는 것은 장애인 능력 고양을 위해 중요한 변화였다.

성인기까지의 그들의 삶을 되돌아보면서, 포피와 이언은 모두 1995년 「장애차별금지법」을 공공 정책의 과거와 현재를 구분하는 주요한 분기점으로 설명한다. 그러므로 차별금지법 이후에 성장한 장애청소년들의 삶이 그 이전 세대에 비해 정말로 '다른' 것이었는지 아닌지에 대해 궁금증이 생길 수밖에 없다. 이언의 이야기에서 엿볼 수 있는 또 하나의 주제는 그가 직업을 갖게 되는 데 과학기술의 발전이 중요하게 작용하였다는 것이다. 예컨대 대중교통에서의 접근성이나 정보 및 의사소통과 관련된 과학기술에 대한 접근성이 증대한 것이다. 1990년대 중반까지는 휴대할 수 있는 컴퓨터나 인터넷이 보편화되지 않았고, 성인이 된 포피나 이언이 그들에게 맞는 일을 하면서 살 수 있게 된 것도 그 이후의 일이라는 것을 기억해야 할 것이다.

1980년대의 아이들

가장 젊은 세대의 동년배들은 1980년대에 태어난 사람들로, 1995년 「장애차별금지법」과 최근 UN 장애인권리협약의 비준에 이르기까지 포괄적인 차별 금지와 인권 관련 법이 제정되던 시대에 성인기로 진입하게 된 첫번째 세대이다. 그러나 다음에 소개되는 두 사람의 이야기는 과연 우리가 1940년대로부터 정말 어느 정도나 멀리 와 있는지에 대한 새로운 의문과 걱정을 갖게 한다.

홀리의 이야기

홀리는 1980년대에 태어났고 출생 당시 조산아였다. "난 인형 옷을 입어야 했었다.……그 시절엔 조산아가 입을 만한 옷을 가게에서 살 수 없었기 때문이다." 부모님은 그녀가 손상에 대한 진단을 받은 뒤 별거에 들어갔는데, 친아버지는 "그가 뭔가 불완전한 것을 만들어 냈다"는 사실을 받아들일 수 없었던 것이다. 홀리는 직장을 그만둔 어머니와 (그녀가 앞선 결혼에서 낳았던) 아버지가 다른 오빠와 함께 살았다. 아버지와의 별거 후 엄마는 재혼했고 홀리는 새아버지를 아버지라고 여기며 살아야 했다. 어린 시절 가족들은 서로 지지하는 관계를 맺으며 살았고, 여기에는 특히 할아버지, 할머니의 도움이 컸다. 그러나 그후 가족 관계는 점차 나빠졌고 지금 홀리는 부모와 대체로 멀게 느껴진다. "그게 나만 딸이어서 그랬던 건지, 아니면 정말로 가까운 친척들 중에서 장애를 가진 사람이 나밖에 없어서 그랬던 건지는 깊이 생각해 보지 않았다."

　10대 후반까지 그녀는 자신이 가지고 있는 차이에 대해서 크게 의식하지 않은 채 매우 활발한 어린 시절을 보냈다고 기억하고 있다. 하지만 기숙형 특수학교에 가고 난 후부터는 그녀의 집 근처 마을에서 가깝게 지내는 친구를 사귀기가 어려웠다. "집에 돌아오면 나는 집에만 있었고 집 밖에 나갈 일이 없었다." 어린 시절을 보낸 특수학교 안에서는 늘 똑같은 아이들을 만나며 협소한 교우 관계를 맺을 뿐이었고, 홀리는 "여러 사람들 가운데 나 혼자만 장애를 가진 사람인 상황에서 새 친구를 만드는 일이 정말 어렵다는 것을 알게 되었다. 그건 정말 큰일이었다". 비장애남성들의 선입견이나 부정적인 태도는 또한 데이트나 연인과의 관계를 발전시키기 어렵게 하였다. 그러나 홀리는 지금 오랫동안 사귀어온 사람이 있고 "지금까지 그와의 관계 안에서 장애가 문제가 된 적은 없었다". 그녀는 결혼을 하게 될 것이고, 만약 임신을 할 수 없다면 아이를 입양할 생각이다.

홀리가 태어났을 때 사람들은 그녀가 겨우 며칠밖에는 살 수 없을 거라고 생각하였고, 의사는 그녀의 부모에게 아이에 대해 애착을 갖지 말라고 충고하였다. 그러나 정작 그녀가 가진 손상이 어떤 것인지에 대한 자세한 진단은 생후 18개월이 될 때까지도 정확히 이루어지지 않았다. 그녀는 두 살이 되었을 때 기숙형 특수학교로 보내졌고, 열여덟 살이 될 때까지 그곳에서 살았다. 되돌아보면 홀리는 이것이 자신의 사회적 발달과 학업 발달을 제한하였고 자신을 주류사회로부터 고립시켰다고 생각한다. "나 개인적으로는, 말하자면 안전지대 같은 곳에 머물러 있었던 것 같은 느낌이다." 학교의 물리적 환경은 휠체어 접근성을 갖추고 있었고, 그녀의 동료들도 신체적 손상을 가진 젊은이들이었다. 그곳에서는 "사람을 볼 때 그의 장애를 먼저 보지 않았기 때문에······그게 전혀 도드라져 보이지 않았다". 기숙사에 거주하면서 친구들과 함께 살았던 것은 사회적 관계에서 이점이 있었다. 그러나 홀리는 학교가 학생들의 학업에 대한 기대 수준이 낮았던 것은 성인기를 살아 나가기 위해 고용의 기회나 자격을 갖추는 데 제약이 되었다고 생각한다.

열여덟 살이 되어 학교를 떠나게 되었을 때, 홀리는 그녀의 가족도 떠났다. 그것은 부분적으로는 그녀가 부모와 더 멀어졌기 때문이었고, 또 부분적으로는 그녀가 일종의 가정폭력과 학대를 경험했기 때문이었다. 그녀는 '시설'home로 가야 할 거라는 사회서비스 담당자의 말을 거부했다. 시설에 들어가는 것은 그녀가 받아들일 수 있는 대안이 아니었는데도, "그 담당자는 '자, 보자. 이게 유일한 선택 대안이란다. 네가 집을 떠나고 싶다면 우리가 너에게 해줄 수 있는 유일한 것은 시설에 보내는 것이다'라는 식으로 말했다". 홀리는 이러한 상황에서 자신이 어떤 권리를 가지고 있는지 알지 못했다. 그러나 그녀는 옹호자advocate를 만날 수 있었고, 그는 홀리가 당분간 여성쉼터에서 지낼 수 있도록 도와주었다. "장애를 가진 사람을 받아 줄 수 있는 호스텔이나 안전한 집은 많지 않기 때문이었다." 그후 홀리는 공영아파트를 제공받았고, 그녀는 이에 대해 스스로 심사숙고한 후 자신이 그곳에서 살아갈 수 있다고 결정했다. 그러나 사회서비스 담당자는 그녀가 독립적으로 살아갈 수 있는지를 사정하기 위해 작업치료사를 보냈고, 그 작업치료사는 이 주택이 홀리에게 적합하지 않다고 결정했다. "……그건 휠체어가 접근할 수 있는 가장 좋은 조건은 아니었을지도 모른다.……그러나 나는 자신의 몸을 가장 잘 알고 있기 때문에 내가 그 정도는 감당할 수 있다는 것을 알고 있었다." 홀리는 사회서비스 담당자와의 논쟁에서 이겼고, "집에 와서 집안일, 목욕, 식사 준비, 빨래 등을 도와주는 돌봄 제공자"의 도움을 받으면서 그 아파트에서 살고 있다. 그녀가 주택 급여에 의지하고 있기 때문에 파트너와의 관계는 제한을 받게 되었다. "다른 사람은 오직 일주일에 두 밤만 당신의 집에 머물 수 있는데, 그렇지 않으면 급여를 상실하게 되기" 때문이다. 그녀는 결혼을 하고 싶지만, 급여에 의존하는 것이 결혼에는 장애물이 되고 있다.

홀리는 댄서가 되고 싶은 어린 시절의 꿈을 이뤄 보기로 마음먹고 있지만, 그녀는 칸도코Candoco[4]나 샐러맨더 텐덤Salamanda Tandem[5] 같은 장애예술단과 그곳에서 일하는 장애인 댄서가 있다는 말은 듣지도 보지도 못했다. 학교 진로지도 교사에게 자신의 포부를 이야기했을 때, "내 이야기에 선생님이 정말로 넋이 나가 버렸던 것"을 그녀는 기억하고 있다. 진로지도 교사는 댄서 대신 사무직원이 되라고 추천했다. 1990년대 후반에 홀리는 어머니나 선생님들의 충고를 뒤로한 채, 일반대학의 행위예술 강좌에 등록했다. 그 강좌에서 그녀는 휠체어를 사용하는 유일한 사람이었다. 처음으로 중대한 장애물에 맞닥뜨리게 된 것이다. 그녀는 자꾸 도움을 받는 것으로 인해 다른 사람의 이목을 끌고 싶지는 않았다. "시간을 되돌려서 내가 다시 선택할 수 있다면, 보조인을 지원받아서 다른 사람들의 눈에 띄지 않게 할 텐데……." 어쨌든 그녀는 행위예술 강좌를 좋아했지만 겨우 1년만 강좌에 참여할 수 있었다. 장애 상태가 점점 더 안 좋아져서 참여할 수가 없게 되었던 것이다. 그후 그녀는 또 다른 강좌에 등록했는데, 그곳에서는 좀더 당당하게 학생지원 서비스를 요청할 수 있었다. 이것은 2001년 이후 「장애차별금지법」이 교육 영역까지 확대되고 난 이후의 일이었지만, 홀리는 서비스에 여전

---

4 장애인 댄서와 비장애인 댄서가 함께 일하는 영국의 현대무용단. http://www.candoco.co.uk/ 참조.─옮긴이
5 샐러맨더 텐덤은 영국 노팅엄에 있는 예술단으로, 춤, 음악, 시각예술을 하는 다양한 개인적 특성을 가진 예술가들로 구성되어 있다. http://www.salamanda-tandem.org/ 참조.─옮긴이

히 틈새가 있다고 느끼고 있다.

홀리는 지역의 장애인 조직에서 자원활동가로 일한다. 그녀는 이를 유급 고용으로 나아가기 위한 하나의 단계로 생각하고 있다. "내가 여기에서 일을 하는 이유는 내 자신에 대한 믿음을 갖기 위해서다." 그녀는 자신의 제한된 자격이 중대한 장애물이 되어 왔다고 생각한다. "나는 '생존하는 데 필요한 만큼의 돈을 받기 위해서는 이만큼의 능력은 가지고 있어야 하는 것 아닌가' 하고 보통 사람들이 기대하는 만큼의 지적 능력을 내가 가지고 있다고 생각하지 않는다." 그녀는 학대 경험이 있는 아동과 청소년을 지원하는 또 다른 자선기관에서도 자원활동가로 일한다. 만약 선택할 수 있다면 홀리는 장애인 조직에서 일하는 것을 선호하지는 않는다. "단지 내가 장애를 가지고 있기 때문에 장애인 조직에서 일해야 한다고 생각하지는 않았지만", 그곳에서 일할 기회가 있었고 그녀는 경험을 쌓을 필요가 있었다. 그녀는 경제적으로 정부에 의존하면서 급여의 덫에서 벗어나지 못하게 될까 봐 걱정하고 있다.

되돌아보면, 홀리는 학교에 다니는 동안에는 '바깥세상'에 대해서 잘 몰랐고 독립적인 생활을 할 권리나 「장애차별금지법」 등에 대해서도 아무것도 몰랐던 것 같다. 그녀는 "특수학교가 바깥세상의 태도 같은 것들에 대해서 학생들을 훨씬, 훨씬 더 많이 준비시켜야 한다"고 생각한다. "그것은 학생들이 곧 부딪히게 될 현실이기 때문"이다. 기술적인 발전은 그녀에게 큰 도움이 되었다. "1940, 50, 60년대에는 지금 내가 가지고 있는 것 같은 휠체어는 아마 상상도 하지 못했을 것이다." 또한 그녀는 사람들의 태도도 긍정적으로 변화했다고 생각한다. 그러나 "그 변화는 기대하는 속도만큼 빨리 진행되지는 않는 것 같다". 사람들은 여전히 장애인을 성적인 관계에 대해 아무런 준비가 되어 있지 않은 '영원한 어린이'로 보는 것 같다. 장애인에 대한 고정관념을 가지고 있는 것이다. 장애 정체성에 대한 그녀의 감성은 성장 과정에서 크게 변화해 왔다. "이전에 비해 나는 장애인의 권리와 평등에 대해 훨씬 더 많이 생각한다.……나는 장애운동가가 되어 버렸다."

하비의 이야기

하비는 1980년대 초반에 태어났다. 그의 집은 전통적인 남성적 육체노동의 문화를 가진 '노동계급'의 가정으로서, 장애를 가진 아이가 성장하기에는 여러 가지로 좀 불편한 분위기였다. 그가 아주 어렸을 때, 가정폭력을 당한 그의 어머니는 아버지를 떠나 아이들을 데리고 여성쉼터에 머물렀다. 그러나 그가 기억하기로 "아버지와 함께 사는 동안에 나자신은 한 번도 가정폭력을 당한 적이 없다". 어머니와 아이들은 쉼터를 떠난 후 다시 폭력적인 가정으로 되돌아올 수밖에 없었다. 주택서비스나 지역의 서비스 급여로부터 도움을 받을 수 없었기 때문이다. "어머니는 선택을 해야 했다. 비바람도 막지 못하는 집에 머물거나 학대하는 아버지 곁으로 돌아가거나."

그러다가 하비의 어머니는 새로운 남자를 만났고, 열 살 때부터 하비는 새아버지와 좀더 긍정적인 관계를 맺어 나갔다. 그의 어머니는 결코 아이들을 떼어 놓지 않을 거라는 확신을 아이들에게 심어 주려고 노력했지만, 하비는 형의 어린 시절이 자신의 어린 시절과는 매우 달랐다고 생각한다. 그의 형은 학업에 별 관심이 없었고 때로는 그 역시 폭력적이었다. 하비는 누나와 더 가까웠다. "그녀는 어릴 때부터 항상 나를 도와주는 사람이었다." 하비는 요즘 사회서비스 당국과 친구들로부터 도움을 받으면서 독립적으로 살고 있다. "어머니는 18년 동안 나를 돌

봐 주었다. 더 이상은 엄마의 도움을 받으며 살고 싶지 않다." 하비는 24시간 돌봄이 필요하다고 생각하지만, 겨우 주당 15시간의 서비스만 지원받고 있다.

마을의 중학교에 다닐 때 하비는 친구들을 사귀었던 기억이 있다. "그 친구들은 자주 우리 집에 와서, 함께 컴퓨터 게임을 하곤 했다." 이럴 때 그들 사이에서 장애는 별 문제가 되지 않았다. 하지만 하비가 10대가 되어 주류의 일반 고등학교에 들어가면서 그는 자신의 장애에 대해서 훨씬 많이 생각하게 되었다. 이는 하비의 자존감에 매우 부정적인 영향을 미쳤다. 일상적인 활동 속에서 동네의 가까운 또래들로부터 배제되는 경험을 하면서 하비는 더욱 학업에 집중하게 되었다. "나는 늘 휠체어에 있을 수밖에 없었기 때문에 항상 책만 파고드는 공부벌레였다." 친구들과의 관계는 대학에 가면서 좀더 좋아졌다. 대학에서 하비는 장애인과도, 비장애인과도 지속적인 친구 관계를 맺을 수 있었고 처음으로 여자친구도 사귀게 되었다. 성장하는 내내 이성과 연인 관계를 맺는 것은 늘 어렵고 민감한 문제였다. 학교에서 여자친구를 사귀지 못해서 다른 남자아이들로부터 동성애자라는 놀림을 당하기도 하였다. 그래서 "여자친구를 사귀고 나니, 등에 짊어지고 있던 무거운 사회적 부담을 내려놓는 것 같은 느낌이었다".

하비가 태어났을 때 의사는 어머니에게 그가 살 수 있는 확률이 20%라고 말했다고 한다. 영아기 때 그는 집중적인 물리치료를 시작하였고 이는 그가 걷는 것이 더 이상은 나아지지 않을 때까지, 그리고 그가 더 이상 아동서비스 센터를 이용할 수 없을 만큼 나이를 먹을 때까지 장기간 지속되었다. 하비의 기억에 열 살 때쯤 수술을 받으러 병원에 갔다가 수술이 효과적일지에 대해 의사가 확신하지 못해서 수술을 거절당한 적이 있다. 그러나 정상이 되는 것과 치료에 대한 압박은 늘 강하게 남아 있었다. "그때 나는 결국 내가 걸을 수 있는 가능성은 없다는 것을 깨닫게 되었다." 중대한 수술과 실험에 참여했던 적도 있었다. "말하자면 희망에 들뜬 미국 의사들이 몰려와서 기적이 일어나라 얏! 하고 주문을 외웠던 거다. 그들은 새로운 치료방법을 찾으려고 했었다." 하비와 또 한 아이가 의학 실험에 참여하도록 초대받았다. 그 실험은 당시 하비에게 닥친 불행 앞에서 구미가 당길 수도 있는 것이었지만, 어머니는 이를 거절했다.

다섯 살이 되었을 때, 하비는 집에서 가까운 일반학교에 진학했다. 처음에는 좀 힘들었지만 곧 따라갈 수 있었다. "한번 익숙해지고 나니 물 만난 고기처럼 잘 지냈다." 1980년대 초반, 통합교육을 지향하는 방향으로 정책적 변화가 강하게 일어났음에도 불구하고, 사람들은 하비가 특수학교에 가야 한다고들 말했다. 그러나 어머니는 그를 가까운 일반학교에 보내고 가족과 함께 살도록 결정하였다. 이에 대해서 전문가들은 크게 걱정하였다. 그러나 "나는 엄마가 전문가들의 말을 어기고……내가 학교생활을 잘해 나갈 수 있도록 지원서비스를 받게 해준 것이 정말 좋았다". 그는 처음부터 교실 안에서 학습보조서비스를 받을 수 있었다.

하비는 어머니가 자신에 대해 높은 기대를 가지고 있었다고 회상한다. 어머니는 하비가 그 마을의 다른 젊은이들같이 육체노동자가 되지는 못할 것임을 알게 되면서, 오히려 하비에 대해 그것과는 다른 더 높은 기대를 갖게 된 것이다. 그는 또 학교에서 사귀었던 장애인 친구들을 기억하고 있는데, 그들은 사회적인 면에서 그리고 학업 면에서 하비를 격려해 주었다. 하비는 일반 학력 인정시험을 통과하고 대학입학 자격시험을 치렀다. 1990년대 후반이었던 이때까지 하비는 반항적이었고 공부에 많은 시간을 보내지 않았음에도 불구하고 그의 선생님들도 그에 대해서는 높은 기대를 가지고 있었다. 마침내 그는 대학에 갔고 지금은 대학원 과정을 공부하고 있다. 그가 바라는 만큼 고용 지원을 받을 수 있다면, 앞으로 하비는 장애인의 권리 보장과 관련된 직업을 가질 것이다.

되돌아보면, 어린 시절에 하비는 어머니의 적응력과 도움으로 인해 많은 것을 얻을 수 있었다. 그를 도와준 선생님들도 많이 있었다. 그도 점차 적응력을 키워 왔다고 생각하지만, 그의 불행한 경험은 그에게 오랜 기간 동안 정신건강 문제를 남겨 놓았다. 그는 대학에서 좀더 통합적인 사회적 관계들을 맺은 이후에야 자신의 장애 정체성에 대해서 '편안하게' 느낄 수 있었다. 이와 관련하여 다른 장애인을 만나는 것은 중요한 것이다. 동료 역할모델을 제공해 주기 때문이다. 하비는 1990년대 후반에 자립생활을 위한 지원서비스를 이용할 수 있게 되면서 실질적인 변화를 맞이할 수 있었다. 하지만 아직도 변화되어야 할 것이 많다고 생각하고 있다. 그는 정책과 실제 사이에 커다란 격차가 있다고 본다. 장애인은 "여전히 고등교육을 받을 가능성이 적고, 직업을 가질 가능성도 적으며, 빈곤하게 살아갈 가능성이 높기" 때문이다.

요약과 논의

앞에서 살펴본 1, 2세대의 사례와 마찬가지로 홀리와 하비의 이야기는 그들이 성장했던 시대와 관련하여 중요한 질문을 제기한다. 역사적인 맥락에서 이 3세대의 이야기는 이 책의 핵심적인 질문, 즉 오늘날 자라나는 장애청소년들의 삶은 '변화'하였는가라는 질문에 대해 논의하는 과정에서 특히 흥미로운 지점을 보여 준다.

3세대 젊은이들은 1980년대에 태어났다. 이 시기 영국은 대처 정부 집권기로서, 공적 복지 급여에 대한 신자유주의적 비판이 공공 정책 내의 논쟁을 점차로 지배해 나가던 시기였다(Pierson, 1994 참조). 이들은 또한 영국에서 장애 관련 공공 정책과 장애인 권리에 대한 논쟁이 크게 일어나던 시기에 성장한 사람들이다.

가족 관계와 친구 관계 경험을 살펴보면, 홀리와 하비의 이야기 모두 부모가 별거하면서 새어머니나 새아버지가 등장하는 대목이 나온다. 이러한 경험은 말할 것도 없이 이 세대의 고유한 특성이다. 1940년대의 플로렌스는 어머니 밑에서 컸고, 댄의 아버지는 아내와 사별한 후 재혼했다. 홀리와 하비의 이야기에서 우리는 1970년대와 1980년대 이후 영국에서 결혼 및 가족 양상에 중요한 변화가 있다는 점에 주목하게 된다. 예컨대 영국의 이혼율은 1960년에서 2002년 사이에 세 배로 증가하여 유럽에서 이혼율이 가장 높은 나라 중 하나로 기록되었다. 이는 단지 「이혼법」의 변화로 인해 나타나는 결과만은 아니었을 것이다 (Gonzalez and Viitanen, 2009). 이 두 사례가 전체 인구집단을 대표하는 것으로 볼 수는 없겠지만 가족 관계 양상의 변화가 장애아동과 장애청소년들에게 이전과는 다른 어떤 영향을 미쳤을지에 대한 의문이 생기게 된다(예컨대 미국의 관련 자료를 분석한 연구로서 Mauldon, 1992를 참조하라).

홀리와 하비의 이야기는 또한 각기 다른 양상으로 나타나긴 했지만 가족의 별거와 가정폭력 간의 연관성을 보여 준다. 두 사례에서 서로 다른 양상으로 나타나긴 했지만 말이다. 하비의 어머니, 그리고 어른이 된 홀리는 임시로 여성쉼터에 머물렀다. 이런 쉼터는 1980년대, 1990년대에 여성들을 폭력에서 보호하기 위해 마련되었던 것이다(두 사례는 쉼터가 이동에서의 심각한 장애를 가진 사람들을 위한 물리적 접근성을 갖추지 못했다는 것을 알려 준다). 여성쉼터 또는 주택지원 정책이 처음 나타난 것은 1970년대 초반으로 여성운동에 기초를 두고 마련된 것이다. 그러나 그것이 수적으로 증가한 것은 1980년대 중반의 일이다(Pahl, 1985; Dobash and Dobash, 1992). '매 맞는 아내들'에 대한 법적 보호는 1976년에 제정된 「가정폭력법」Domestic Violence Act에 따라 1970년대 후반에 가서야 실현되었다. 1980년대와 1990년대에는 장애아동에 대한 신체적, 정서적, 또는 성적 학대의 위험에 대한 관심도 서서히 증가하였다(Helfer, 1973; Martin and Beezley, 1974; Westcott and Cross, 1996; Ammerman, 1997).

장애인들이 접근할 수 있는 주택의 지원이 이루어지지 않았다는 것은 특히 홀리의 이야기 속에서 잘 나타나고 있다. 홀리가 열여덟 살이 되었을 때, 사회서비스 담당자들은 그녀에게 '거주시설'을 '유일한 선택대안'으로 제시하였던 것이다. 이런 일이 1990년대의 「'지역사회 보호' 개혁안」community care reforms이 시행되고, 18~64세의 신체적 손상을 가진 사람들에게 직접지불 방식이 도입되기 시작한 이후에도 일어났다는 것을 지적해야 하겠다. 자립생활을 지원한다는 원칙은 적어도 10년 동안의 이용자 중심 시범사업을 통해 잘 마련되어 있었지만(예컨대, Davis, 1981; Priestley, 1998a; Barnes and Mercer, 2006을 참조), 홀리의 사례는 지역사회 보호 정책이 꿈꾸었던 것이 실제로는 어느 정도 실현되었는지에 대해 회의를 갖게 한다. 2세대의 포피와 이언의 이야기에서 강조된 바 있었던 장애인 정보서비스의 중요성은 홀리의 이야기 속에서도 다시 드러난다. 홀리는 자신의 권리에 대해서 잘 알지 못했다고 고백하고 있다. 그럼에도 불구하고 그녀가 옹호서비스를 받을 수 있었다는 것은 장애인을 시설에 보내는 것을 위주로 해왔던 정책의 흐름이 어느 정도 변화하고 있음을 보여 주는 것이기도 하다.

하비가 서비스 지원에 대해서 가지고 있는 욕구나 홀리가 그녀의 집을 구할 때 했던 경험은 지역사회 보호 정책 안에서 장애인 당사자가 스스로 생각한 욕구와 전문가에 의해 평가된 욕구 사이에 공적/사적인 긴장이 있었다는 것을 보여 준다(Priestley, 1998b). 그러나 하비와 홀리 모두 이제는 활동보조인을 통해, 또는 보호기관 직원이나 친구들을 통해 실질적인 지원을 받으면서 가족으로부터 독립하여 살아가고 있다. 이런 점에서 이들의 이야기는 최근의 장애 정책이 좀더 개별화되고 사용자 주도적인 것으로 변화하고 있음을 보여 준다. 홀리는 처음에는 원조를 받는 것에 대해서 익숙하지 않고 불편하게 여겼지만 학생지원 서비스를 경험하면서 서비스에 대한 신뢰를 갖게 되었다. 이는 2001년 「특수교육 욕구와 장애에 관한 법률」의 시행 이후에 비로소 가능해진 것이다.

의료와 관련해서, 홀리가 극심한 조산아였다는 사실은 그 당시 신생아 치료의 기술적인 발전을 보여 주는 대목이다. 심각한 신체적 손상을 가지고 태어난 아기의 생존율이 이전 세대에 비해 크게 증가한 것이다(Tin et al., 1997). 기술적 발전은 또한 휠체어 디자인이나 접근 가능한 환경과 관련해서도 매우 중요한 것이다(Woods and Watson, 2004; Watson and Woods, 2005). 다른 한편 하비의 기억 속에서, 정상화 담론은 그로 하여금 집중적인 물리치료를 감내하도록 만들었다. 이 시기에 병원에 기초한 재활서비스에서 지역사회에 기초한 재활서비스로 정책적인 변화가 있었음에도 불구하고, 장애인의 실제 경험 속에서는 이전 세대 사람들이 묘사한 것과 유사한 현상이 나타나고 있다. 이언의 이야기 속에서 그가 실험적인 수술 '치료'에 참여할 것을 제안받았다는 것은 1970년대에 등장한 실험적인 치료방법들을 떠올리게 한다. 그러나 하비의 어머니는 이를 거부했으며, 이 이야기를 통해 치료와 관련된 결정을 내리는 상황에서 의료적 권위에 저항하고 스스로 판단할 수 있는 당사자와 가족의 능력이 증대하고 있음을 엿볼 수 있다(Alderson, 1993; McLaughlin et al., 2008).

교육서비스는 이들의 이야기 속에서 중요한 부분이다. 홀리의 경우 두 살 때 기숙형 특수학교로 보내져서 열여덟 살까지 그곳에 있었고, 이것이 가족들로부터 멀어지는 요인이 되었다. 이는 포피의 경우도 마찬가지였고, 정도는 덜 했지만 이언의 경우에도 비슷하였다. 학업에 대한 기대 수준이 낮았던 것, 그리고 다른 장애아동들과 맺는 작은 또래집단으로 친구 관계가 제한되었던 것 등은 1960년대에 태어난 아이들의 이야기 속에서 들었던 내용과 매우 유사한 것이다. 홀리와 다르게, 하비는 일반학교에 들어갔다. 학습을 지원하는 보조요원이 교실 안에서 개별화된 서비스를 제공했던 것은 1980년대의 통합교육 정책에서 강조했던 변화로 말미암은 것이다. 그러나 만약 그의 어머니가 전문가들이 제안했던 특수학교행을 거부하지 않았다면 하비도 이런 기회를 갖지는 못했을 것이다. 홀리와 이언 모두에게 계속교육이나 고등교육을 받을 수 있게 된 것은 인생을 바꾸는 중요한 계기가 되었다. 「특수교육 욕구와 장애에 관한 법률」 시행과 함께, 그들은 개별화된 학생지원서비스와 장애학생 수당(Disabled Students Allowance, 1993년에 도입됨)의 혜택을 볼 수 있었던 것이다. 이는 때로 접근성에서의 허점을 보이기도 했지만 중요한 변화가 아닐 수 없다.

하비가 학업 면에서 높은 성취를 이룬 것(그는 아직도 공부를 계속하고 있다)은 1940년대에 태어난 댄이 선택할 수 있었던 인생 행로와는 매우 다른 선택의 기회를 가질 수 있게 하였다. 두 사람은 다 전통적인 노동계급의 마을에서 태어났다. 그들의 마을에서는 토착적인 산업 안에서 육체노동자로서 살아가는 방식이 주를 이루고 있었다. 하비의 이야기를 들으면서, 우리는 어떤 요인들로 인해 그가 이런 전통적인 삶을 살지 않게 되었을까 궁금해진다. 한편으로 그의 손상이 선택할 수 있는 직업의 폭을 제한한 면도 있지만, 1980년대부터 영국 제조업의 전반적인 재구조화 과정에서 이러한 직업들이 수적으로 줄어들고 있기도 하였다. 또 다른 한편으로 정책의 변화가 영향을 미쳤을 것이다. 장애학생의 대학 접근성을 높이고 저소득 가족 출신의 아이들이 대학에 들어갈 수 있는 문호를 넓히고자 했던 정책적 지향이 아니었다면, 그러한 계급적 배경과 손상을 가지고 있던 하비가 학계에 진입할 수 있는 기회는 실현되지 않았을 것이다.

일반대학의 경험은 하비와 특히 홀리에게 긍정적인 사회적 환경을 제공하였다. 두 사람 모두 뒤늦게라도 젊은이들의 주류 문화를 접할 수 있었던 것이 그들의 인생에서 중요한 의미가 있다고 생각한다. 그러면서도 서로 동질감을 느낄 수 있었던 다른 장애청소년들과의 만남도 매우 중요했다고 강조한다. 이전 세대였던 포피와 다르게 창의적 예술 활동에 대한 홀리의 참여는 급진적인 장애 문화를 접하는 것으로만 국한되지는 않았다. 포피와 이언처럼 홀리는 장애인 조직을 통해서 직장 경험을 가질 수 있었지만 그곳에서 일하는 것을 선호하지는 않았다. 그럼에도 불구하고 이들의 이야기 속에서는 장애 정체성의 정치disability identity politics와 관련된 흔적을 엿볼 수 있다. 이것은 1980년대와 1990

년대에 더욱 널리 퍼져 나간 경향이었다. 이제 하비는 스스로를 장애 문제와 관련해 '정치적인' 사람이라고 말한다. 홀리 역시 자신이 직접적으로 장애 정치에 관여하고 있는 것이 아님에도 불구하고 스스로를 '장애운동가'라고 칭한다. 이는 1950년대와 1970년대의 장애청소년들에게는 허락되지 않았던 정체성의 표현인 것이다.

나가며

이 장은 이 책에 도움을 준 여섯 명의 인생 이야기를 요약하여 담고 있다. 이들은 각 세대에서 두 명씩 선정되었는데, 각각의 이야기들은 그들이 속한 세대의 동년배들을 '대표하려'는 의도에서 제시된 것은 아니다. 다만 이들은 개개인의 생애사가 정책의 역사적 맥락 안에서 읽혀질 때 제기할 수 있는 질문들을 보여 주려는 것이다. 1장에서 설명했던 바와 같이, 이 책은 개인적인 것과 사회적인 것, 개인의 전기와 정책의 역사, 그리고 구조와 행위자agency 사이의 연관성을 드러내고자 한다.

여섯 개의 짧은 이야기들이 보여 주는 바와 같이, 사적인 삶과 공적인 정책 사이의 연관성은 분명하게 드러나지도 않고 변화무쌍한 것이다. 정책의 기본틀이 변화함으로써 새로운 기회구조가 만들어질 수 있고, 이는 개인이 새로운 인생의 기회를 얻게 될 가능성을 열어 주기도 한다. 그러나 정책 실행에 대한 연구들이 반복적으로 보여 주는 것처럼, 정책의 수사학과 그것이 개인의 삶 안에서 드러내는 실재 사이에는 큰 격차가 있을 수 있다. 정책 담론에서의 어떤 변화가 법으로 실현되기까지는 수년이 걸리고, 다시 그것이 체계를 마련하여 실행되기까지는 또 수년이 걸릴 수 있다. 일단 구축되어 있는 기존의 제도, 환경, 사회적 관계는 여전히 개인이 생애 과정에서 가질 수 있는 기대의 기본적인 틀로 작용하고 있다. 변화된 새로운 정책이 소개된 후로도 기존의 틀이 한참 동안을 계속해서 영향을 미칠 수 있는 것이다.

　개인의 삶에 천착함으로써 우리는 사람들이 저마다의 개인적인 상황 속에서 가질 수 있는, 실제로 선택 가능한 기회에 대해 가치 있는 자료를 발견할 수 있다. 내러티브는 개인의 기본적인 인생 행로를 결정짓게 될 중요한 전환점들에 대해 특별한 관심을 기울인다. 이 전환점이란 바로 개인에게 주어지는 기회의 순간들인데, 공적인 제도와 정책들은 이 기회의 순간을 제공하기도 하고, 막기도 하고, 변화시키기도 한다. 또한 갖가지 자원이나 자본에 대해 고려하는 것도 이러한 전환점에 대해 이해하기 위해 반드시 필요하다. 사람들은 자원과 자본의 기초 위에서 선택하고 행동하기 때문이다. 이 장에 소개된 사례들에서 볼 수 있는 것처럼, 사람들은 공공 정책들에 의해 틀 지워진 기회에도 불구하고(기회에 힘입어서라기보다는) 성공적인 인생주기의 전환과 독립적인 삶을 향해 한 발짝 한 발짝 나아가고 있다. 이들의 이야기 속에서 상황에 대한 탄력성, 저항 능력, 역할모델, 가족이나 사회적 자본이 갖는 중요성 등은 이를 뒷받침하고 있다. 개인이 처한 상황과 인간 관계 안에서 인생의 중요한 선택들이 이루어지므로 이 상황과 인간 관계를 이해하는 것은 좀 더 나은 정책을 구성하기 위해 핵심적이다. 이 책의 나머지 장들에서는 훨씬 더 많은 사람들의 인생 이야기들 속에서 나타나는 사례와 순간들을 활용하여 지금까지 논의되어 왔던 핵심적인 정책 이슈들을 주제별로 다루어 나갈 것이다. 특히 가정생활, 의료화, 교육, 고용, 그리고 장애 정체성과 정치 등에 초점을 맞춘다.

• 장애인 개인들의 이야기가 공공 정책의 발달에 대한 비판적인 고찰을 촉진하는 데 어떠한 유용성을 가지고 있을까?

• 장애권리와 자립생활의 선택을 촉진하는 정책들은 각종 지원서비스를 제공하려고 했던 기존의 정책들과 비교하여 장애인의 실제 삶에 어떤 영향을 미쳐 왔을까?

3장

가족 안에서 살아가기

2장에서 제시된 이야기들을 통해서, 우리는 사람들이 중요한 인생의 전환점에 섰을 때 가까이에 있는 사람들로부터 적응 유연성과 자원을 얻을 수 있는지 여부가 얼마나 중요하게 작용하는지를 알 수 있었다. 가까운 사람들로부터의 지원을 얻을 수 없을 때 사람들의 삶에 어떤 어려움이 발생하는지 역시 살펴보았다. 이 장에서는 가정생활 경험에 대해 살펴볼 것이다. 장애청소년들이 친족 관계를 발전시키고 유지하는 데에서 부딪힐 수 있는 선택과 기회에 사회적 분위기와 공공 정책이 어떻게 영향을 미치는지 세 세대의 사례들을 활용하여 살펴볼 것이다. 또한 두 가지 상반되는 인생 궤적—사적인 가정생활에 통합되는 것과 공적 시설에 거주하며 가정생활에서 배제되는 것—사이에서 나타나는 광범위한 차이에 대해 논의할 것이다.

이 장의 첫번째 부분은 가정이라는 사적인 영역 안에서의 가족 관계를 주로 다룬다. 여기에서 소개된 사례들은 사회적으로 수용되고 통합되는 장으로서의 가족이 갖는 중요성을 잘 보여 준다. 때로 가족 관계의 붕괴가 마치 장애 문제 때문인 것으로 치부되어 버리는 경우들도 소개된다. 사례에 대한 논의에서는 아이의 아버지와 어머니 사이에서 나타나는 정서적 차이와 돌봄노동의 성별 분화에 초점을 맞춘다. 이는 어머니 측의 옹호advocacy와 아버지 측의 방기라는 중요한 문제를 포함하고 있다. 새어머니나 새아버지, 또는 조부모 등 확대가족이 장애아동에게 자원으로서 긍정적으로 작용하는 것에 대해서도 함께 논의할 것이다. 이러한 개인적 경험들은 20세기 들어 나타난 정책의 발전과 가족 양상의 변화, 그리고 이러한 변화가 장애아동에게 가지는 의미라는 맥락 속에 존재하는 것이다.

두번째 부분은 시설에 격리됨으로써 가족과 함께하는 생활에서 분리되었던 어린 시절의 경험에 초점을 맞춘다. 이러한 분리는 의학적인 치료나 학교 다니기를 이유로 이루어진 것이다. 그 자세한 상황은 4장과 5장에서 각각 더 상세하게 다루어질 것이다. 사례를 통해 우리는 공공 정책과 제도가 어떻게 가족생활에 실제적인 장애물을 만들어 낼 수 있는지를 보게 된다. 그 장애물은 장애아동에게 평생을 두고 영향을 미칠 수도 있는 것이다. 또한 1940년대 이후 나타난 중요한 변화들도 소개될 것이다.

가정에서의 삶 : 수용과 거부

이 책에 수집된 인생 이야기들은 어머니, 아버지, 그리고 장애를 가진 자녀 사이의 내밀한 가족 관계를 잘 보여 줄 뿐 아니라, 2차 세계대전 이후 광범위한 사회적 변화의 흔적 또한 보여 주고 있다. 즉 장애인 가족에게 영향을 미치는 공공 정책에서의 변화와 일반적인 가족구조에서 나타났던 인구학적 변화 양상 등도 함께 포함하고 있는 것이다.

가족생활과 관련하여, 1940년대와 1950년대 정책의 기본틀은 신체적 손상을 가진 사람들 앞에 두 가지의 이분법적인 인생 경로를 펼쳐 놓는 것 같았다. 즉 쉽지 않은 사회적 통합과 총체적 통제시설total institution 사이의 선택인 것이다. 가장 위 세대 사람들의 경우, 건강하고 결단력 있는 가족을 두었다면 이들은 상대적으로 '정상적인' 가족이 되어서 가정 내 생활을 꾸려 나갈 수도 있었다. 그러나 이것은 국가로부터 적절한 원조나 지원을 받을 수는 없다는 것을 의미하였다. 장애에 대한 현금 보조, 지역사회에 기초한 보건의료서비스나 사회적 서비스, 또는 일반학교 내의 장애아동에 대한 학습 지원 등이 없었기 때문이다. 베버리지 보고서에 따른 전후의 복지 관련법은 제한적이나마 장애인 수당을 포함하고 있었음에도 불구하고, 새로운 정책들은 전쟁 이전의 큰 틀을 그대로 유지하고 있었다. 즉 일련의 지원은 가족 안에서, 일차적으로는 어머니나 딸을 통한 무임금 수발을 통해서 제공되어야 한다는 전제가 있었다(Williams, 1989; Pedersen, 1993). 가족들이 이런 식으로 대처할 수 없거나 대처할 마음이 없다면 그때 선택할 수 있는 삶의 방식은 시설에 들어가는 것뿐이다. 장기 입원이 가능한 병원이나 기숙 학교 또는 아동 거주홈으로 들어가는 것이다.

2장에서 소개되었던 댄의 이야기를 가정생활과 관련시켜 보면 이러한 이분법을 잘 볼 수 있다. 그들에게는 지지적인 가족 관계 연결망 안에서 성장하는 것이 정상적인 것이라는 데 대한 분명한 인식이 있다. 이런 가족 관계 안에서는 아이의 손상이 어떤 차이를 만들어 내는 중대한 표식으로 여겨지지 않는다. 신체적 손상 그 자체나 그런 손상을 가진 '불구'의 아이들은 가난한 노동계급의 마을에서는 결코 낯선 것이 아니었다. 이 가족들은 전쟁 전의 경기 후퇴와 전시의 폭격을 경험했고 지금은 비위생적이고 비좁은 집에서 육체노동에 종사하며 살아가고 있는 사람들이었다(예컨대 Daunton, 2000). 댄의 경우에도, 그가 성인으로서 일자리를 찾으려 하자 곧 장애가 문제시되었지만, 가족 안에서는 사실 장애 정책이 모습을 드러낼 이유가 없었다. 메이의 경우에도, 그녀의 손상은 집에서는 잘 받아들여졌고 "별로 큰 문제가 아니"라고 생각되었다.

……가족들은 가족들 나름대로 너무나 많은 문제들을 안고 있었어요. 우리 엄마는 늘 가난했기 때문이지요. 아버지는 바람둥이였구요.…… 그냥 그렇게 살아갔어요. 각자 제 나름대로들 산 거지요.

힐러리는 자신이 "벽장 속에 갇힌 채" 살아가지 않도록 하기 위해, 부모가 얼마나 자신을 '정상적'으로 키우려 애썼는지 기억하고 있다. 아 킬라는 가족 안에서 자신이 받았던 지지, 특히 그녀의 아버지에게서 받은 지지가 자신의 삶의 '근간'이 되었다고 설명한다. 매기는 자신의 가족을 '밝고' '정말 친밀한' 가족으로 묘사하면서도 이것이 자신의 세대에서 일반적인 것은 아닐 거라고 덧붙였다.

……그러니까 어떤 장애인들의 경우에는 누가 집에 오면 방으로 밀어 넣어진다든지 하는 식으로 다른 가족을 만나는 것이 허락되지 않았다는 이야기를 들어 보신 적이 있을 거예요. 그건 정말 너무한 일이죠. 정말로……

신체적 손상을 가진 아이들이 때로는 시설에 감금되거나 가정 안에서도 뒷방에 밀어 넣어졌을 것이라고 일종의 추측을 하는 사람들도 있겠지만(그리고 가장 위 세대에 속한 장애인들 모두가 가정 안에서 수용되었다고 느꼈던 것은 아니라고 하더라도), 우리가 만난 내러티브들 안에서 이런 경험은 쉽게 발견할 수 있는 것은 아니었다. 사실상 가족의 지지와 옹호는 개인이 공공 정책이나 제도와의 관련 속에서 사적인 삶을 살아나가는 데 중요한 기초로 작용하는 때가 더 많았다.

옹호적인 어머니들

양쪽 부모가 모두 있는 경우에도 아버지들보다는 어머니들이 장애가 있는 자녀의 양육에 더 적극적이라는 사실은 이미 많은 선행연구들에서 지속적으로 관찰되어 왔던 것이다. 어머니들은 장애자녀와 서비스 제공자 사이의 매개자 역할을 하며 반복되는 치료 약속에 아이를 데려오는 일을 주로 맡는다. 아버지들의 참여는 일회적인 경향이 있다(예컨대, Strong, 1979; Graham, 1985; Beresford, 1995; Read, 2000). 이와 같은 양상은 이 연구에서 수집된 이야기들 속에서도 분명하게 나타난다. 집에 아버지가 있는지 없는지와 상관없이 어머니들은 장애를 가진 자녀의 건강과 복지에 대한 책임을 맡고 있는 것이 보통이다. 다음의 두 사례는 어머니들이 감당하고 있는 역할과 상황에 대한 저항 능력 및 탄력성을 보여 준다.

> 내가 여덟 살쯤 되었을 때일 거예요. 우리 엄마가 이야기하는 걸 들었던 기억이 있어요.……엄마는 의사가 '그 아이'는 제대로 걷지 못할 거라고……이다음에 아이를 갖거나 결혼하지도 못할 거라고 했다는 거예요. 그리고 엄마는 말했어요. "난 그 의사가 틀렸다는 걸 보여 주고야 말거야."……그로부터 몇 년 동안 엄마는 지시에 따라 여기저기를 돌

아다녔는데, 쉽지는 않았어요. 나를 데리고 다닌 사람은 늘 엄마였어요. 우리 집에는 딸 셋과 할머니가 있었고 우린 돈이 많지 않았었지요. 아버지는 마을에서 미장이 일을 하셨어요. 그래서 엄마는 기차를 타고 나를 병원에 데리고 다니셨죠.……(매기, 1940년대생)

의사는 엄마에게 나를 멀리 시설로 보내라고 했어요. 그 당시에 그게 무슨 뜻이었을지 아시겠지요? 나를 버리고 잊어버리라는 것이었어요. 하지만 엄마는 매우 강한 의지를 보이며 나를 떼어 놓지 않기 위해 필사적으로 싸우셨어요. 우리 엄마는 7년 동안이나 아이를 기다려서 날 낳으셨거든요.……엄마는 내가 학교에서 놀림을 당하자 가정교사에게 배울 수 있게 해주셨어요.……그런데 가정교사는 나를 참을성 있게 대해 주지 않았고 난 그녀에게 화가 많이 났죠. 그래서 엄마는 그녀를 쫓아내 버렸어요.……나중에 어른이 된 다음에 내가 종합병원에 갔을 때 병원에서 나를 잘 돌보지 않았던 적이 있어요. 그들은 나를 씻기고 목욕시키고 먹여 주는 일을 제대로 하지 않았지요. 내 붕대를 바꿔 주지도 않았어요. 마루는 더럽고 먼지가 쌓여 있었고 의사는 한 번도 나에게 와 보지 않았어요. 엄마는 매일같이 와서 나를 위해 이 모든 것들을 해주셨어요. (힐러리, 1940년대생)

20세기가 끝날 무렵 기혼 여성의 노동시장 참여가 크게 증가하였지만, 가족 내 돌봄과 지원 역할에 대한 성별 구분을 보여 주는 증거들은 얼마든지 있다(Daly and Rake, 2003). 3세대 장애인의 이야기를 보면, 오늘날의 장애청소년들의 삶에서도 여전히 보호적인 모성의 흔적이 나타나고 있다. 예를 들면,

병원 약속 같은 날짜가 되면 엄마가 나를 데려가곤 했죠. 그러니까 학교가 끝날 때쯤 엄마가 항상 와 계셨어요.……그러니 당연히 관계 면에서 나는 엄마와 좀더 가깝지요. 엄마와 더 많은 시간을 보내니까요. (스티브, 1980년대생)

아동기와 청소년기의 중요한 전환점에서 어머니들의 존재가 갖는 중요성은 세 세대를 통틀어 지속적으로 나타나고 있는 것이다. 그러나 어머니들의 존재는 집 안에서의 일상적인 도움이나 친밀한 돌봄이라는 관점에서보다는 공적인 영역의 전문가들과의 연결이나 권리 옹호와 관련하여 훨씬 더 많이 이야기되고 있다. 예외적인 경우도 있지만 특징적인 예화는 전문적인 권위자나 공적 제도가 추천하는 삶의 과정을 당사자들이 원치 않을 때 적극적으로 저항하는 어머니의 모습이다. 의료 권위자들이 말하는 예후에 대해 받아들이지 않고 저항하는 것, 아이를 거주시설에 맡기기를 거부하는 것, 또는 특수학교 배치에 대해서 도전하는 것 등은 전형적인 모습이다.

이처럼 어머니들이 전문적인 권위에 대해서 도전하는 것은 다음 두 장에서 소개될 의료와 교육 관련 내용에서도 분명히 드러난다. 이러한 모습은 여성의 사회적 역할과 전문가의 사회적 역할 모두에서 광범위한 변화가 있었다는 것을 반영하는 것이다. 예컨대, 엘리자베스 로버츠는 노동계급 여성의 구술사를 서술하면서(Roberts, 1984/1996), 20세기 초반에 가사노동의 성별 분화라는 강고한 틀을 만들어 냈던 '가족 이데올로기'domestic ideology가 1940년에서 1970년 사이에 어떻게 변화하였는지에 대해 설명하고 있다. 로버츠는 가정 밖에서 여성의 임노동 취업이 증가하고 새로운 가전 기술과 피임 기술이 발전한 것에 더해, 전문가에 대한 여성들의 인식이 변화했음을 강조한다. 즉 전문가들을 권위를 가진 인물로 보는 데에서 돌봄서비스를 제공하는 사람으로 달리 보게 되었다는 것이다.

여러 사람들의 이야기에서 장애자녀에 대한 어머니의 옹호는 거의 공통적으로 중요하게 논의되고 있는 것에 비해 아버지의 역할에 대한 회상은 매우 다양하게 나타나고 있다. 아버지는 중요한 사람들이고 장애자녀가 사회에 통합되는 과정에서 부딪히는 실제적인 장애물을 다루어 나가는 데 매우 중요한 도움과 지지를 제공하기도 한다. 그러나 그들은 부재한 경우도 많다. 병역의무 때문이든, 취업 때문이든, 또는 단순히 아버지가 가족을 버렸기 때문이든 아버지는 자주 집에 없었다. 노동의 성별 분화 경향은 자식에 대해서 지지적인 아버지조차도 집과는 거리를 두기 쉽게 만들고 어머니(때로는 형제나 조부모들)가 가정 내 비공식적인 지원의 대부분을 감당하도록 만들었던 것이다.

아버지들의 부재

20세기 초반의 장애아동 부모들의 경험에 대해 연구하면서, 험프리와 고든은 장애자녀를 키우는 것에 대해 어머니들보다 아버지들이 더 크게 낙인감을 표현한다고 설명한다(Humphries and Gordon, 1992). 장애자녀를 "자기 자신의 자긍심과 남성다움"에 대한 도전으로 받아들인다는 것이다. 이에 따라 아버지들은 가능한 한 장애자녀와의 접촉을 피하려 하게 된다.

어렸을 적에 나는 아버지를 거의 보지 못했어요.……아버지는 당신이 일을 마치고 돌아오시기 전에 내가 잠자리에 들어 있길 바라셨어요. 아버지는 나와 한 테이블에 앉으려고 하지도 않으셨죠. 난 아버지의 살에 박힌 가시 같은 존재였기 때문에 그의 곁에 가지 않으려고 내가 노력했어요. 그는 내가 없는 것처럼 생각했어요. 아버지는 나 같은 뇌성마비인을 만나 본 적도 없고 나를 뭔가 끔찍한 것으로 생각하신 거죠. (Humphries and Gordon, 1992: 26에서 발췌)

세 세대 모두에 걸쳐, 부모가 별거하거나 아버지가 부재한 경우들이 나타나고 있는데, 이는 위에서 설명한 것같이 장애를 가진 아이를 기르는 데 아버지들이 적응하지 못했기 때문으로 볼 수 있다. 플로렌스가 그녀의 엄마에 의해 병원에 버려졌던 것을 제외하면, 가족이 소원해진 모든 경우에서 가족을 떠나 멀어진 것은 바로 아버지들이었다(2장의 요약 참조).

……엄마는 나를 그곳에 두기로 결정했어요. 그 이유 중 하나는 엄마가 혼인 외의 다른 남자와 관계를 맺고 있었는데, 난 그 다른 남자와의 사이에서 태어난 아이였기 때문이었죠. 내 생각에, 엄마는 정상적으로 뭔가 할 수 없을 것 같은 아이를 갖게 되는……그런 문제에 대해서 스스로 대처할 수 없다고 느꼈을 거예요. 그래서 난 병원에 머물 수밖에 없었죠.

플로렌스의 이야기는 많은 사회적 요인들에 대해 생각하게 한다. 그녀의 어머니가 직면했을 딜레마를 상상해 보는 것은 어렵지 않다. 1940년대만 해도 미혼모와 장애라고 했을 때 이를 둘러싼 사회적 거부감은 강하게 존재했을 것이고 지역사회에 기초한 지원서비스는 틀림없이 부실했을 것이다. 역시 1940년대에 출생한 캐서린은 조부모에게 보내졌고 그런 다음 다섯 살부터는 기숙 학교로 보내졌다. 그런데도 그녀는 자신의 부모가 결별하게 된 근본적인 이유가 자신의 장애 때문이었을 거라고 생각하고 있다. 이 문제는 성인기에도 다시 표면화되었다.

> 학교를 떠난 후로 결혼하기 전까지 나는 엄마와 새아버지 밑에서 살았어요.……새아버지와 잘 지냈다고 말하기는 어려워요. 힘든 상황이었거든요. 새아버지는 엄마가 나에게 관심을 기울이는 걸 싫어했어요.

많은 연구들에서 아이의 손상에 대해 진단을 받을 때 어머니보다 아버지가 더 큰 스트레스를 경험한다고 보았다(예컨대 Hornby, 1992; Herbert and Carpenter, 1994). 뿐만 아니라 아버지들은 아이에게 적응하기까지 더 오래 걸리고 적응을 장담하기도 어렵다고 했다(Harrison et al., 2007). 하워드 멜처 외의 연구자들은 장애자녀를 가진 경우 부부 관계가 파탄에 이를 위험이 증가한다고 하였다(Meltzer et al., 1989). 이러한 경향은 비장애아동 집단에 비해 장애아동 집단 내에 홀로 된 어머니와 사는 비율이 더 높다는 것에서도 나타나고 있다(예컨대, Lawton and Quine, 1990; Beresford, 1995; Read, 2000). 다시 말하면, 장애아동의 어머니들은 혼자 아이를 양육하게 됨으로써 자녀 보호와 양육에 대한 책임을 혼자 짊어지며, 새로운 배우자를 만날 기회도 비장애아동의 어머니들에 비해 감소할 가능성이 더 높다고 할 수 있다(Read, 2000).

3세대(1980년대생)의 이야기를 살펴보면 아버지가 별거를 선택한 사례를 많이 찾을 수 있다. 예컨대 홀리는 생후 18개월까지 손상에 대한 진단을 받지 않았다. 하지만 부모님이 갈라서게 된 것은 손상을 진단받았던 바로 그때였어요. 나의 친아버지는 자신이 뭔가 불완전한 것을 만들어 냈다는 사실을 받아들이지 못했지요. 아버지에게 장애는 불완전함을 뜻했고, 그는 딸이 장애를 가지고 평생을 살아가게 될 거라는 사실을 마음으로 받아들일 수가 없었던 거예요.

물론 장애가 부모의 이혼에 대한 유일한 이유가 되는 것은 아니다. 예컨대 레이철과 헬렌은 처음부터 홀어머니 밑에서 태어났고 조의 부모는 가정폭력으로 인해 이혼했다. 그러나 장애가 종종 관련 요인으로서 작용한 것이 사실이다.

장애와 마찬가지로, 영국에서 가족제도는 사회적으로 구성되어 왔고 역사적으로 생성된 것이다. 그것은 경제적·문화적·정치적 변화와 맥을 같이하는 것으로, 1940년대 이후로 가구 구성과 가족의 역할에 있어 중대한 변화가 있어 왔다. 기존의 가족 개념은 도전을 받았고 재협상되었다. 부모와 부모에 의지해 있는 자녀로 구성된 핵가족은 적어도 400년 동안 가장 흔한 가족 형태로 자리잡아 왔다(Giddens, 2008). 그러나 이러한 양상은 달라지고 있다. 예컨대 다이애나 기틴스는 2차 세계대전 이후 가구 규모가 급격하게 작아졌다는 것을 지적한다(Gittins, 1982). 잉글랜드에서 평균 가구 규모는 2.4명 정도였는데, 이는 19세기에 비하면 절반에 불과한 것이다(HMSO, 2004). 인구 노령화와 이혼율의 증가, 지리적 이동성으로 인해 전체 가구 수는 계속 증가하지만 1인 가구의 비율도 현격하게 증가하고 있는 것이다(DCLG, 2009).

홀로 아이를 키우는 경우, 공동 부모역할co-parenting로 아이를 키우는 경우, 계부모로서 아이를 키우는 경우 등이 늘어나고 있다. 1930

년대와 1940년대에는 가족 간 유대나 가족 관계가 부모 또는 아이의 죽음으로 인해서 종결되는 경우가 지금보다는 더 많았다(Laslett, 1977). 그러나 공공 정책에 있어 결혼은 본질적으로 해체될 수 없는 것으로 여겨졌다. 1969년 「이혼법」 개정 이전까지 이혼은 소수의 경우로 간주되었던 것이다. 이와 동시에 경구피임법과 낙태시술이 소개되면서 여성들은 가족의 규모와 구조에 대한 다른 생각들을 하기 시작했고, 여성들의 선택의 폭은 넓어졌다. 1960년대에 태어난 여성들은 1940년대에 태어난 여성들에 비해 결혼을 하고 싶어 하지 않거나, 적어도 어린 나이에 결혼하고 싶어 하지 않았다(Frejka and Sardon, 2005). 대부분의 성인들은 여전히 결혼을 하고 있지만, 동거 여부를 막론하고 비혼인 상태에서 아이를 키우는 경우가 분명히 증가하고 있다(Irwin, 2000). 이러한 경향은 비장애아동보다는 장애아동에게 더 크게 영향을 미쳐 왔다.

장애아동들에게 가족의 붕괴가 흔한 것은 맞지만, 그렇다고 해서 그것이 일상적인 것도 아니다. 1991년 센서스census를 재분석한 결과 영국에서 장애아동의 거의 대부분은 시설 환경이 아닌 가정에서 살고 있었다(Gordon et al., 2000). 같은 자료에서, 90% 이상의 장애아동은 적어도 친부모 중 한 명과 살고 있는 것으로 나타났다(2.2%는 위탁가정에서, 0.7%는 친척과 함께 살고 있다).

한부모와 살고 있는 아이들의 경우에도 거의 대부분이 적어도 한 명 이상의 성인과 함께 거주하고 있다. 보통은 한쪽 계부모를 포함하여 가족을 이루고 있는 것이다. 사실 가장 젊은 3세대 장애인들의 경우에는 지지적인 새아버지(홀리와 조의 이야기를 포함하여)의 역할이나 조부모의 역할(헬렌의 경우)을 매우 긍정적으로 강조한 경우가 많이 있었다. 이런 이야기들 속에서 어머니의 새로운 배우자는 종종 '진짜 아버지'로 언급되기도 한다. 높은 수준의 지지와 실질적인 도움을 준 것이 명백한 사례들에서 새아버지는 친아버지와 다름없이 등장하는 것이다. 이런 삽화들에서는 특히 앞에서 언급했던 친부모들의 부모 역할에서 나타나는 성별 분업 담론에 대해 도전할 만한 경향이 나타나기도 한다. 즉 새아버지들이 친아버지들보다 더 많이 자녀양육에 개입하는 것처럼 보이는 경우들이 있다.

형제자매들

직계가족들의 관계라는 측면에서 장애청소년들의 어린 시절 이야기들을 읽어 보면, 그들의 형제들의 삶에서 주목할 만한 점들을 발견하게 된다. 부모로부터 차별 대우를 받은 경험이라든지, 한 아이가 가정을 떠나 살게 됨으로써 겪게 된 이별 같은 것 말이다. 이는 장애아동과 한 가정에서 태어난 이들이 인생에 대한 기대를 형성하는 데 특별한 영향을 미친다. 분명한 것은 가족 내 일상생활 속에서 그 형제자매들은 장애가 있는 아이를 늘 도와주고 지원해 주어야 하는 책임을 부과받는다는 것이다. 예컨대 아킬라(1940년대생)는 그의 아버지가 다른 형제들에 비해 자신을 얼마나 버릇없이 키웠는지 기억하고 있는데, 지금은 아버지가 자신을 '불쌍히 여겨서' 그런 것이 아니었을까 생각한다. 스티브(1980년대생)는 자신이 동생과 '아주 가까운 관계'를 유지할 수 있었던 것은 가족 안에서 각자의 역할들이 서로 조화를 이루었기 때문이라고 생각한다.

> 그러니까, 내 동생은 좀 빨리 커야 했어요. 왜냐하면 우리가 어렸을 때 동생에게는 어떤 압력이 있었을 테니까요. 그 아이가 나보다 나이는 어렸지만, 나를 돌보는 입장에 있었던 거예요. 보통은 동생들이 그런 역할

을 하지 않지만, 내 동생은 늘 나를 도와주는 역할을 해야 했던 거지요.

이런 관계 속에서 형제들이 느꼈을 실질적인 어려움이나 분노에 대한 이야기들이 많이 나오지는 않았다. 그러나 장애자녀가 오랫동안 집을 떠나 있어야 했을 때, 형제자매들 간에 공정하고 평등하게 대우받도록 하는 것은 가족 안에서 중요한 이슈가 될 수 있었다. 예컨대 워턴의 경우 성인이 된 지금은 여동생과 좋은 관계를 맺고 있지만, 1950년대에 그들이 아이였을 때에는 이것이 그리 쉽지 않았다고 말한다.

내 여동생이 한 살도 채 되지 않았을 때 나는 기숙 학교로 보내졌어요. 그래서 어린 시절의 거의 대부분을 나는 집에 있지 않았고 여동생은 집에서 외동으로 자라다시피 했지요. 어쩌다 내가 집에 가면, 내 여동생은 나를 집에서의 자기 자리를 빼앗는 사람으로 보았던 것 같아요. 지금 되돌아보면 그래요. ……그 애가 자라는 동안 내가 가끔씩 집에 갈 때면, 그 애는 나에게 빼앗긴 자기 자리를 되찾으려고 했고 그래서 서로 사이가 안 좋았지요.

형제자매들 사이의 경쟁이 장애아동의 경우에만 나타나는 것은 결코 아니지만, 워턴의 이야기에서 엿볼 수 있는 것은 공공 정책(이 경우에는 장애아동을 기숙 학교에 격리시키는 것)이 사적인 생활과 가족 관계에 의도하지 않았던 결과를 가져올 수 있다는 점이다. 1940년대에 태어난 사람들 중 대부분은 일곱 살이 되기 전에 가족과 강제적으로 분리되는 경험을 하였다. 아기 때부터 오랫동안 병원에서 생활하거나 기숙 학교로 멀리 보내졌기 때문이다. 현재의 아동권리의 관점에서 보면 당시의 공공 정책이 강제적인 가족 분리를 유발하지 않기 위해 어떤 조치를 했어야 한다고 충분히 주장할 수 있다. 그러나 이러한 정책이 개인적 관계 또는 심리·정서적 영역에 어떤 결과를 가져오는지는 오직 삶의 경험을 질적으로 탐색함으로써만 드러날 수 있는 것이다(Reeve, 2002). 워턴의 이야기를 좀더 들어 보면 정책이 개인에게 미치는 결과가 더 분명하게 드러난다.

> 엄마는 내 동생에게 나를 데리고 나가서 놀라고 했어요. 동생 친구들과 내가 함께 놀게 하려고 했던 거지요. 하지만……내 동생이 정말 싫어했던 것 중 하나가 뭐냐 하면, '불구'인 언니를 휠체어에 앉혀서 밀고 다니는 것을 자기 친구들에게 보이는 거였어요. 내 동생은 정말 그러고 싶지 않았기 때문에 잔꾀를 냈어요. 이건 남들에게 말하기는 어려운 것인데, 엄마가 그렇게 하라고 하니까 일단은 나를 데리고 나가는 거예요. 그런 다음 집에서 한참 멀어지면, 그래서 엄마에게 걸리지 않겠다 싶으면 동생은 나를 덤불 속에다 숨겨 놓고 뛰어나가서 놀고, 우리가 집에 돌아가야 할 시간쯤 되어서 나를 데리러 왔지요. 동생은 "아무 데도 가지 말고, 아무에게도 말하지 마. 안 그러면 가만 안 둘 거야"라고 말하곤 했어요.

워턴의 경험은 공적인 공간 내에서 그녀의 신체적 손상에 대해 사회적 낙인이 부여되어 있음을 보여 줄 뿐만 아니라(Goffman, 1968), 그녀의 여동생 또한 자신이 장애에 연관되어 있는 것에 대해 얼마나 부정적으로 느끼고 있었는지를 보여 준다. 이는 후에 아널드 비렌바움이 '의례적 낙인'courtesy stigma이라고 명명한 것과 유사한 것이다 (Birenbaum, 1970: 196). 이것은 장애인의 낙인이 장애인의 가까운 사람들에게까지 전이되는 것을 의미한다. "장애인의 가까운 사람들이 일상적으로 수행하는 사회적 역할 안에서 정상적이라는 것은 분명하다. 그들이 가진 차이는 낙인을 부여받은 사람과 가까운 사람이라는 점 때문에 나타나는데, 소위 정상이라는 사람들을 만날 때 나타난다."

이 연구에서 수집된 이야기들에서도, 장애인의 가족들이 이런 종류의 낙인을 피하기 위해 장애를 가진 형제나 자녀로부터 가능한 한 거리를 유지하면서 사회생활을 해나가려고 노력하는 모습을 볼 수 있다. 어떤 부모는 비장애자녀와는 접촉을 유지하면서 장애자녀와는 모든 인연을 끊어 버리기도 한다. 또 다른 한편으로는 가족들이 강제적인 이별을 받아들여야만 하는 상황에 놓이기도 한다. 당시의 정책이나 제도에 의해서 제공된 기회구조가 그들로 하여금 다른 선택 대안을 가질 수 없도록 했기 때문이다. 장애아동을 위해 필요하지만 정책적으로 지원되지 못하는 부분을 보완하기 위해서는 일상적인 가정생활을 함께 영위하고 있는 부모와 형제자매들이 장애 정책의 핵심적인 대상이 되어야 한다. 그래야 그 정책이 지역사회에서의 완전한 참여와 사회적 통합에 초점을 맞추는 정책이라고 할 수 있을 것이다.

공공 정책과 가족의 삶

사람들의 삶의 이야기를 들어 보면, 전문적인 권위자들, 특히 의료인들이 장애아동을 그 부모나 형제자매에게서 분리시키는 결정을 내릴 때 중요한 역할을 했다는 것이 분명하게 드러난다. 병원에서의 치료를 위한 분리이든 특수학교 입학을 위한 분리이든 할 것 없이 의료인들이 관여하고 있었던 것이다. 이들 전문가들이 가정 내의 가족생활에 대해서까지 관여하거나 영향을 미쳤다는 증거는 적지만, 의료적·교육적 분리의 결정에 관여하는 경향은 특히 1940년대와 1960년대에 태어난 이들의 아동기 일화에서 뚜렷하게 나타난다. 이처럼 전문가들이 일상생활을 지배하는 것에 대해 최근 들어 장애활동가나 학자들이 강력하게 비판을 제기하고 있지만(예컨대, French, 1994; Swain and French, 2001), 1세대의 장애인들이 이러한 비판에 대해 충분히 인식하고 있었던 것은 아닌 것 같다.

1950년대와 1960년대를 통틀어 가족들이 이용할 수 있는 사회적 지원은 제한되었고 이에 대한 조정도 부족하였다. 신체적 손상을 가진 아동들에 대한 사회적 지원은 병원에 기초한 재활서비스에 초점이 맞추어져 있을 뿐이었다. 지방정부는 1948년 「국민부조법」 이후에 가서야 방문간호사, 가사도우미, 아동복지 진료소 등의 운영에 대한 책임을 맡았다. 「국민부조법」은 가사보조서비스에 대한 인식을 심어 주었다. 이는 지방정부의 역할을 증대시켰고 이용자 수를 빠르게 증가시켰다. 1949년과 1953년 사이에 잉글랜드와 웨일스에서 이용자의 수는 42%나 증가하였고, 이용자의 대부분은 노인들이었다. 마거릿 덱스터와 월리 허버트는 1960년대에서 1970년대 사이에 서비스가 지속적으로 확대된 것은 대체로 인구 구성과 가족구조에서의 변화로 인한 것이라고 설명하였다(Dexter and Harbert, 1983: 20). 즉 세대 간 돌봄의 풍조가 흔들리는 것, 심각한 손상을 가진 아동의 생존 가능성이 증가하는 것, 여성의 삶에 대한 선택 대안이 늘어난 것 등이 영향을 미쳤다는 것이다.

1970년대에 지방정부에 사회서비스 부서가 설치되었던 것은 가족에 대한 공공의 관심이 일관되게 증가한 것과 맥을 같이하는 것이었고, 사적인 가족 관계에 대한 전문가들의 관심도 1970년대 중반에 가서 크게 증가하기 시작했다. 이는 가족의 역기능과 붕괴에 대한 전문적 관심이 크게 증가한 것을 포함하는 것이었다. 예컨대 타비스톡 연구소 Tavistock Institute가 새로운 사회과학과 정신분석적 전통을 조합하여 수행한 작업도 같은 맥락이다. 장애와 가족에 대해서도 이러한 유의 저작 활동이 성행하였는데, 주로 사회복지나 치료적 관점에서 이루어진 작업들이었다. 이들 연구들은 자존감 등과 같은 개별화된 심리·정서적 주제들(Harvey and Greenway, 1984)이나, 상이한 '돌봄전문직들'에 의해 확대되고 있는 개입방법들을 지방정부 담당자들이 어떻게 관리할 것인지 등에 관심을 기울였다(예컨대 Black, 1978).

장애는 여전히 정상적인 가족 관계에 부정적인 상처를 주는 좌절스러운 일로 인식되는 것이 일반적이다. 즉 '가족의 위기'로 받아들여지는 것이다. 이러한 저술들은 장애의 개인적 비극모델에 확고하게 뿌리를 두었고, 장애를 가진 아동 자신의 경험보다는 그 부모나 형제자매의 경험에 좀더 관심을 기울이고 있었다. 한편 '장애를 입은 가족'disabled family이라는 개념도 등장하였다. 에다 토플리스가 서술한 것처럼,

> 가족생활에 대한 세밀한 영향은 장애인이 가족 안에서 차지한 위치에 따라서 달라질 수 있을 테지만, 최근 문헌들에서 주장하는 것은 장애를 입은 사람이 남편이냐, 부인이냐, 아동이냐, 또는 노인이냐 하는 것이 하나의 전체 체계로서 가족이 갖게 된 관계나 기회에 중요한 영향을 미칠 것이라는 점이다. (Topliss, 1979: 129)

이런 종류의 접근은 가족 안에서 장애청소년들이 갖는 위치에 대해서 긍정적인 함의도, 부정적인 함의도 가지고 있다. 한편으로 이러한 접근은 이들이 가정 안에 통합될 수 있도록 하는 공적 지원이 부족하다

는 것, 따라서 공적 서비스와 가구소득에 대한 지원이 필요함을 보여 주는 것이다. 예컨대 1971년 새로운 돌봄 수당Attendance Allowances 개정안은 이를 인정한 것이었다. 하지만 또 다른 한편으로는, 공공 정책 논쟁이 점차로 장애인의 권리에 대한 논의보다는 가족의 '보호 부담'에 대한 논의로 점철되게 하는 계기가 되기도 하였다. 국가아동국National Children's Bureau은 1970년대 초반에 장애아동의 형제자매가 가진 욕구에 대해 주목하였다(Parfit, 1975). 스티븐 큐의 책『장애와 가족의 위기』(Kew, 1975)는 '비극'과 '돌봄의 어려움'에 대한 내러티브를 들려주었다(Beresford, 1994; Nixon and Cummings, 1999). 이 시기에 전문가들의 내러티브 속에서는 가족 안에 장애아동이 존재하는 것이 가족 관계에서의 문제로 간주된 반면, 장애인들의 구술 속에서는 그들이 가족으로부터 강제로 분리되는 것에 대한 문제점이 더 크게 부각되어 다루어지고 있다는 것은 역설적이다.

융통성 있고 이용 가능한 지역사회 지원서비스가 부족하기 때문에 다른 가족 성원들은 일을 하기 어렵게 되었다(Baldwin, 1985). 장애인들은 제대로 된 직업을 가진 사람이 아무도 없는 가정 환경 안에서 살게 될 가능성이 많고, 그런 가정에서는 가족의 소득이 평균 이하로 낮고 대중교통에 크게 의존할 수밖에 없게 된다(Barnes, 1991). 고용이나 복지 급여를 통해서 얻을 수 있는 소득이 충분하지 않기 때문에, 장애인과 함께 살아가는 가족들은 많은 경우 비장애인 가족보다 훨씬 빠듯하고 질적 수준은 낮은 삶을 살아갈 수밖에 없다(Martin and White, 1988; Berthoud et al., 1993). 손상에 따라 특수한 식사나 의복이 필요할 수 있고, 추가적인 난방 비용이나 교통 비용 등 장애에 따른 추가 비용이 발생하기 때문에 가족의 생활비가 증가하게 되는 것이다(Disability

Alliance, 1987; Thompson et al., 1990). 전국 조사에 따르면, 장애아동을 기르는 부모들의 3/4은 장애를 가진 자녀를 돌보기에 충분한 생활비를 가지고 있지 않다고 말하고 있다(Beresford, 1995).

토플리스가 '장애를 입은 가족'에 대해서 저술하였을 때에는 (Topliss, 1975) 장애소득집단Disablement Income Group과 '분리에 저항하는 신체 손상자들의 연합'UPIAS이 장애에 대한 사회적 모델을 소개하기 시작했지만, 아직은 사회적 모델의 용어들이 널리 알려지지는 않았을 때였다. 최근 들어 사회적 모델의 개념들이 좀더 직접적으로 다루어지면서 모니카 다울링과 린다 돌런은 장애아동을 둔 가족들이 얼마나 지속적인 불평등을 경험하고 있는지 보여 주었고, "사회조직이 손상을 가지고 있는 가족 성원뿐 아니라 하나의 단위로서의 전체 가족을 장애화하고 있음"을 재확인하였다(Dowling and Dolan, 2001: 21; 더불어 Connors and Stalker, 2003 참조). 그러나 공공 정책이 가족에게 미치는 영향의 가장 극적인 표현은 시설로 인해 가족이 분리되는 사례에서 가장 극명하게 드러난다. 이제 이 문제를 다루려고 한다.

집을 떠난 삶 : 총체적 통제시설

많은 사람들이 장애인을 지역사회의 삶에서 분리시켜 격리된 거주시설로 보내는 문제에 대해서 저술하였다. 전형적으로 어빙 고프먼은 '총체적 통제시설'total institution을 "비슷한 상황에 놓인 엄청나게 많은 사람들이 더 넓은 사회로부터 상당 기간 동안 격리된 채, 폐쇄적이고 형식적으로 통제되는 반복적 삶을 살아가고 있는" 장소라고 설명하였다 (Goffman, 1961: 11). 병원이나 특수학교에서 생활하는 아동들의 경험에 대해서는 다음 두 장에 걸쳐 더 자세히 다룰 것이다. 여기에서는 가정에서 가족과 함께 영위하는 삶과 이웃의 친구 관계가 제거되는 것이 어떤 의미를 갖는 것인지에 대해서만 초점을 맞출 것이다.

특수학교에 보내지는 신체장애아동의 수는 전쟁 후에 크게 증가하였다. 교육청의 보고서는 "심각한 불구자들을 위한 특수학교의 편의 제공이 늘어났기 때문에" 더 많은 "신체적 장애를 가진" 아이들이 학교에 갈 수 있게 되었다고 기뻐하였다(Board of Education, 1958: 133). 그러나 이는 그 대가로 지역사회로의 통합을 희생해야만 하는 것이었다. 1964년까지 '신체적 장애를 가진' 아동들을 위한 특수학교에 다니는 아동은 6,615명이었고, 이런 특수학교에 다니지 않는 아이들은 오랫동안 병원에서 지냈다. 1960년대 말엽만 해도 3,500명의 어린이가 여전히 병원 학교에 등록되어 있었다.

다른 한편, 교육과학부는 1970년에 일반학교에 다니고 있는 '신체적 손상' 아동이 10,000명 이상 있었다고 보고하였고(Department of Education and Science, 1972), 이들 중 20%는 학교에서 약간의 도움을 필요로 하였고, 15%는 휠체어나 다른 보행기구를 사용하고 있다고 하였다(Topliss, 1975도 참조). 이 아이들은 학교 안에서 비장애 또래들의 눈에 띄는 아이들이었지만, 이들이 방과 후 시간에 자유롭게 사회활동에 참여할 수 있도록 하기 위한 지원 방안들, 예컨대 물리적으로 접근할 수 있는 버스나 공공장소, 건널목 등은 거의 마련되어 있지 않았다(Watson et al., 1999). 1970년에 「만성질환과 장애인 법」이 만들어지기 전에는 공공 건물에 대한 접근권을 보장하는 법적 규정이 없었다. 뿐만 아니라 1995년 「장애차별금지법」 이전에는 이에 대한 광범위한 강제가 이루어지지 않았다.

이 연구에 참여한 나이 많은 장애인들은 자신들이 어렸을 때 살던 마을 안에 장애인이 별로 없었거나 보이지 않았다는 점에 주목한다. 주디(그녀는 2차 세계대전 이전에 태어나서 일반학교에 다녔다)는 이를 장애인들이 집 안에 격리되어 있었거나 시설에서 생활하였기 때문이라고 설명한다.

나만 그런 건지는 모르겠지만 난 다른 장애인이나 장애인 가족을 모르고 지냈어요. 물론 그 당시에는 장애를 가진 아이들은 교육을 전혀 받지 않았고 시설에서 지냈지요. 어떻게 보면 나는 장애의 세계에 있지 않았던 거예요.

주디의 설명은 장애인들의 이야기 속에 존재하는 이분법적 상황을 잘 드러내 주는 것이다. 즉 장애 문제에 대해서는 거의 자각하지 못하고 사회활동에 참여하지 못한 채 집 안에서 그저 아이로 자라나는 경우와 시설에 살면서 시설에 의해 삶이 완전히 지배받는 경우로 나뉘는 것이다. 시설화는 세 세대 모두에서 아동과 그 가족들에게 영향을 미치고 있다. 장애인들의 개별적인 경험을 읽다 보면, 전체적으로는 지역사회 안에서의 삶을 지원하는 방향으로 정책이 진보해 나갔다는 내러티브에 대해서 다소 의심을 가지게 된다.

병원에서의 가족 분리

이 책에서 가장 나이 든 1세대 장애인의 이야기들은 장애인들을 가족들과 분리시키는 과정에서 작용하는 의료의 우위성, 의료적 권위를 보여준다. 새로운 국민보건의료서비스National Health Service(NHS)가 많은 변화를 가져왔음에도 불구하고, 전후 신체적 손상을 가진 아동에 대한 의료와 재활서비스는 여전히 병원에 기반을 둔 것이었다. 이 책에 수록된 이야기들 중에는 아동기에 가족과의 접촉을 최소화한 채 치료나 재활을 위해서 병원에서 긴 시간을 보낸 사람들의 이야기가 너무나 많다.

아동의 삶에 의학적 치료가 미치는 영향에 대해서는 다음 장에서 좀더 자세히 살펴볼 것이지만, 많은 의료적 요인들이 아동의 가족생활과 친구 관계 경험에 영향을 미치고 있다는 것만은 충분히 말할 수 있다. 그 당시에는 주요한 외과 수술적 치료와 회복에 긴 기간이 필요할 때, 좀더 빨리 퇴원할 수 있도록 돕는 지역사회 기반의 서비스가 존재하지 않았다.

지역에 전문적인 병원 시설이 별로 없었기 때문에 많은 가족들은 병원을 찾아 먼 거리를 나가야 했다. 더구나 이들은 자가용 같은 이동수단도 별로 가지고 있지 않았다. 또한 엘리자베스 로맥스가 지적한 것처럼, 빅토리아식 병원의 시설 관리방식은 가족들과 친밀한 접촉을 유지하는 것을 별로 격려하지 않았다.

병원들이 그들 스스로를 지역사회로부터 분리시키는 경향은 지속되었다. 이는 외부로부터의 감염 위험을 줄이기 위한 노력으로서 방문객들의 면회 시간을 줄이려고 했던 의료계의 반복적인 요구에서도 잘 드러난다. 그러나 부모들이 병원에 남아 있지 않아도 될 만큼 효율적으로 병동을 운영했던 것인지에 대해서는 회의적이다. (Lomax, 1996: 12)

장애인들의 이야기를 통해 우리는 의사나 간호사의 권위가 널리 수용되었고 많은 사람들이 이에 복종해야 한다는 느낌을 가졌다는 것을 알 수 있다. 의료 전문가들의 권위를 한번 받아들이고 나면, 자녀가 병원의 보호하에 있는 한 부모들은 자녀가 퇴원을 하거나 세상을 떠나기 전까지는 아이들의 곁을 떠나 있어야 했던 것이다(Johnson, 1990). 1950년대부터 매일매일 면회할 것이 권장되었음에도 불구하고 방문 자격이 부모만으로 제한되는 것은 흔한 일이었고, 그것도 겨우 일주일에 한두 번씩 병원 직원의 판단에 따라 허용되었다. 병원 직원들은 때때로 아이들이 감정적으로 문제가 있을 때라면 부모도 방문하지 않는 것이 더 좋다고 생각하였다. 감염성 질환에 대한 공중보건의 관심이 높아지면서, 전후의 격리병원에서 이러한 운영방침은 더욱 강화되었다(이는 4장에서 논의할 것이다). 1940년대에 태어난 사람들은 가족과의 이별 경험이 어떠한 것인지를 생생하게 보여 준다. 예컨대 벨라는 자신의 영아기에 대해서 묘사하면서

나는 격리병동으로 들어갔어요.⋯⋯부모님은 내가 있었던 방의 유리창 너머로만 나를 볼 수 있었지요.⋯⋯나는 그곳에 몇 달 동안 있었고 그런 다음에는 격리병동에서 정형외과 병원으로 넘겨졌어요. 집에 가지 못하구요.⋯⋯내가 집으로 돌아온 것은 네 살 때였어요.

4년의 기간 동안 벨라는 병원에 있었고, 그동안에는 "15세 미만의 아동은 환자를 방문 면회할 수 없다"는 병원 정책 때문에 그녀의 오빠를 한 번도 만나지 못했다. 가족으로부터 분리되는 경험은 정형외과 병원으로 옮겨지면서 더 길어지게 되었다. 정형외과 병원에 있는 동안 그녀는 집에 잠깐씩만 방문할 수 있었다.

그레이스도 인생의 첫 5년을 소아마비 치료를 위해 병원에서 지냈

다. 그동안 그녀의 어머니는 같은 병으로 세상을 떠났다. 그레이스는 엄마를 다시 보지 못하였다.

……엄마와 나는 둘 다 격리 병동에서 철폐[iron lungs, 소아마비 환자들에게 사용하는 철제 호흡보조 장치] 안에 있었어요. 난 그곳에 있었던 때를 어렴풋이 기억할 뿐이고, 그다음에 집에 돌아와서는 유모와 할머니의 보살핌을 받았던 기억이 있어요. 나는 우리 엄마가 얼마나 아프셨는지 알 수가 없었죠. 겨우 다섯 살이었으니까요.

병원에 보내졌을 때 데이지는 자신이 왜 가족으로부터 떨어져 다른 곳으로 보내져야 하는지, 얼마 동안이나 떨어져 지내야 하는지 알지 못했다.

그때가 겨우 네 살 때쯤이었어요. 난 무슨 일이 벌어지고 있는지도 몰랐죠.……아무 설명도 듣지 못했어요. 내가 생각하기에, 그 당시 부모님이 내게 말해 주었던 것은 "걱정마라, 아가. 의사선생님이 너를 낫게 해주실 거야" 같은 말이 다였어요.……그러고는 저를 거기에 남겨 놓고 가 버렸는데, 그렇게 큰 병원에, 방금 만난 낯선 사람들만 있는 곳에 혼자 남겨지는 것은 정말 너무나도 절망적인 것이었어요. 그렇잖아요.……아이였는데, 자기가 믿을 수 있는 어른들과 함께 있어야 안전하다고 느낄 수 있는 것 아니겠어요?

워턴의 아버지는 그 자신이 고아원에서 성장한 사람이었고 자신의 딸에게 똑같은 경험을 갖게 하지 말아야 한다고 생각했다. 그러나 워턴은 여섯 살에 기숙 학교에 보내져서 거의 열여덟 살이 될 때까지 그곳에 있었다. 집에는 휴일에만 올 수 있었다. 학기 중에는 부모에게 겨우 일요일에 한 번 방문하는 것이 허락되었을 뿐이다.

> 부모님은 이 모든 게 나를 위한 것이고, 곧 다시 와서 나를 데리고 가겠다는 말을 긴 시간을 들여 하고 또 하셨지요.……하지만 난 아직도 기억해요. 엄마가 저 멀리 사라지실 때면, 나는 이제 다시는 엄마를 못 보겠구나 하는 생각을 하곤 했어요.

커티스 위원회Curtis Committee의 권고에 따라 만들어진 1948년 「아동법」Children Act은 아동의 공적인 돌봄에 대해서 이전에 비해 좀더 조정되고 계몽된 접근을 하려고 하였다. 이 법은 가정에서 벌어지는 아동학대나 착취로부터 아동을 보호하는 것에는 좀더 진전을 보였지만, 신체적 손상이나 학습장애를 가진 아이들을 돌보도록 특화된 시설들에까지 그 영향력을 미치지는 못하였다. 이런 의미에서 아동보호라는 정책의제가 처음 도입되었을 당시에, 장애아동은 여기에서 어느 정도 간과되었다고 할 수 있다(Hardiker, 1999). 그러나 그 당시에도 가족으로부터 아동이 격리되는 것에 대해 재고해야 한다는 점은 잘 알려져 있었고 많은 논의가 이어지고 있었다. 이는 부분적으로 전쟁 중에 도시의 아이들을 가족에게서 격리시켜 집단적으로 대피시켰던 것에 대한 기억 때문이었다.

의학전문지 『더 랜싯』The Lancet 편집자에게 보낸 편지에서 존 리크만은 어릴 적에 익숙한 얼굴이나 익숙한 관계로부터 분리되는 것은 "그 이후의 인생에서 불만족스럽거나 불행한 사회적 관계를 맺는 것으로 재현될 수 있다"고 지적하였다(Rickman, 1939). 오랫동안 병원에 있으면서 겪게 되는 '모성보호'의 박탈에 대해서 특별히 더 관심을 기울인 것은 심리학자 존 볼비John Bowlby였다. 그는 "생생하고 불행한" 사례들을 제시하면서 "부모들이 정기적으로 방문"하는 방향으로 병원이 변화되어야 함을 주장하였다(Bowlby, 1951; Moncrieff and Walton, 1952). 마거릿 스테이시 외의 연구자들(Stacey et al., 1970)과 마이클 루터(Rutter, 1972)는 아동기에 겪었던 오랜 기간 동안의 병원 입원이 성인이 된 이후까지 영향을 미친다는 것을 보여 주는 추가적인 증거들을 제시하였다. 병원으로 매일 아동을 방문하는 것은 1954년 이후에 국민보건의료서비스에 의해서도 격려되었다. 그러나 이러한 정책적 권고가 우리가 만났던 사람들의 실제 경험을 바꾸어 놓지는 못했던 것 같다.

벨라, 그레이스, 데이지는 모두 초기 아동기 전체를 통해서 병원 생활을 일상적으로 했던 사람들이다. 데이지의 경우는 이것이 상처를 주는 경험이 되어 부모나 자매와의 관계에 지속적인 영향을 미치고 있다고 느낀다. 그러나 그녀는 요즘 성장하는 장애아동들에게는 이 점이 개선되었을 것이라고 생각하고 있다.

이제 아이들은 어른들에 의해 좌우되는 사람들이 아니라 하나의 인간 존재로서 존중받고 있지요. 또 부모들은 병원에 찾아갈 수 있고, 적어도 부모 중 한 명은 아이들과 함께 병원에서 함께 머무를 수도 있을 거예요. 그래야 부모의 따뜻한 지지가 지속적으로 함께할 수 있는 것 아닐까요. 요즘 사람들은 아이들을 매우 지지하지만, 그 당시에는 전혀 그렇지 않았어요.

몇몇 이야기들 속에서 묘사되었던 고립과 가족 분리는 1940년대와 1950년대에 더 악화되었는데, 소아과적인 수술이 하나의 특수 분야로 실질적인 인정을 받기 시작했기 때문이다(4장 참고). 복합적인 소아과 치료의 기회는 상대적으로 적은 수의 병원으로 제한되었다. 주로 도시에, 주로 가족들이 사는 집과 멀리 떨어진 곳에 가야 복합적인 소아과 치료의 기회를 얻을 수 있었다. 데이지의 이야기는 이렇게 이어진다.

런던에 있는 병원에 가야 해서 런던으로 갔던 기억이 있어요. 그 당시에 우리 집은 다른 시에 있었는데, 런던의 병원과는 상당히 멀었어요.……내 생각에 우리 부모님은 2주에 한 번 정도 오셨는데, 그때는 집에 자동차도 없었고 다른 교통편도 없었거든요. 그래서 부모님은 증기기관차를 타고 오셨지요.……부모님들은 자주 오실 수가 없었어요. 아빠는 늘 일을 하셔야 했고, 일을 마치고 나면 그렇게 먼 여행을 떠날 마음이 생기지 않았을 거예요.

병원에 있는 아이를 방문하기 위한 교통편의 이용 가능성은 샐리 볼드윈과 마이클 루터의 연구에서도 많은 부모들이 제기하고 있는 문제였다(Baldwin, 1976; Rutter, 1972). 이 두 연구들은 이용할 수 있는 교통편이 비싸고 불편했던 것이 이들에게 중요한 장애물이 되었다고 설명한다. 이는 가족 관계에 더욱 부정적인 영향을 미쳤다. 부모들이 아이의 두려움과 걱정에 대해 함께 이야기하고 관여할 수 있는 기회를 감소시켰기 때문이다. 어린 시절을 회상하면서, 데이지는 그녀가 병원에 있었기에 가족들로부터 일찍이 분리되었던 경험이 성인기가 되어서도 대인 관계를 맺는 능력에 영향을 미쳤다고 믿고 있다.

이제 나는 쉰여덟 살이나 되었지만, 여전히 가족도 아이도 없이 혼자 지내고 있어요. 어린 시절을 그렇게 지내는 것이 나머지 인생을 결정해 버릴 수도 있는 것 같아요.

물론 1940년대 아이들에게 장기간의 병원 입원이 반드시 가족과 멀어지는 결과를 가져왔던 것은 아니었다. 예컨대 매기는 어린 나이부터 방문시간을 엄격히 제한하는 아동병원에 장기간 입원했지만, 이것이 가족과의 친밀감을 유지하는 데 방해가 되었다고 생각하지는 않는다. 엠마는 네 살 때에 1년 반이라는 상당히 긴 시간을 병원에서 보냈음에도 불구하고 그녀의 오빠, 부모님, 할아버지, 할머니와 친밀한 관계를 유지하였다. 그러나 이 경우에는 그녀의 어머니가 시설의 관리체제를 약간 거슬러 그녀와 접촉을 지속적으로 유지할 수 있었기 때문이었다.

보통은 한 달이 다 지나도 부모님의 방문이 허용되지 않았던 것 같아요. 하지만 엄마는 간호사였기 때문에, 간호사 유니폼을 입은 채로 제 방에 들어올 수 있었죠.……엄마는 항상 모든 것을 이야기해 주었죠.

엠마의 이야기가 보여 주는 것처럼, 가족들이 아이에게 무엇이 최선인지 항상 잘 알고 있지는 못한다고 하더라도 시설의 권위 앞에서 항상 수동적이기만 한 것은 아니었다. 일반적으로 말하면 1세대 장애인의 이야기들에서 병원 입원으로 인한 분리에 대해 적극적으로 저항했다는 증거는 별로 제시되지 않지만(4장에서 설명된다), 교육적인 분리에 대한 저항은 더 빈번히 나타나고 있다(5장에서 설명된다).

병원에서 학교로

1960년대에 태어난 중간 세대로부터 수집된 이야기들에서는 가족들과의 생활과 격리된 어린 시절에 대한 중요한 단서들이 발견된다. 아마도 중요한 것은 이러한 격리의 맥락이 변화했다는 것일 듯하다. 우선 격리의 장소가 장기입원 병원에서 기숙 학교로 이동했다. 그러나 그들을 가족과 분리시켜 배치하는 결정 과정에 의료 전문가들의 의견이 작용했다는 증거는 여전히 나타난다.

플로라는 10남매 중 맏이였는데, 어린 시절에는 형제자매들 사이에서 그녀가 중요한 부분을 차지하고 있었다고 기억하고 있다.

나는 형제들 사이에서 지지 않으려고 사내아이처럼 말괄량이로 자랐어요.……나는 보조기를 사용했는데, 그것은 좀 크긴 했지만 바퀴 달린 아기 보행기처럼 생겼어요.……난 그걸 보행기처럼 해서 그 난간을 붙잡고 섰어요. 내 형제들은 그것을 가능한 한 멀리 밀어 주곤 했지요.

그러나 이 세대의 다른 많은 사람들처럼, 그녀는 열 살 때 기숙형 특수학교로 보내졌다. 그 학교는 국립 뇌성마비협회에 의해 1950년대 초반에 설립된 자선기금 학교였다. 그녀는 가족생활에서 이 순간이 매우 중요한 전환점이 되었다고 생각하며 다음과 같이 회상한다.

집을 떠나 기숙 학교로 보내지기 전까지 난 학교를 좋아했어요. 그다음에는 모든 것이 내리막이었지요.……나는 석 달에 한 번 정도 집에 갈 수 있었는데, 왜 주말마다 집에 갈 수 없는 것인지 정말 이해할 수가 없었어요.……어린 시절에 그런 일을 겪으면 상처로 남을 수밖에 없지요.

플로라는 학교가 문을 닫는 휴일에만 집에 갈 수 있었고 부모형제와 분리된 채 성장하였다.

정말 나빴던 게 뭐냐하면요, 내가 집에 가면 식구들은 나와 있는 것이 습관되어 있지 않았기 때문에 모든 게 맘 같지 않은 거예요. 난 엄마와 잘 지내지 못했고, 정말 우울해졌지요.……나는 너무 우울해서 자살해 버릴까 하는 생각도 했었어요.

마찬가지로 소냐는 그녀가 열한 살이 될 때까지는 집 가까이에 있었던 초등 특수학교에 다녔지만, 그다음부터는 좀 떨어진 곳에 있었던 기숙형 특수학교에 보내졌다. 그 학교는 재정 지원을 받지 않는 또 다른 학교로서, 원래는 20세기 초반에 '불구자'를 위한 자선병원의 일부분으로 지어졌던 것이다. 소냐는 왜 자신이 가족들로부터 떨어져 나왔어야 했는지에 대해 회의를 가졌던 것을 기억한다.

난, 그러니까 그런 거 있잖아요, 너무 고립되어 있으면 이상한 생각들이 떠오를 때가 있잖아요. '내가 왜 여기 있지?', '사람들이 나를 원치 않는 걸까?', 뭐 그런 생각들 말이에요. 그런 느낌을 가질 때가 많았어요.

에이미도 아동기 초기에는 매우 안정되고 그녀의 부모에게서 사랑받는다는 느낌을 가졌다가, 멀리 보내지면서 당황하고 상처받았던 기억을 가지고 있다. 가족들이 의사의 충고에 따라서 그렇게 했었다는 것을 지금은 이해하고 있지만 말이다. 그녀는 1960년대에 3년 동안을 병원에서 보냈던 것이 여전히 심리·정서적 상처로 남아 있다고 말했다.

그러니까……집에는 잠깐 잠깐도 다녀오기 어려운 채로 3년 동안을 병원에 갇혀 있다고 생각해 보세요. 누구라도 그렇겠지만 그건 내 인생에도 가장 큰 영향을 미친 것 같아요.…… 실제로 난 열네 살이 되면서 정신건강에 문제가 생기기 시작했어요. 뭐 많은 것들이 작용을 했겠지요. 지금까지도, 내 인생을 통틀어서 그 문제가 내게 남아 있지요.

가장 나이가 많은 1세대 사람들이 공통적으로 유년기에 가족과의 전적인 분리를 경험했던 것에 비해, 1970년대에는 가족 방문 규칙이 좀더 자유로워졌고 기숙 학교에 있는 아동들은 가족에게 전화를 거는 것이 허용되었다. 1세대의 아이들은 병원에서 전화를 사용했던 기억을 가지고 있지 않다는 점에서 더욱 열악했다. 1960년대 이전만 해도 아직 가정용 전화기가 매우 비싸고 호사스러운 것으로 인식되었고, 편지를 쓰는 일은 신체적 손상을 가진 많은 사람들에게는 수행하기 어려운 것이었다(컴퓨터나 음성녹음기가 없었기 때문에). 1세대에 속한 워턴은 집에서 온 편지를 받는 것을 무척 좋아했지만, 그녀는 점자를 사용했고 그녀의 어머니는 점자를 쓰거나 읽을 수 없었다. 전화는 사용할 수 있다고 해도 어른들이 걸어 주어야 하는 유선전화나 공중전화에 불과했다. 실제로 아이들이 휴대전화나 전자메일, 인터넷, SNS 등을 이용해서 어른들로부터 독립적으로 사적인 대화를 나눌 수 있게 된 것은 21세기에 들어와서야 가능한 일이었다. 1970년대에 어린 시절을 보낸 소녀의 경우에도 전화를 사용해 가족을 접촉하는 것은 그녀에게 마음의 안정을 주는 것이었다. 그럼에도 불구하고,

하지만 아마 누구라도 그런 상황에 처한다면 부모와 친밀한 유대감을

유지하는 것은 어려운 일일 거예요.……겨우 6~7주에 한 번 정도만 집에 갔을 뿐인 걸요.……집에 가면 난 주로 내 침실에 들어가 있었고 가족들과 대화를 별로 하지 않았어요.

1980년대에 태어난 가장 어린 세대의 경험과 비교해 본다면, 공공 정책과 제도의 결과로서 가족으로부터 지속적으로 분리되었던 이전 세대의 경험은 그들의 성장 과정에 중요한 의미가 있는 것임에 분명하다. (앞 장에서 요약된) 홀리의 이야기는 명백한 예이지만, 조, 테리, 슈마허의 경험도 이와 비슷하다. 예컨대 테리는 시골의 특수학교에 다니는 동안에는 집에서 가족들과 함께 살았지만 의무교육 기간이 끝나고는 기숙형 특수대학residential college of special education에 다니게 되었다. 앞의 세대와 다르게 가족의 방문과 전화 접촉을 할 수 있었다는 차이가 있었지만 어쨌든 가족을 떠나 학교에 거주하게 되었던 것이다. 이처럼 통합교육이 아닌 기숙형 특수대학에 진학하게 된 것은 단지 개인적 보조서비스가 제공되지 않았기 때문이었다.

내가 살던 곳에서는 내가 필요로 하는 지원서비스를 받을 수가 없었어요. 아시다시피 나는 일상생활을 위해서 꽤 많은 도움을 필요로 하는데 내가 살던 곳에서 그것을 받을 수가 없었지요.

슈마허는 그 기숙형 대학으로 옮기면서 '향수병'을 앓았다고 말한다. 장애청소년들이 집을 떠나서 생활하는 것에 대한 관심이 점차로 늘어난 것은 1990년대의 일이다. 예컨대 길버트 모리스는 분리와 고립에 대한 관심을 촉구하기 위해서 장애아동들의 개인적 경험을 드러냈고

(Morris, 1998), 러셀은 가족과 접촉하는 것의 중요성을 반복적으로 강조하였다(Russell, 1995). 모리스의 연구는 사회적 보호, 아동보호, 아동의 권리라는 정책적 맥락 안에서 이루어졌는데, 그녀는 20세기 말엽, 특히 UN의 아동권리협약 채택 이후에 이러한 정책 기조의 중요성이 크게 증대하고 있음을 지적하고 있다.

이러한 개인적 경험을 어떻게 볼 것인지가 중요하다. 가족을 떠나 살아야 했던 장애아동들의 상황은 그것이 장애아동의 인권이나 심리·정서에 어떤 영향을 미칠지에 대한 관심을 불러일으키지만, 사실상 장애아동의 거의 대부분은 집에서 가족과 함께 살고 있고(Gordon et al., 2000), 10% 정도는 또 다른 장애아동이 있는 가구에서 살고 있다(Lawton and Quine, 1990; Shah, 1995; Cowen, 1996).

정책을 평가하는 데 장애아동들의 목소리를 직접 듣고자 하는 경향은 계속 증가하고 있다. 장애아동과 그 가족들을 위한 서비스에 대해 검토한 감사 위원회의 보고서는 아동들 자신의 경험을 집중적으로 보여 주고 있다(Audit Commission, 2003). 이를 통해 장애아동들이 성인기로 접어드는 과정을 지원하는 서비스 가운데 선택할 수 있는 대안이 부족하다는 사실(청소년을 성인 거주홈에 배치하는 것의 부적절성을 포함하여)이 지적되었다. 그러나 이 보고서에서도 집을 떠나 살고 있는 아동들의 상황에 대해서는 고려하지 못하였다. 정부의 자랑거리인 『삶의 기회』라는 제목의 보고서는 장애아동을 기르는 가족들 중 열에 아홉은 주택 문제를 호소하고 있음을 보여 준다. 이 보고서는 "장애아동과 그 가족을 중심에 두는" 서비스와 "장애를 가진 젊은이들에게 좀더 명쾌하고 적절한 선택과 기회들을 제공할 것"을 요구하였다(Prime Minister's Strategy Unit, 2005: 7). 그러나 놀랍게도 그것은 거주시설에 살게 되는 것이 가족과의 심리적 분리와 상처로 이어진다는 것을 밝히는 데에는 완전히 실패하고 있다.

나가며

1940년대 이후로 가족의 양상에서 사회인구학적으로 근본적인 변화가 있어 왔고, 가족 붕괴는 장애아동들에게 불균형적인 영향을 미치고 있다. 그러나 재구성된 가족이나 계부모 가족이 서로에게 지원을 제공할 수 있는 새로운 비공식적 연결망을 형성할 것이라는 낙관론도 제기되고 있다. 장애에 대한 현금 급여, 지역사회에 기초한 서비스, 직접 지불의 이용 가능성과 「장애차별금지법」 등이 가족생활의 문제들을 모두 해결하지는 못하겠지만, 가족들에게 일정 정도의 변화를 가져올 수는 있을 것이다. 이러한 공공 정책이 없었던 앞선 세대의 장애아동들은 가까운 가족이나 친구들의 대처 능력이나 선의에 더 많이 의존할 수밖에 없었다.

현재의 기준을 가지고 과거를 평가하지 않는 것이 중요하겠지만, 비교를 해보는 것은 한편으로 유용하다(예컨대 Johnson and Sherman, 1990). 영국이 2009년에 비준한 UN의 장애인권리협약 23장은 '가정과 가족에 대한 존중'의 원칙에 기초해 있다. 이는 결혼하고 아이를 가질 수 있는 자유에 대한 장애인의 권리를 포함한다. 뿐만 아니라 아동과 부모가 장애라는 이유만으로 분리되어 살지 않도록 국가가 보장할 것을 요구하고 있다. 이 장에서 소개된 짧은 사례들은 과거의 공공 정책이 어떻게 이러한 권리를 보장하는 데 실패하였는지를 개략적으로 보여 준다. 더욱이 오늘날의 정책적 틀은 장애아동과 장애청소년들이 가정을 떠나 살아가는 것을 여전히 허용하고 있거나, 때로는 요구하고 있다(특히 종일반의 '교육적' 배치를 통해 아동들을 돌보는 경우).

1940년대에 비해 오늘날에는 신체적 손상을 가진 아이들이 병원에 장기간 입원하는 경우가 별로 없다. 그러나 그때 이후로 시설에 입소해 살아가는 아이들이 일정하게 지속적으로 감소하는 것만은 아니다. 1960년대에 태어난 사람들의 이야기를 살펴보면 1970년대에 들어와 기숙 학교를 포함하여 특수학교의 공급은 급격히 늘어났고 그것이 가족 관계에 미치는 영향도 커졌다는 것을 알 수 있다. 이 시기를 살았던 이들이 제시하는 자료들은 가족생활에 미치는 제도적 제약이 점진적으로 감소하는 것을 보여 주기보다는, 단지 가족이 분리되는 제도의 맥락이 의료적인 것에서 교육적인 것으로 이동하고 있을 뿐임을 보여 준다.

이와 동시에 1970년대와 1980년대에 지방정부의 사회서비스가 빠르게 확대되면서 몇 가지 의도하지 않았던 결과도 나타나게 되었다. 전후에 평등과 권리 개념에 부합해 짜였던 사회 정책의 기본틀이 가족에 대한 전문가들의 과도한 지배professional colonisation를 특징으로 하는 정책틀로 바뀌어 버린 것이다. 이용자 주도적인 지원 형태와 「장애차별금지법」이 도입되는 큰 변화가 있었음에도 불구하고, 신체적 손상을 가진 많은 장애청소년들은 여전히 공공 건물, 여가를 위한 시설, 교육적 성취 등에서 다른 사람들과 동등한 수준의 접근권을 가질 수 없었다. 이는 당사자들에게뿐 아니라 그들의 가족 성원들에게도 영향을 미친다. 잔여적 형태의 사회복지서비스뿐 아니라 장애를 만드는 환경은 여전히 장애인의 가족과 친구들이 일상생활을 정상적으로 영위하기 어렵게 만든다.

- 1970년대에 광범위한 지역사회 기반 사회서비스community social service가 발전하기 이전에는, 가족과 친구들로부터의 실질적인 지원이 성인의 독립성을 성취하는 데 있어 지금보다 더 중요하였을까?

- 1970년대와 1980년대의 공적 사회복지와 사회서비스의 확장은 장애인과 가족들에게 어떤 영향을 미쳤을까?

- 1960년대 이래 이혼, 별거 등 가족구조에서의 사회적 변화는 장애아동이나 장애청소년의 삶에 어떤 영향을 미쳤을까?

4장

의료와 더불어 살아가기

2장과 3장에 제시된 사례들은 공공 의료가 신체적 손상을 가진 청소년들의 개인적 삶에 미치는 영향에 대해 주의를 기울여야 함을 보여 준다. 이 이야기들을 통해 우리는 의료가 미치는 영향이 적어도 세 가지 정도가 있음을 알 수 있다. 첫째, 의학적 진단과 전문가들의 견해는 태어나면서부터 앞으로 펼쳐질 인생에 대한 기대와 삶의 경로에 대한 윤곽을 잡아 준다. 둘째, 의학적 치료의 관례medical treatment regimes, 특히 병원 입원과 관련된 방식은 인생 초기의 경험을 규정하는 것으로 나타난다. 셋째, 의료적 권위자들은 중요한 인생의 전환점, 특히 학교를 선택하는 일 등에서 열쇠를 쥐고 있는 것으로 나타났다.

사람들의 인생 이야기는 또한 의학과 사회적 변화에 대한 흥미로운 질문을 제기한다. 의학적 지식은 어느 정도로 개개인의 삶에 대한 기대를 규정하는가? 의학적 권위에 대해 도전했던 역사적 경험은 보건 전문가와 장애인 당사자 사이의 힘과 지식의 관계를 어떻게 변화시켰는가? 의학 기술과 보건 관련 제도의 발전은 장애청소년들의 삶의 기회와 선택에 어떻게 영향을 미쳐 왔는가? 이 장에서는 보건 전문가, 정책, 제도 등이 세 세대 장애인들의 삶의 기대와 인생 역정에 미치는 영향을 살펴봄으로써 이러한 질문에 답하려 한다.

20세기 후반기 들어 사회 안에서 의학이 차지하는 역할에 대한 회의와 논쟁이 점차 증가하고 있다. 비판적인 장애학 문헌들은 장애를 만드는 사회적 관계 속에서 의학이 일정한 역할을 한다는 것을 점점 더 강하게 비판한다(예컨대 Barnes and Mercer, 1996; Thomas, 2007). 장애에 대한 '의료적 모델'은 자주 비판을 받았다. 이러한 비판은 종종 '사회적 모델'의 논의와 함께 등장하지만 이는 중요한 점을 놓치고 있다. 사회적 모델 분석의 초기 주창자들에게 의학은 더 큰 인식틀, 즉 장애의 개인적 모델 안에 그 역할을 일부 점유하고 있을 뿐이었다. 올리버의 말처럼,

> 나에게 개인적 모델은 논의 전체를 포괄하는 것이다. 그것은 내가 장애의 개인적 비극 이론이라고 불렀던 것에 기초를 두고 있지만, 장애의 심리적·의료적 측면을 포함하는 것이다.……간단히 말하면, 나에게 있어 장애의 의료적 모델 같은 것은 없다. 대신 장애의 개인적 모델이 존재하는 것이고 의료화는 이것의 중요한 일부분일 뿐이다. (Oliver, 1996: 31)

많은 저술에서 의학은 정상성을 지향하는 정책을 만들고 장애인의 삶의 기대를 제한하는 것으로 다루어졌다. 예컨대 1950년대 미국의 기능주의 사회학은 손상을 질병과 동일선상에서 사회적 규범으로부터 벗어난 '일탈'의 하나로 특징지었고 따라서 교정이 필요한 대상으로 보았다. 따라서 탤컷 파슨스는 '기술적으로 유능한' 전문가들에게 복종해야만 하는 개인의 책임이라는 개념에 기초하여 체계system를 구성하였다(Parsons, 1951). 재활'산업'의 확장 속에서(Albrecht, 1992) 전문가와 공

공 제도는 모두 장애에 대한 통치에 기여했지만, 1960년대와 1970년대를 거치면서 이들의 정당성은 공개적으로 도전받기 시작하였다.

어빙 고프먼의 『수용소』(Goffman, 1961)가 총체적 통제시설에서 발휘되는 극단적인 의료적 권위를 보여 주었다면, 이반 일리히 같은 비판가들은 수용소의 벽을 넘어서 매일매일의 삶이 광범위하게 '의료화'되어 있다는 것에 주목하였다(Illich, 1976). 보세이는 전문적 권위와 영향력이 1970년 이전에 장애인들로 하여금 제도적인 의료에 저항하기 어렵게 만들었다고 지적한다(Borsay, 2005). 그러나 1970년 무렵부터는 의학에 대한 대중적 신뢰는 동요하기 시작하였고, 소비자주의와 권리에 기초한 사회운동 속에서 의학적 권위에 대한 새로운 도전이 나타나기 시작하였다(Zola, 1977).

의학적 지식과 권위는 장애를 개별화하고 장애인을 개인적 비극의 담지자로 보는 담론을 강력하게 피력하는 것으로 보였고 이는 사회적 장벽과 차별을 강조하는 주장을 가로막는 것이었다(Barnes and Mercer, 1996; Thomas, 2007). 모든 의료적 행위와 권위를 잠재적으로 부정적인 것으로 특징화하려는 것이 이 논쟁의 의도는 아니었다. 그보다는 어느 지점에서 의료적 권위가 부적절하게 사회문제에 적용되어 왔는지 살펴보려는 것이었다. 따라서 올리버는 또한 다음과 같이 자신의 입장을 밝혔다. "의사들은 장애인의 삶에 일정한 역할을 할 수 있다.······ 문제는 의사들이 그들의 지식과 기술을 질병보다는 장애를 다루는 데에 사용하려고 할 때 발생하는 것이다"(Oliver, 1996: 35~36).

스스로도 장애인이었던 저술가들은 보건 및 복지 전문가들에 의해 자신들의 삶이 식민화되는 것에 특별한 주의를 기울였다. 샐리 프렌치에게 이들의 관계는 "결코 편안한 것이 아니었고", 서비스를 설계하고 배분하는 데에서 나타나는 힘의 불균형은 대체로 가난한 장애인과 풍족한 보건 전문가들 사이에 존재하는 사회경제적 계급의 미시정치에 의해 더 강화되는 것으로 보였다(French, 1994: 103). 마찬가지로 모리스, 론스데일, 토머스는 남성 지배적인 의료 환경 안에서 장애여성이 직면하는 권력의 성적 불균형 문제를 강조하였다(Morris, 1989; Lonsdale, 1990; Thomas, 2001). 그러나 장애활동가들과 연구자들 사이에서는 의료적 문제를 직접적으로 언급하는 것에 대한 거리낌이 있었다. 예컨대 1990년대의 일반의에 대한 장애여성들의 경험을 설명하면서, 나사 베굼은 "장애가 하나의 의료적 문제로 다루어지는 것에 대한 두려움으로 인해 장애인들은 건강 관련 문제를 공적인 또는 학문적인 의제로 올려놓는 것을 신중히 해왔다"고 쓰고 있다(Begum, 1996: 157).

이 책에서 수집된 이야기들은 사람들의 삶 속에서 의료 전문가와 의료 제도들이 갖는 중요성을 분명히 보여 주고 있고, 따라서 이 주제는 우리가 주목해야 할 것임에 틀림없다. 그러나 이 글은 의학의 역사를 다루는 것이 아니다. 우리의 주요 관심은 의료 제도와 의료를 둘러싼 인간관계가 장애인 개인의 삶에 어떠한 영향을 미치는가 하는 것이다. 따라서 우리의 분석은 주로 개인적 삶의 의료화에 대해 다룰 것이고, '의료 관련 전문직들'의 규제적인 영향을 다룰 것이다(Finkelstein, 1999). 동시에 의학적 실천에서 있었던 적절한 변화가 어떤 긍정적인 결과를 가져왔는지에 대해 논의할 것이다.

의학적 예후와 인생 궤적

의학의 영향은 사람들이 들려준 자신의 출생 이야기로부터 시작하여 생애사의 곳곳에서 분명하게 드러난다. 이러한 에피소드들은 필연적으로 가족의 이야기와 연관되어 있는데, 사람들은 자신의 기억보다는 가족들로부터 들었던 이야기들을 통해 이에 대해 알고 있었다. 서로 대화를 나누는 과정에서 하나의 삽화는 가족들이 공유하는 이야기가 된다. 잘 알려져 있듯이, 부모들은 선별된 기억들을 가지고 어린 자녀에게 인생의 교훈을 전해 줄 도덕적 내러티브를 구성한다(Fiese et al., 1995). 또한 우리는 자신의 아동기 이야기들을 통해서 청소년기 자신에 대한 이야기의 각본을 구성한다(Habermas and Bluck, 2000). 우리의 정체성에 대해서 재구술된 내용은 우리가 생각하는 우리 자신의 모습, 즉 정체성을 더욱 강화시키며 이는 이후 인생의 중요한 전환점에서 일정하게 작용하게 된다(McLean and Pratt, 2006; McLean et al., 2007).

마찬가지로 부모와 전문가들 사이에서 인생의 초기 단계에 대한 내러티브가 형성되면, 이는 일찍이 우리 인생에 대한 기대와 궤적이 만들어지는 데 기여한다. 의학적인 의견과 예후는 이 책의 작업에 기여한 거의 모든 사람들의 출생 이야기 속에서 현저히 중요한 주제로 다루어지고 있다. 이러한 내러티브들은 의학적인 견해가 의학의 영역을 훨씬 넘어 영향을 미쳤음을 지적하고 있다. 즉 의학적 견해들은 먼 훗날 성인이 되었을 때 한 사람의 인생에서 장애가 갖게 될 사회적인 의미에 대해서 가족들이 갖게 되는 기대를 구성하는 것이다.

출생 이야기

20세기 출산의 의료화에 대한 비판적 평가는 페미니스트 문헌들을 통해 잘 알려졌는데, 이는 남성 지배적인 의료적 권위가 출산을 하는 여성들의 의사결정을 묵시적·명시적으로 제한한다는 견해를 포함한다

(Cahill, 2008). 보건 전문가가 의학적인 진단과 예후에 대해 전달할 때, 그리고 가족들이 그것을 듣고 해석할 때, 사회적 메시지는 미래의 삶이 가질 수 있는 선택과 기회에 대한 기대를 함께 전달하는 것이다. 그리고 이러한 메시지는 일정한 결과를 가져온다. 예를 들면 2장에서 요약된 이야기들에서 플로렌스의 어머니는 플로렌스가 절대 걸을 수 없을 것이라는 의사의 진단을 받고 나서 그녀를 포기했다(1940년대의 일이다). 포피의 어머니는 그녀를 시설에 보내고 잊어버리라는 이야기를 들었다(1960년대의 일이다). 홀리의 부모는 그녀의 손상에 대한 진단을 받고 나서 이혼했다(1980년대의 일이다). 이런 식으로 의학적인 견해는 손상을 가진 아동들의 초기 인생 궤적을 잡아 나가는 데 중요하게 작용할 수 있다. 물론 부모들이 나중에 하는 이야기 속에서는 의학적 지식을 일정 정도 윤색할 수도 있고, 이에 대해 저항을 할 수도 있겠지만 말이다(Landsman, 1998). 다음에 소개되는 예들은 연구 참여자들이 들려준 자신들의 출생을 둘러싼 가족들의 이야기로서, 장애에 대한 의료화가 그 안에서 어떤 의미를 지니는지 잘 보여 준다.

워턴의 이야기(1940년대 중반 출생)는 다른 이야기들에서도 공통적으로 등장하는 주제를 담고 있다. 조산아로 태어나 심각한 신체적 손상을 진단받으면서 '정상적인' 삶을 살 가능성은 매우 적다는 이야기들을 듣게 된 것이다.

……내가 태어난 다음 날 그 사람들은 나를 도심으로 데리고 가서 큰 병원에서 엑스레이를 찍게 했어요. 임신 기간을 채우지 못한 것이 전쟁 기간 동안의 폭격 때문이었거든요. 그들은 내 관절이 제대로 형성되지 않아서 뼈 두 개가 만나는 지점에서 문제가 생겼다는 걸 알게 되었고 이

문제는 내가 자라면서 더 분명하게 나타날 거라는 걸 알았지요. 그런데 며칠 후 우리 부모님은 내가 결코 걷지 못할 것이고 아마도 말도 하지 못할 거라고, 아마도 내가 '백치'나 그에 가까운 상태가 될 거라는 말을 들었어요.

부모가 전해 준 초기 진단과 예후에 대한 이야기는 그녀의 인생에 대한 기대를 제한하는 것이었고, 기능적인 제한, 점차적인 퇴보, 미래의 대인 관계에서의 실패나 사회적 가치가 없는 삶 등을 떠올리게 만드는 것이었다. 사실 의학적 예후는 미래의 인생 궤적에 대한 어떤 가정을 예견하는 것처럼 받아들여지는데, 이 가정이란 토머스 홉스의 용어를 빌리자면 "외롭고, 가난하고, 불결하고, 야만적이고, 단명한다"는 식이다 (Hobbes, 1651).

여기에는 올리버가 이야기했던 장애에 대한 개인적 비극 모델이 깔려 있는 것이 분명하다. 이는 의료적 지식과 견해가 가지고 있는 권위에 의해서 더욱 강화되는 것이다. 특정한 신체 부위나 증상들의 특징은 종종 미래의 사회적 삶과 인간 관계에 대한 예측으로 간주되는 것이다. 예컨대 매기는 지금 60대로 세 자녀의 어머니이고 네 명의 손자를 둔 할머니인데, 자신이 전해 들었던 출생 시 이야기를 이렇게 들려주고 있다.

내 발은 완전히 다른 방향으로 틀어져 있었어요. 근데 의사는 "그녀는 살아갈 수 없을 거예요. 그러니까 며칠은 살릴 수 있겠지만, 그녀는 결국 살 수 없을 거예요.……"라고 말했어요. 내 생각에 의사가 말하려고 했던 것은 "그녀는 제대로 걸을 수 없어요. 그러니 아이를 가질 수도 없을 거고 결혼을 할 수도 없을 거예요."라는 것 정도가 아니었을까요.

결국 태어났을 때 들었던 부정적이고 의료화된 기대는 긍정적이고 사회적으로 인정받는 역할(예컨대 일이나 친구 관계 또는 가족생활에서의 만족과 관련하여)을 수행하며 성인기를 살아가는 매기의 실제 모습과는 매우 다른 것이었다. 많은 사람들이 의학적 견해와 예후에서 언급되었던 부정적이고 제한적인 인생 궤적과 대비되거나 크게 다른 인생 역정을 보여 준다. 출생 이야기들에는 저항이나 탄력성 같은 강력한 대립의 내러티브가 함께 등장한다. 이 내러티브 안에서 가족이나 개인은 의료적 예측을 부정하거나 이에 저항하는 모습으로 나타나곤 한다. 다시 말해, 성인기까지 살아남아 만족스러운 삶을 살아내는 것이다. 예컨대 1960년대에 태어난 매트에게 오래 살지 못할 것이라는 예후에 저항하는 일은 그의 어린 시절을 통해 끊임없이 제기되었던 중요한 주제였다.

그들은 내가 6주나 뭐, 그 이상을 넘기지 못할 거라고 했어요.……그다음에는 또 어느 때인가 내가 두 살을 넘기지 못할 거라고도 했고요. 내가 일곱 살이 되었을 때는 "음……그는 열네 살을 넘기지 못해"라고 했고, 열네 살이 되니 또 똑같은 말을 되풀이했지요. 스물한 살이 되었을 땐 "그는 아무것도 할 수 없을 거예요"라고 했겠지요.

하비와 테리(1980년대에 출생)는 20여 년 후에도 이와 유사한 이야기를 들어야 했던 여러 사람들 중 하나이다.

엄마에게서 들었는데요, 내가 태어났을 때 의사들은 내가 살 수 있는 가능성이 20%라고 했대요.……그러니까 지금 전 엄청나게 운이 좋은 거지요. (하비)

나는 달을 다 못 채우고 태어났기 때문에 살아남기 위해 싸워야 했어요. 내가 태어났을 그 시각에 생사를 걸고 싸우고 있는 권투선수가 있었어요. 나도 생사를 걸고 싸웠기 때문에 내 가운데 이름은 그 사람과 같지요. (테리)

갓난아이 때 이들이 보여 준 개인적인 탄력성[1]은 우리가 만났던 젊은이들의 이야기 속에서 더욱 일반적으로 나타나고 있다. 그러나 의료적 권위나 생체의학적 확률에 맞서서 살고자 했던 강한 의지는 세대를 통틀어 존재하였다.

의료적 견해가 중요하게 여겨지는 것은 특히 그것이 아이를 포기하거나 시설에 보내는 것에 대해 언급할 때이다. 예컨대 힐러리와 워턴(1940년대생)의 경우, 의사들이 아이에 대해서 '잊어버리고' 아이들을 시설에 보내라는 충고를 부모들에게 했다고 한다. 이는 1960년대 아이들의 이야기 속에서도 반복적으로 나타나는 내러티브이다. 예를 들어 포피와 플로라의 부모도 아이들에게 장애인의 삶에 대한 의료인들의 관점을 전달해 왔다. 그것은 가족과 함께 살아가는 집 안에 정당한 자리를 갖지 못하는 삶에 대한 것이다.

우리 엄마는 전문의에게서 나를 시설에 보내고 나에 대해서 잊어버리고 또다시 아이를 낳으라는 이야기를 직접 들으셨어요. 하지만 다행스럽게도 엄마는 그렇게 하지 않으셨지요. (포피)

---

1 탄력성(resilience)은 상황적인 어려움, 고난, 역경에 부딪혔을 때 이에 맞서서 자신의 역량을 발휘하는 힘을 말한다. 고난과 역경에 부딪혔을 때 이에 굴하지 않고 맞서 나가는 힘이라는 점에서 단순한 '능력' 이상의 것이라고 할 수 있다.—옮긴이

우리 엄마는 그때 어렸고 내가 첫아이였기 때문에, 그런 말들은 엄마에게 매우 큰 상처가 되었어요. 진짜 불행은 내가 뇌성마비를 가지고 있다는 것이 아니라 그들이 엄마에게 나를 포기하라고 했던 것이라고 엄마는 말씀하세요. 엄마는 그게 더 나쁘다고 하셨어요. 엄마는 그들이 어떻게 하려고 하는 건지 잘 몰랐대요. 엄마는 그렇게 하지 않으셨지만, 그 당시에 의사들이 하려고 했던 것은 부모를 설득해서 장애아이를 포기하게 하는 것이었어요. (플로라)

세 세대 모두 통틀어 대부분의 장애인들은 부모들이 자기를 포기하려고 하지 않았다고 주장하지만, 실제로는 그런 일이 발생하기도 했다. (2장에서 소개된 플로렌스의 경우처럼) 특히 가족들의 지원과 재정적 자원이 부족한 부모들의 경우에는 말이다. 보건 전문가들이 장애에 대해 가지고 있는 인식은 부모들이 장애자녀의 미래를 어떻게 볼 것인지에 영향을 미칠 수 있다. 고도로 의료화된 출산과 신생아 관리 환경 안에서 부모들이 가질 수 있는 다른 정보의 원천이 별로 없을 것이기 때문이다.

댄 굿리와 클레어 트레가스키스가 보여 준 것처럼, 의학적 예후는 부모가 장애자녀의 미래에 대해서 갖는 초기의 인식에 큰 영향을 미친다(Goodley and Tregaskis, 2006). 베카코스키는 "보건 전문가들이 부모들에게 다양한 차원의 정보를 제공하는 것이 중요하다"고 결론짓는다(Vehkakoski, 2007: 288). "이를 통해서 부모는 자녀에 대한 이미지를 비극적이고 부정적인 편견에 사로잡힌 전통적인 문화적 해석과는 다르게 구성할 수 있을 것이다." 더 나아가 트레가스키스는 오늘날 의료 전문가의 조언에 대해 부모가 저항할 수 있는 힘을 갖는 것은 가족에게 더 큰 의미가 있는 것이라고 본다(Tregaskis, 2006). 연구를 통해 밝혀낸 증거들과 그녀 자신이 장애인으로서 가지고 있는 아동기 경험을 비교하면서, 그녀는 1960년대와 1970년대로 넘어오면서 전문가가 제시하는 장애아동의 대상화되고 비인간화된 이미지에 대해 부모들이 점점 더 강하게 저항하고 있다고 주장한다.

의료 권위자로부터 노련한 환자로

장애인들의 어린 시절 이야기 속에서 의료적 견해에 관련된 대목들을 살펴보면, 의료적 권위가 이들의 기본적인 삶을 규정하는 데 어떤 역할을 했는지에 대해서 좀더 심도 있게 검토해야 한다는 생각을 하게 된다. 이 책에서 수집한 인생 이야기들은 주요한 인생의 전환점(특히, 5장에서 논의할 학교 선택 문제와 관련하여)에서 의사결정을 내릴 때 의료 전문가들이 중대한 영향력을 행사하였음을 보여 준다. 그러나 다른 한편으로는 1940년대 이후로 환자인 장애인 당사자와 의사 사이의 관계에 중대한 변화가 발생하고 있었다는 것도 알게 된다. 위의 두 세대 장애인들의 이야기 속에서 의료적 권위는 보통 사람들이 감히 도전할 수 없는 것으로 그려진다. 몇몇 사람들의 경우에는 병원의 견해가 거의 '신'의 지위를 가진 것처럼 묘사되기도 한다. 예컨대 에이미는 생의 첫 20년을 의료 전문가들의 지배 아래에서 보낸 사람으로서 이렇게 말한다.

> 우리 엄마, 아빠는 의학에 대해 경외심을 가지고 있었던 것 같아요. 의사들이 무슨 말을 하든 간에 부모님은 그걸 따랐지요.……아시다시피, 그 당시에는 의사들은 신이었어요.

> 매기는 그녀의 어머니가 했던 말을 전하면서, 의사가 환자대기실로

걸어올 때면 어머니는 거의 눈물을 흘릴 정도였다고 했다.

> 그는 경외심을 갖게 하는 존재였대요. ……그 당시에 컨설턴트[2]들은 신이었지요. 그는 정말 하느님이었어요.

병원이라는 맥락에서 의료 권위자에 대한 이러한 내러티브의 구성은 일정한 토대를 가지고 있었다. 새로운 국민보건의료서비스는 보건의료서비스에 대한 공적 조정을 포함하고 있었지만 그것은 강력한 의료 전문가의 동의를 필요로 하는 것이었고, 의료 전문가들은 자주 공적 조정에 대해서 저항하였다. 전문직의 이해 관계를 달래기 위해서는 정책 입안자로부터 독립적인 의학적 자율성을 전적으로 인정할 필요가 있었다. 보건부 장관은 그의 취임 연설에서 이를 분명하게 표현하였다. "내가 할 일은 당신들에게 모든 편의와 자원, 그리고 내가 할 수 있는 모든 도움을 제공하는 것이다. 또한 당신들이 전문성을 가진 사람들로서의 독립성을 유지하여 아무런 방해를 받지 않고 당신들의 기술과 판단력을 사용할 수 있도록 하는 것이다"(Bevan, 1948).

의료 전문직의 자율성을 최우선으로 한다는 공공의 합의는 1944년 초기 국민보건의료서비스 백서에서부터 전후 국민보건의료서비스의 발전 방안, 그리고 1970년대까지도 지속적으로 반복되어 나타났다. 특히 컨설턴트들은 병원 안에서도 두드러진 전문적 권위를 가지고 있었다. 그러나 20세기 후반기에는 의료적 통제력이 점차로 쇠퇴하는 것

---

2 국민보건의료서비스 병원에서 오랜 경력을 쌓은 임상전문의로서 해당 과를 대표하며 임상교수로서의 역할도 수행하는 특진의사에 해당한다. 이들은 국민보건의료서비스 병원에서 일하면서 1주일에 이틀 정도는 사적 진료를 통해 수입을 얻기도 한다. —옮긴이

이 여실히 드러난다. 치료에 대한 처방을 내리는 데에서 의사들의 자율성이 감소하고, 다른 관련 전문직들에 대한 의사의 권위가 감소하며, 제도적인 의사결정 과정에 대한 영향력이 감소하였던 것이다(Freidson, 1988; Allsop and Mulcahy, 1996). 보건의료서비스에 대한 공공의 관리가 증가함에 따라 의사들의 사회적 지위와 자율성은 어느 정도 그 자리를 내줄 수밖에 없었다. 1961년 영국 의사협회 의장의 말을 인용하면,

> 몰상식한 사회성원들이 …… 점점 더 의사를 자기들의 시종으로 보고 있다. …… 그들은 자기들이 사회보장을 위한 기여금을 꼬박꼬박 지불하고 있다는 것을 깨달았고, 사회보장의 핵심은 서비스를 담당하고 있는 일반의들이지만 이 의사들은 정치가들에 의해 좌우되는 것이라고 생각하게 된 것이다. …… 그들의 눈에 의사의 지위는 밑으로 곤두박질칠 수밖에 없는 것이다. (Grant, 1961: 1279)

의료적 권위가 하락한 이유는 여러 가지를 들 수 있는데, 복지국가의 재정적 위기와 관리주의managerialism, (간호사와 치료사들을 포함하여) 다른 보건 관련 직업들의 전문직화, 정보화 사회에서 더 많은 지식을 갖추게 된 환자-소비자의 도전 등이 있다(Harrison and Ahmad, 2000).

이러한 논점들 가운데 하나를 살펴보자면, 우리가 수집한 인생 이야기들 속에서도 아동과 그 가족들이 치료에 대해 자문을 받는 정도가 세 세대를 지나면서 큰 변화를 보이고 있다는 것이다. 앞 세대의 이야기들에서는 이러한 자문이 이루어졌다는 보고가 거의 없었다. 예컨대 데이지는 어린아이였을 때 초기 국민보건의료서비스 병원 중 하나에서 여러 차례의 수술을 받았던 기억을 가지고 있다.

내가 기억하는 건, 어느 날 아침에 한 여자가 아침식사를 가지고 왔는데, 나를 지나쳐 가서는 이 침대, 저 침대에 아침을 나누어 주면서 온 병동을 한 바퀴 돌았던 모습이에요. 나는 "저요, 저요" 하고 그 여자를 불렀지만 그녀는 나를 지나쳐 갈 뿐이었어요.……또 다른 기억은 내가 바퀴 달린 침대에 실려 긴 복도를 따라 어디론가 가고 있는 거예요. 내가 "날 어디로 데리고 가는 거예요?" 하고 물었더니 사람들이 "극장[3]에 가는 거야"라고 했어요. 그 당시에 나는 극장이란 판토마임 같은 걸 하는 곳으로만 알았지요. 극장이 뭘 말하는 건지 난 몰랐어요.……사람들은 내 침대를 그 방으로 밀고 들어갔는데, 그곳은 매우 낯선 곳이었고 사람들이 모두 푸른색 옷을 입고 있는 거예요.……그러고는 푸른 천이 내 얼굴로 다가왔어요.……그 푸른 천에는 마취약이 묻어 있었고, 사람들이 말했어요. "아가야, 숨을 크게 마셔 보렴." 그러고는 어떤 남자가 내게 다가왔는데, 난 "싫어요, 난 이런 거 좋아하지 않아요"라고 말하고는 그걸 밀어내려고 했어요.

1950년대 이후의 변화에 대해 회고하면서, 데이지와 댄(두 사람은 같은 세대이다)은 자신들의 어릴 적 병원 경험이 오늘날의 아이들과는 다르다고 보았다. 기술적인 발달뿐 아니라 정보 제공과 개인에 대한 존중에서 차이가 있다는 것이다.

요즘에는 사람들이 아이들을 매우 친절하게 대하지만, 그 당시에는 그렇지 않았어요. (데이지)

---

3 theater에는 operating theater, 즉 수술실이라는 의미도 있다.—옮긴이

난 그때가 지금과는 완전히 달랐다고 생각해요. 무슨 뜻인가 하면, 요즘은 병원에 가면 훨씬 더 많은 것들에 대해 설명을 들을 수 있고, 의료기술이나 그런 것들이 앞서 있기 때문에 병원에 오래 있지도 않게 되었잖아요. (댄)

의료 권위자를 만나는 것, 특히 병원에서 그들을 만나는 것은 강력한 정상화 관점 아래 대상화된다는 것을 의미하였다. 탠의 이야기(1960년대생)는 그 전형을 보여 준다. 그녀는 자신의 '불완전'하고 '희귀한' 몸이 의사들에게는 정밀검사되고 바로잡아야 할 대상, 호기심과 실험의 대상으로서, 지속적으로 정상적인 기준에 어긋나는 어떤 것으로 평가되어 왔다고 느낀다.

어린 시절 내내 사람들은 나를 이리저리 찔러 보았어요. 옷을 벗겨서 관찰하고, 저런! 이를 어쩌나 하는 시선 속에서 방을 걸어 보게 했어요.……난 의사들이 나와 내 몸을 가지고 실험을 한다고 느꼈어요. 뭔가 그들에게 받아들여지는 방식으로 내가 먹고, 걷고, 앉고, 뭔가를 하도록 만들려고 하는 거죠. 아시겠지만, 그게 의료 전문가들이 원하는 거예요. 주류 사람들처럼 되려고 노력하고 그렇게 행동하기를 원하는 거죠. 만약 우리가 거기에 부합하지 않는다면, 우리의 다리를 구부리거나, 머리를 돌려놓기라도 해서 올바른 방향으로 모든 걸 바꾸려고 할 거예요.

시설화된 환경 안에서 제대로 검증받지 않은 전문적 권위가 실행되면 신체적 손상을 가진 아이든 어른이든 할 것 없이 이들에게 학대가 발생할 수 있는 근본적인 위험성이 생기게 된다(Hollomtz, 2009). 예컨대 헬렌 웨스트콧은 한 성인과의 인터뷰를 통해, 병원 직원들(병원에서 짐을 날라 주는 사람, 간호사, 치료사 등을 모두 포함하여)에 의해 행해지는 학대의 생생한 사례들을 보여 주었다(Westcott, 1994). 이 사례 중 많은 것들이 20세기 전반에 성장기를 거쳤던 장애인들에 대한 다른 자료들에서도 중첩되어 나타나고 있다(Humphries and Gordon, 1992). 헬렌 웨스트콧과 메리 크로스는 장애아동에 대한 학대를 폭넓게 검토하면서 이들의 가치를 떨어뜨리는 의료적인 관례와 실천에 대해 특별히 주목하였다(Westcott and Cross, 1996). 앞에서 언급한 탠의 경우와 같이, 남들 앞에서 옷을 벗기는 것, 걸어 보게 하는 것, 사진을 찍는 것 등이 포함된다. 그 목록은 방대하였는데 물리적인 격리, 사회적 고립, 서비스에 대한 접근성의 문제, 차별, 신체적 제한, 의학적 사진 촬영, 강제적인 식사 주입, 기본적인 취향의 부정 등이 그것이다. 이처럼 장애인을 대상화하는 만남이 매우 빈번하고 그 기간도 길다는 것, 그리고 어린 나이부터 정상을 지향하는 치료를 받아야만 한다는 것은 정서적·신체적·성적 학대에 대한 취약성을 동반하는 일이다. 파르간 상게라는 이러한 학대가 "정상적인 의료 관행이라는 포장으로 은폐되거나 아무런 문제제기도 없이 지속되고 있다"고 주장한다(Sanghera, 2007: 29).

중요한 것은 의료적 만남에서 가치가 절하되는 경험이 결코 아동기에만 국한된 것이 아니라는 점이다. 예컨대 워턴(1940년대생)은 1970년대 초반에 젊은 여성으로서 병원의 자문의사를 만났을 때의 경험에 대해 이렇게 설명하였다.

학생들 전체가 우르르 몰려 들어왔고, 의사는 내가 가진 기형에 대해서 설명하기 시작했어요. 그는 정말 말 그대로 내 발끝부터 시작해서 점점 위로 올라오면서 내 관절을 움직여 보더군요. 마치 그게 내 것이 아니고 그의 것이기라도 한 것처럼 말이에요. 난 그저 거기 앉아서 그의 설명이 내 손으로 올라올 때까지 그렇게 하게 내버려둘 수밖에 없었어요.……그는 내 손을 돌려 보고, 손가락을 이리저리 구부려 보고, 그러고는 말했죠. "잘 봤겠지만, 이분은 물건을 잘 잡을 수 없어요. 손가락을 꽉 움켜서 잡지 못하니까요."……내가 말했죠. "죄송한데요, 이게 표준적인 손은 아니지만, 그걸로 내가 원하는 건 대부분 할 수 있어요. 나는 혼자 씻고 옷을 입을 수 있고요, 스스로 먹을 수도 있어요. 더구나 난 피아노도 칠 수 있어요." 그러자 의사는 주위를 둘러보더니 말하더군요. "말도 안 되는 소리 말아요. 그런 손으로는 피아노를 칠 수 없어요."

수전 웬델은 장애인들이 일종의 '인식론적 가치절하'epistemic invalidation를 경험한다고 설명한다(Wendell, 1996). 이는 장애인들 자신의 신체적 경험에 관한 지식을 보건 전문가들이 의심스러워할 때 갖게 되는 경험이다. 의사들과의 만남에서 환자가 가진 지식에 대한 가치절하는 편협한 의학적 세분화와 함께 발생하는 것이다. 의학적 세분화 경향 안에서는 사람들의 일차적인 손상에 대한 진단이 일종의 우위를 차지하게 되고, 그것과 관련 없는 건강 문제들까지도 이미 진단받은 손상에 따르는 결과들로 해석되고 만다. 예컨대 윌리엄(1960년대생)은 최근에 참을 수 없는 고통을 경험했던 적이 있었다. 그가 알기로 이 고통은 그가 가진 손상과 "아무런 관련이 없는" 것이었지만 지역 병원에 있는 의사들은 그의 이야기를 "들으려 하지 않는" 것 같았다(진짜 이유는 그가 개인적으로 물리치료사를 찾아갔을 때 비로소 밝혀졌다). 이와 비슷하게 밥(그도 1960년대생이다)은 노련한 환자가 가진 경험적 지식이 의학적인 지식에 기여할 수 있는 잠재력을 가지고 있다고 설명한다.

한 2년쯤 전에 내가 검사를 좀 받았는데, 적혈구 순환 횟수가 정상보다 높게 나오더군요.……세 명의 의사를 만났는데, 왜 그런지 설명하지 못했어요. 그래서 내가 말했죠, "그래요, 내가 뇌성마비가 있어서 숨을 깊이 쉬지 못해요. 난 숨을 얕게 쉬기 때문에 내가 실제로 흡수하여 순환시킬 수 있는 산소의 양이 적을 거예요. 그렇게 몇 년이 지나면서 내 몸이 여기에 적응을 하게 된 것일 수도 있지 않을까요? 그게 혈액순환에 영향을 미칠 수도 있지 않나요?" 의사들은 "우리는 절대 그렇게 생각하지 않아요"라고 대답하더군요.

의학적 치료에 대해 논의하고 결정하는 과정에 장애아동을 포함시키는 것에는 정책적으로, 그리고 실질적으로 매우 큰 진보가 있어 왔다고 말할 수 있다. 1948년 국제인권선언이 암묵적으로는 성인뿐 아니라 아동까지 포괄하고 있었음에도 불구하고, 더 나아가 UN은 1959년에 아동권리선언을 채택하였다. 아동권리에 대한 국제협약과 1989년의 「아동법」은 근본적인 변화의 정수를 보여 주는 것이었다. 특히 협약의 12조에 대해 많은 논쟁들이 있었다. 12조는 이러하다. "협약 당사국은 자기 자신의 관점을 형성할 수 있는 아동이 자신에게 영향을 미칠 수 있는 모든 문제에 대해서 자유롭게 자신의 견해를 표현할 수 있는 권리를 보장해야 한다. 아동의 관점은 그의 나이와 성숙 정도에 따라서 비중을 달리하여 취급해야 한다."

1990년대에 들어 보건의료서비스에서의 정보 제공 및 환자 동의와 관련하여 이 조항이 어떻게 실현되고 수행될 수 있을 것인지 관심이 모아졌다(예컨대 Alderson, 1993; Bradbury et al., 1994; Alderson and Montgomery, 1996; Lightfoot and Sloper, 2003; Cavet and Sloper, 2006). 영국의사협회는 아동의 동의와 선택에 대한 실천 지침(British Medical Association, 2001)을 만들었다(Tates and Meeuwesen, 2001 참조). 이제 환자에 대한 조언과 연결 서비스Patient Advice and Liaison Service(PALS) 는 대부분의 병원에서 이용할 수 있다. 최근 국가아동국은 직원들이 아동들과 좀더 효과적으로 일할 수 있도록 하기 위해 새로운 지침을 만들었다(Heaton et al., 2008).

1980년대에 태어난 3세대 장애인들의 이야기를 보면 1990년대 이후에도 여전히 의사를 만나고 자문을 받을 때 긍정적인 경험뿐 아니라 부정적인 경험도 하고 있는 것 같다. 그러나 그들은 의학적 지식이나 의학적 권위에 대해서 적극적으로 관여하려는 의식이 크게 성장한 것을 보여 준다.

> 내가 열여섯 살쯤 되었을 때 또 다른 의사를 만나게 되었어요. …… 그는 열여섯 살이나 된 나를 앞에 앉혀 놓고 엄마에게 "아이가 어떤 종류의 학교에 다니고 있나요? 몇 살이죠?" 등등의 질문을 했어요. 그는 여러 가지 질문을 계속했고, 우리 엄마가 모르는 것도 많았기 때문에 대답은 계속 내가 했어요. 계속 내가 대답을 하는데도 의사는 계속 엄마에게 묻더라고요. 마침내 그의 질문에 다 대답하고 나서, 나는 그에게 보란 듯이 복잡한 과학적 설명을 해주었지요. 내가 생각하기에 내 몸 안에서 지금 무슨 일이 일어나고 있는지에 대해서 말이에요. 의사가 당황하더군요. (헬렌)

케이는 어린아이일 때는 상대적으로 병원 출입이 적었지만 10대 청소년기부터는 보건의료서비스를 정기적으로 이용하는 소비자가 되었다. 그녀는 의사들이 거만하고 별 도움이 안 된다는 데 대해 논쟁을 벌였던 일을 기억하고 있다.

의사는 내가 마치 아기이거나 한 듯이 나를 대했어요. 내가 완전히 꽉 막힌 사람인 것처럼 나를 대하면서, "그래요, 당신 뇌에 상처가 있는 거예요. 그것 때문에 간질이 생기는 거죠, 그렇죠. ……" 하는 식의 이야기만 계속하는 거예요. 난 뇌성마비를 가지고 태어났고, 당연히 뇌에 상처가 있겠지요. 그 의사는 몇 달에 한 번씩, 내 뇌가 변하지 않을 거라는 말만 반복하고 있었던 거지요.

그 의사에게 2년 정도 컨설팅을 받은 후, 케이는 자신이 받았던 의학적 조언이 그녀의 삶을 전혀 바꾸어 놓지 못했다는 것을 깨닫게 되었고, 그다음 날 그녀는 일반 중등학력 인정시험의 결과를 통보받았다.

몇 가지 묻는 것에 대답을 하고는 내가 말했어요. "그런데요, 당신은 정말 내게 아무런 도움이 안 됐어요. 더는 안 뵙는 게 나을 것 같아요." ……그러고는 걸어 나오면서, "하긴, 내가 A 하나, B 다섯, C 네 개를 받았으니, 그래요, 당신이 뭔가 변화를 만들기는 했네요" 하고 말했죠.

프리실라 앨더슨이 주장하는 것처럼, 오늘날 장애아동과 그 부모들은 영국법에 기초하여 치료에 관련된 결정 상황에서 상당한 권리를 가지고 있다(Alderson, 2006). 그러나 그들의 선택이란 실제로는 의료팀이 제안하는 몇 가지 선택지 안에서, 아이에게 '최상의 이익'이라고 생각되는 것 안에서, 그리고 재정적인 자원이 허락하는 것 안에서 제한적으로 허용되는 것일 뿐이다. 노이스는 특히 의사소통 장애를 가진 아이들은 여전히 참여로부터 소외되거나 신중하게 다루어지지 않고 있다고 주장한다(Noyes, 2000; Sudbery and Noyes, 1999). 예컨대 레이철은 의사소통을 위한 보조기구를 사용하고 있는데, 그녀는 아동병원의 전문의에게 수술을 받아야 했을 때 긍정적인 경험과 부정적인 경험이 모두 있었음을 기억하고 있다(그녀의 어머니가 말한 인터뷰 내용임).

> 너를 수술했던 의사는 훌륭한 사람이었어. 그는 나(엄마)를 완전히 무시하고 너(레이철)에게 이야기를 했지. 이건 정말 이상적인 모습이었단다. 그렇지만 네가 마취의사를 만나러 갔을 때, 네가 어떤 가스를 사용할 건지에 대해 궁금해서, 그에게 물었더니, 그는 "예, 특수한 수면가스지요." 하고 얼마나 거만하게 말을 하는지!

그러나 이런 예들을 잠시 접어 둔다면, 오늘날 장애아동과 장애청소년이 병원 입원과 치료에 대해 전반적으로 더 나은 자문을 받고 있다는 것은 의심할 여지가 없다. 의료인들과 의사소통하고 신뢰를 발전시키는 데 여전히 어려움이 있을 수는 있지만 말이다(예컨대 Avis and Reardon, 2008). 21세기로 접어드는 시기에 홀리가 병원에 입원하면서 했던 경험에 견줄 만한 사례는 앞의 두 세대에서는 결코 찾아볼 수 없다.

> 나는 정말 갖가지 검사를 받아야 했고 그건 거의 1년이 걸렸어요. 내가 가진 위험 요인들, 이런저런 치료 과정들, 또 이런저런 것들에 대해 정

말 지독하게 여러 번 들었고, 결국 너무 많은 걸 알게 돼서 멀미가 날 지경이었지요. ……그 사람들이 그러려고 한 건 아니겠지만, 그리고 나를 단념시키려고 그런 것도 아니지만, 그들은 내 인생에서 겪게 될 위험에 대해서 정말 확실하게 이해하게 만들었죠.

20세기 말에 '노련한 환자'expert patient라는 개념이 공공 정책에서 공식적으로 인정받았다(DoH, 2001). 이 개념은 '만성질환'을 가진 환자들이 자기 관리와 참여의 영역을 확대하는 기초가 되었다. 처음에는 전문가들 사이에서 이에 대한 회의적 시각이 존재했다.

의사들이 회의적인 이유는, 노련한 환자들이 인터넷에서 한 무더기의 자료를 가져와서 검증되지 않았거나, 부적절한 것이 분명하거나, 엄청나게 비싸거나, 또는 이 모두에 해당되는 특정한 치료를 요구할 것이라는 상상을 하기 때문이다. 최악의 가능성은 환자가 의사는 들어 본 적도 없는 치료를 자기 혼자 예단하여 행하는 것이었다. (Shaw, 2004: 723)

인생 이야기에서 얻어진 증거들을 살펴보면, 환자와 의사들의 관계나 서로에 대한 기대가 변화하고 있음을 쉽게 알 수 있다. 인생 이야기들은 장애청소년들의 지식과 자기 주장이 증가하고 있음을 보여 준다. 이는 동료들 사이의 정보 연결망과 인터넷에 의해서 가속화될 뿐 아니라, 보건의료 정책과 의사결정 내에 환자의 목소리와 권리에 대한 인식이 크게 증대한 것에서 기인하는 것이다. 같은 시기에 사회서비스 영역에서 이루어진 동일한 양상의 발전에 비교한다면 보건의료서비스 제공자들은 여전히 장애운동이나 자립생활운동의 자기결정 요구에 대해 익숙하지 않지만, 이러한 발전은 긍정적이고 중요한 것이다. 몇 가지 긍정적인 변화에도 불구하고 의료적 견해와 권위가 세 세대 장애인들 모두의 인생 궤적과 경험에 여전히 중대한 영향력을 유지하고 있다는 것도 분명하다(물론 위 세대에서 그 영향력이 상대적으로 더 크다고 할 수 있지만). 의료화와 비의료화의 역사적 과정은 특히 교육의 맥락에서 분명하게 나타난다. 즉 어느 학교를 보낼 것인지, 특수학교 안에서의 운영 규정을 어떻게 만들 것인지 등을 결정하는 데 의료가 영향을 미치는 것이다. 이에 대해서는 다음 장에서 좀더 상세히 논의할 것이다. 이제 초점을 의료 전문가와의 관계에서 보건의료서비스 전달 체계로 돌려 보려고 한다.

변화하는 정책과 제도

인생 이야기를 통해 우리는 특히 장애인들이 어린 시절에 경험했던 의료제도의 양상, 치료 관행, 의료기술에 대해 많은 것들을 알 수 있었다. 이러한 전기적 경험은 20세기 후반의 의료와 재활 인프라의 변화가 신체적 손상을 가진 사람들의 일상적인 삶의 선택과 기회를 어떻게 바꾸어 놓았는지 보여 주었다. 특히 인생 이야기들 안에는 병원에 기초를 둔 서비스에서 지역사회에 기초를 둔 서비스로의 이동, 병원에서의 감금 행위의 감소, 병원의 일상적인 관리 관행의 인간화, 의료 밖 서비스 영역에서의 탈의료화 등의 경향이 나타나고 있다.

의료의 제도화
1장에 소개된 것처럼, 국가 차원의 보건의료서비스는 20세기 초반에 그 기초를 마련하였지만 전쟁 직후 국민보건의료서비스의 성립과 함께 변모하였다. 보건의료 정책뿐 아니라 고용 정책에서도 장애에 대한 접근은 재활모델에 초점을 두었다. 이 모델은 의료 주도적인 대응에 초점을 맞추는 것으로, 대체로 예방·치료·재활을 중심으로 하는 병원 인프라에 기반을 둔 것이었다. 재활서비스 인프라는 초기에는 아동의 특수한 욕구를 충족시키기에 별로 적절하지 않았지만, 그것이 빠르게 보급되면서 아동과 성인 모두에게 그 영향력을 확대하게 되었다.

코럼스 런던 기아병원Coram's London Foundlings Hospital을 제외하면, 영국에서 아동을 위해 특화된 병원은 19세기 중반 이후가 되어서야 등장하기 시작했다. 예를 들어 그레이트 오몬드 아동병원Great Ormond Street Hospital for Sick Children은 1852년에 설립되었다. 더구나 구루병이나 관절 질환, 또는 척추 임파선 결핵('연주창'scrofula) 등으로 인한 신체적 손상을 가진 어린이가 실제 현장에서는 점점 더 늘어나고 있음에도 불구하고 공식적으로는 특화된 아동병원으로부터도 배제되는 것이 보통이었다(Holmes, 1869). 이런 병원들은 20세기 초반부터 크게 늘어났지만, 이들 중 원래부터 큰 수술을 하려고 했던 병원은 별로 없었고 대체로 종합병원의 한 부분으로 남아 있었다. 동시에 이러한 종합병원 안의 아동병동은 오늘날처럼 그렇게 흔하게 있는 것이 결코 아니었다.

병원을 국유화함으로써 보편적 보건의료서비스를 제공하고자 했던 어나이린 베번[4]의 계획은 신체적 손상을 가진 아이를 키우는 많은

---

4 어나이린 베번(Aneurin Bevan)은 웨일스 노동당의 정치인으로, 1959년부터 그가 사망한 1960년까지 노동당의 부대표를 맡았다. 광부의 아들이었던 베번은 평생을 노동자들의 권리를 위해 싸웠다. 그는 전후 애틀리 정부(Attlee government)의 보건부 장관이었을 때 국민보건의료서비스 체계를 구축하는 선봉적 역할을 하였다. ―옮긴이

가족들, 특히 빈곤가족들에게 새로운 선택지를 제공하였다. 그러나 병원의 의료서비스를 받아야만 하는 아이를 낳아 기르는 데 필요한 재정적 비용은 여전히 현실적인 문제로 남아 있었다. 험프리와 고든이 설명한 것처럼, 중산층의 부모들은 일반적으로 비영리민간병원voluntary hospital에서의 치료비를 개인적으로 부담할 수 있었지만, 노동계급에 속한 부모들은 그들이 사는 마을 안에서 자선에 의존하거나, 조산사, 약초상, 무자격 의사나 치과의사 같은 이들의 민간요법 시술에 의지하는 경우가 많았다(Humphries and Gordon, 1992). 국가의료보장체계 National Insurance Scheme 아래에서는 가족 성원들 중 아버지만이 무상 의료 혜택을 받을 수 있는 경우가 많았는데, 이는 신체적 손상을 가진 아이의 치료가 가족에게 여전히 부담이 되는 중대한 지출 요인이었다는 것을 의미한다. 워턴이 설명한 대로,

…… 1948년에 국민보건의료서비스가 시작되기 전까지는, 그게 진짜 문제였어요. 부모님은 날 데리고 많은 사람들을 만나 도움을 청했어요. 그들은 항상 엑스레이를 찍으라고 했는데, 그건 아빠 일주일 수입의 거의 절반을 들여야 하는 것이었죠. 결국 부모님은 포기하셨어요. 아무도 무엇을 해야 하는지, 내게 뭐가 '잘못된' 것인지 모르는 것 같았거든요.

비영리민간병원들이 공공병원으로 전환하는 데에는 시간이 걸렸고, 수술이나 재활치료를 제공할 수 있는 병원을 찾기 위해 가족들은 제법 먼 곳까지 이동해야만 했다. 데이지는 1950년대 초반에 집에서 멀리 떨어진 병원에 입원하기 위해 일찍부터 가족과 분리되었던 기억을 가지고 있다(3장 참조). 이에 대한 그녀의 설명에는 개인적 요인과 공적 요

인이 모두 균형 있게 나타나고 있다. 그녀의 부모는 '최상의', 그러면서
도 무상인 치료를 받을 수 있는 병원을 찾고 있었던 것이다.

우리 부모님이 왜 런던에 있는 병원에까지 나를 보냈는지 모르겠지
만, 아마 내 생각에는 우리 집 인근의 병원들은 아직 국민보건의료서
비스의 적용을 받지 않았던 것 같아요.……엄마는 그게 내가 가장 좋
은 의사의 진료를 받게 하려는 것이었다고 말씀하셨어요.……부모님
이 나를 데리고 갔을 때, 의사는 부모님께 분명하게 말했어요. "지금
은 침대가 있다. 지금 입원을 시키든, 입원을 시키지 않든 상관은 없지
만, 언제 또 침대가 날지는 알 수가 없다. 나중에는 자리가 없을 수도
있다."……그러니 부모님은 얼른 나를 거기에 두고 나오려고 하셨지
요.……그 시대에 의사는 신과 같은 존재였어요.

앞에서도 언급되었던 '신'의 지위는 둘째 치고라도, 컨설턴트들은
소아과, 정형외과 등으로 세분화되는 전문의 서비스의 발전으로 제도
의 틀이 새롭게 변화하는 과정에서 중추적인 위치를 차지하였다. 초기
국민보건의료서비스 지침은 전문의들이 새로운 소득원을 가질 수 있도
록 할 것을 촉구하였는데, 이는 '엉망진창'이 되어 버린 의료자원의 지
역적 배분 문제를 만회하기 위한 노력이었다.

전문의의 의료행위와 관련하여 병원이 책임을 지고 보장하지 못하는
문제가 상존해 왔는데, 이는 컨설턴트들의 사적인 진료에 수반되는 문
제이다. 사적 진료는 컨설턴트의 소득의 전체 또는 상당 부분을 가져온
다. 그 필연적 결과는 전문의가 골고루 분포하지 못해 왔다는 것이다.

전문의들은 전체 국민의 욕구를 충족시키기에는 너무 적다. (Ministry of Health, 1948: para. I.1)

14세 이하의 아동을 치료하는 개인 소아과는 각 대형 병원과 국민 보건의료서비스 구역마다 설치되었고 대학의 아동보건센터와 연결되어 있었다. 한편 이 시기에 주요 병원들로부터 일정 정도 떨어진 곳에 '장기 입원을 해야 하는 정형외과 환자들'을 소화할 수 있는 입원시설이 필요하다는 사실이 받아들여졌다. 중요한 것은 이 지침이 소아과 진료를 위한 시설 인프라와 그 당시의 다른 의료적 문제들 사이의 연계가 중요하다는 점을 반영하고 있다는 점이다. 즉,

병원이나 감염성 질환 치료시설은 소아과와 긴밀하게 연결되어 있어야 한다는 것이 매우 중요하다. 왜냐하면 대부분의 환자들이 아동이고 문제가 유사하기 때문이다. 마찬가지로 정형외과 의사, 심장병 전문의, 결핵 전문의는 소아과와 협진체계를 갖추어야만 한다. (Ministry of Health, 1948: para VI.50)

결핵이나 소아마비 같은 감염성 질환은 전후에 지역적으로 빈발하였고, 아동기 손상이나 사망의 주요 원인이었다(1948년에 새로운 결핵 환자는 50,000명이었고 14세 이하 아동 감염의 거의 절반에 해당하였다). 감염성 질환의 분포에 대한 연구epidemiology, 여러 의학 분야 간의 협진, 입원시설의 제공 등은 모두 1세대 장애인들의 이야기 속에서 엿볼 수 있었던 것들이다(특히 메이, 탐, 벨라, 그레이스 등 영아기에 소아마비에 걸렸던 사람들).

소아마비는 18세기부터 임상적으로 일종의 마비 증상이라고 설명되어 왔고 1908년에 바이러스가 규명되었지만(Sass et al., 1996), 영국에서는 1956년까지도 아동에게 예방접종을 실시하지 않았다. 소아마비가 심하게 전염되었던 1940년대와 1950년대에 의심환자는 즉각 격리 배치되었다(아동과 성인이 같은 병동에 배치되는 일이 많았다). 많은 병원들이 시골의 시설을 이용하여 이들을 사회적으로 격리하였고, 1950년대 후반까지는 결핵과 여타 아동기 질환의 치료를 위해 요양원이 사용되었다(1956년 「대기오염방지법」Clean Air Act 제정 이전까지 도시의 공해 속에서 '신선한 공기'는 치료의 중요한 부분으로 간주되었다). 신체적 손상을 가진 아동을 위한 병원서비스에 이러한 복합적인 요인들이 영향을 미쳤다는 것은 벨라의 설명에서 매우 분명하게 드러난다. 예컨대,

나는 아동병동에 있었지만 그곳에는 어른들도 있었어요. 왜냐하면 거기는 정형외과 병원이었는데, 진짜 정형외과 수술을 필요로 하는 사람들뿐 아니라 결핵에 걸린 환자들도 있었거든요. 병동은 정말 엄청나게 컸고 정말로 천장이 높았어요. 병동의 천장 꼭대기는 열린 채로 있었지요. 그게 결핵 환자들 때문이었는지는 잘 모르겠지만 겨울에는 정말로 추웠어요. ……정말 을씨년스러운 곳이었지요.

이런 식의 병동은 종종 멀리 외딴 곳에 있었고 많은 사람들의 인생 이야기 속에서 아동기의 경험을 구성하는 환경적 맥락을 제공하였다. 몇몇 사람들의 이야기 속에서 그것은 비인간화와 말 그대로 정체성의 말살을 특징으로 하는 '총체적 통제시설'을 연상시키는 환경으로 묘사되었다. 예컨대 플로렌스(1940년대생)가 회상하기를,

그 당시에는 병원에 입원을 하게 되면 자동적으로 입고 있던 옷을 벗기고 목욕을 시켜서 병원 환자복을 입혔어요.……가지고 있던 장난감, 자기만의 옷 같은 것은 가지고 있을 수 없었지요. 아무것도.

벨라는 의료인들이 얼마나 환자들을 한 명의 사람으로서보다는 의학적 진단 범주에 따라 구별하는지, 그리고 비인간적인 병원 환경과 관리 규정이 얼마나 그녀 자신을 속박하였는지 묘사하였다.

우리 부모님이 나를 방문하셨을 때 아무리 복도를 여러 번 돌아 보아도 나를 찾을 수가 없었대요. 그들은 내 머리를 밀어 버렸고, 그래서 부모님이 나를 알아보지 못한 거지요.……거기 가면 자기 옷을 입을 수가 없어요.……나는 몇 년 동안 그 병원을 들락날락했는데 내가 제일 혐오했던 것은 내 옷을 입을 수 없었다는 거예요. 병원 잠옷 같은 옷을 지급받게 되는 거지요.……잘은 모르지만, 당신이었어도 '내가 아무것도 아니구나, 정말 나는 사람도 아닌가 보다' 하고 느꼈을 거예요.

1950년대 말까지 아동이 차지한 국민보건의료서비스 침상 수는 증가하였고 그것이 갖는 사회적·정서적 결과(2장에서 논의)에 대한 자각이 일어나기 시작하였다. 이는 부분적으로 병원아동복지협회Association for the Welfare of Children in Hospital와 너필드 재단Nuffield Foundation이 출판한 연구서들에 의해 촉발되었다. 그 정치적 의미는 선명한 입장을 표명하고 있는 플랫 보고서Platt Report에서 강조되었는데(Central Health Services Council, 1959), 이 보고서는 "병원에 있는 아동의 정서적·정신적 욕구가 충족되고", "가정으로부터의 분리가 가져오는 영향을 완화시키는 것이 중요"하다는 점에 주의를 기울였다.

이 보고서는 아동을 성인병동에 입원시키는 것을 금지하고 아동의 보호와 의사결정에 부모를 참여시킬 것(부모의 성 역할에 맞는 형태로)을 요구하였다. 아주 어린 아동들에 대해서는, 잠잘 수 있는 편의시설이 아이의 '엄마들'을 위해서 제공되어야 했고, 입원에 대해 충분한 자문을 받을 수 있는 권한이 아버지들에게 주어져야 했고, "그들의 권한을 축소시키는 어떠한 것도 허용되어서는 안 된다"고 강조하였다. 위원회는 대부분의 아동병원에서 매일 면회가 허용되는지를 확인하였고 이것조차 지켜지지 않는다면 "비난받아 마땅하다"고 결론지었다(2장에서 제시된 전기적 증거들 중 어떤 사례는 실제 현실이 어떠한지에 대해 이론을 제기하는 것일 수도 있다). 이 보고서는 또한 외과수술을 위한 입원에서 특히 이러한 점이 간과될 위험이 있다는 점과, 소아과가 이제 아동사망률보다는 장기적 손상을 다루는 데 좀더 초점을 맞추어야 한다는 점을 강조하였다. 보고서는 가정의와 가정방문 간호서비스의 역할을 증대함으로써, 가능하면 병원 입원을 줄이고 입원 기간을 제한할 것을 주장하였다.

이러한 많은 문제들은 1970년대 말까지 병원 운영과 간호 실무에서 중요하게 다루어졌다. 그러나 플랫 보고서에서 제기된 이러한 관심사들은 그로부터도 한동안 많은 장애청소년들이 그들의 인생에서 여전히 부딪히는 문제들이었음에 분명하다. 예컨대 이러한 문제들은 에이미(1960년대생)의 인생의 전반부를 규정하였다. 병원에 오랫동안 입원했던 그녀의 경험에서 반복되는 문제로 남아 있었던 것이다.

여덟 살 때부터……그러니까 내가 거의 스물두 살이 될 때까지 나는 병원을 들락날락했어요. 난 더 이상 그러고 싶지가 않았지요.……그러니까 3년 동안을 병원에 가두어져 가족과 거의 만나지 못하고 지낸다고 생각해 보세요. 그게 아마 내 인생에 가장 큰 영향을 미쳤을 거예요.

변화의 조짐

비슷한 손상을 지닌 이전 세대의 아동들에 비해서 케이(1980년대생) 같은 아이들은 신생아기에 병원에 자주 입원하지도 않았고 아동기에도 보건 전문가와 정기적으로 만나지도 않았다. 소아과를 해당 지역의 의료 실무로 넘기려는 법정 기록의 초기 제안들(Committee on the Child Health Services, 1976)은 강한 저항에 부딪혔다(이것은 지역사회 기반의 '핸디캡' 담당팀을 새롭게 만들어 내기 위한 제언들을 포함하고 있었다). 그러나 1970년대에 매우 큰 제도적 변화의 시기가 도래했는데, 이러한 제도적 변화는 보건의료서비스와 사회서비스를 분리시키는 것에 그치지 않았다(시봄 보고서의 뒤를 이어 제정된 1970년 「지방정부 사회서비스법」 Local Authority Social Services Act과 1973년 「국민보건의료서비스 재조직법」NHS Reorganisation Act). 이러한 변화는 신체적 손상을 가진 아동과 청년에 대한 공공의 책임을 놓고 전문직 간의 새로운 경계 다툼을 가져왔는데, 이는 낮 동안의 보호와 가사 지원이 보건의료서비스에서 사회서비스로 넘겨졌음을 의미했다. 이러한 공식적 의미에서, 적어도 장애에 대한 공공 정책에서는 탈의료화의 조짐이 보였던 것이다(그러나 보건의료서비스 안에서의 특정 영역에 대해서는 재의료화가 진행되었다).

1970년대 중반까지 질병 역학epidemiology에서도 지속적인 변화가 있었고, 이는 병원 치료에 대한 수요와 공급에 영향을 미쳤다. 장기적인 정형외과 치료를 받는 아동이 크게 감소한 것이다(예컨대 소아마비와 결핵이 근절된 것, 성장호르몬 치료가 복잡한 수술 치료를 대체하게 된 것, 초음파를 이용한 태아 검사에 기초하여 낙태가 가능해진 것 등). 병원 치료를 요하는 급성 소아의학 안에서 의학적인 세분화가 다양하게 이루어지면 서도, 1980년대까지 지역사회에 기반을 둔 소아과 의원들을 포괄하는 방향으로의 변화가 있었다. 지역의 소아과를 찾는 아동들은 예전 같았 으면 대형 병원을 통해 의사를 접촉했을 것이다. 보조적인 의료기술(가 정 내 투석이나 호흡보조 기구)의 도움을 받으면서 가정에서 생활하는 아 동의 수도 증가하였다.

두드러진 것은 보건국의 장애 정책 방향도 점차 의료 지배적인 접 근에서 벗어나는 것으로 그 초점이 이동하고 있었다는 것이다. 이런 변 화 속에서 사회적 장벽, 그리고 지원서비스에 대한 욕구가 주목을 받기 시작하였다. 2000년대 초반까지 장애아동과 장애청소년을 위한 국가서 비스 기본틀National Service Framework이 만들어짐으로써 사회 통합과 성인기로의 성공적 전환을 촉진하기 위한 새로운 서비스 표준안이 제 시되었다. 일반적인 사항으로서 "장애나 복합적인 보건 욕구를 가진 아 동과 청년은 조정된 양질의 아동 및 가족 중심의 서비스를 받는다. 이들 서비스는 욕구 사정에 기초하는 것이고, 사회 통합을 촉진하는 것이며, 가능한 한 아동 및 청년과 그 가족이 일반적인 삶을 누릴 수 있도록 하 는 것이다"(DoH/DfES[보건부/교육기술부], 2004b: 5).

보건의료서비스를 제공함에 있어서, 병원과 클리닉의 방문을 최소 화하려는 노력이 있었고(중복적인 진료 약속을 조정함으로써), 일상적인 생활을 고려하여 시간을 조정하려는 노력이 있었다(예컨대 학교 방과 후 또는 휴일에 진료함으로써). 대기하는 시간을 줄이고 서비스를 가정이 나 학교에서 제공받도록 하기 위한 재원을 증강하면서, 물리치료와 편 의 제공 서비스가 지역적으로 불균등하게 분포하고 있다는 것에 대한 각성도 이루어졌다. 그럼에도 불구하고, 보건 위원회는 여전히 대부분의 지역에서 아동을 위한 병원서비스에 중대한 허점이 있음을 지적하였고(Healthcare Commission, 2007; 2009), 「아동권리에 대한 국제협약」(2008)은 장애아동이 보건의료서비스에 접근할 수 있는 가능성이 아직도 문제로 남아 있다는 결론을 내리고 있다.

생존에서 예방으로

이 장의 첫 부분에서 묘사되었던 사례들을 통해 우리는 비관적인 의학적 예후에 저항하는 생존과 탄력성의 내러티브에 눈을 돌리게 되었다. 이 사례들은 의사와 가족들 간의 개인적인 관계라는 틀을 가지고 있지만 이들 이야기를 의학적 치료와 기술의 역사적 발전이라는 맥락에서 다시 살펴보는 것도 매우 중요할 것이다. 앞에서 지적한 바와 같이, 1940년대 이래 의료기술의 발전은 심각한 신체적 손상을 가진 아기들의 생존율을 높였고 특히 조산아의 생존 가능성을 높였다. 동시에 의료기술의 발전으로 태아가 가진 손상 특성을 알아낼 수도 있게 되었다. 부모되기와 낙태에 관련된 사회적·법적 변화와 함께, 이러한 의료기술의 변화는 그냥 두면 살아갈 수 있을 생명을 선택적으로 낙태하는 경우를 점차 늘리게 되었다. 이런 의미에서, 장애를 가진 생명에 대한 구원자로서의 의료와 사형 집행자로서의 의료 사이에 논쟁적인 긴장이 존재해 왔다. 이러한 긴장은 내러티브 서술에서 분명히 드러난다.

　1세대 장애인들에게 다시 돌아가서, 캐서린과 워턴은 전쟁 직후에 조산아로 태어났다. 캐서린의 이야기에서 설명되었던 것처럼, 그 당시 조산아의 출산과 보호는 아직 초보적인 수준이었고 신생아 사망률은 높았다.

나는 석 달 정도 일찍 엄마 뱃속에서 나왔어요.……나는 2파운드 반[약 1.1kg]의 몸무게로 태어났고 곧 1파운드 11온스[약 800g]까지 몸무게가 줄었대요.……내가 말하려는 건, 그 당시에는 지금 사람들이 하는 것 같은 신생아 보호를 다하지 못했었다는 거예요. 그때 사람들은 나를 살려 놓았다는 것에 대해서만도 큰 자부심을 가졌지요.

조산과 '선천성 기형', 이 두 가지는 1940년대 아동 사망원인 중 5위 안에 드는 것이었다. 전염성 소아마비나 결핵뿐 아니라, 뇌수종이나 이분척추 같은 비교적 덜 알려진 선천적 장애의 비율도 높았다(Carter, 2008). 20세기에 들어오면서 조산아 치료가 발전함에 따라 일반적인 영아사망률은 계속 감소하였지만 '선천성 기형'에서 비롯되는 사망률은 상대적으로 증가하는 것처럼 보였다(Record and McKeown, 1949). 태어난 아기의 생존율을 높이는 것과 선천적 손상을 가지고 태어나는 것을 막는 것에 동시적으로 의료적 노력이 집중되었다.

의학이 장애를 만드는 사회적 관계를 재생산한다는 점에서 비판받아 왔던 것은 적절하다고 하더라도, 마찬가지로 의학의 발전이 장애청소년의 삶에 미친 긍정적인 영향이 간과되어서는 안 된다는 지적도 중요하다. 전쟁 기간 동안 조산아를 위한 특수치료 시설이 개발되기 시작하였는데, 데이지의 이야기 속에서 드러나는 것처럼, 항생제 치료를 통해 영아 사망의 많은 부분이 예방 가능하게 되었다(Anderson and Lerner, 1960).

제 생각에 20세기 이전이라면 많은 사람들이 죽었을 거예요. 그냥 죽는 거지요. 장애를 가지고 있으면 살아남지 못했으니까요. 그러니까요, 나도 아마 살지 못했을 거라는 거죠. 내가 지금 태어났으니까, 감염을 막기 위해 항생제를 썼지요. 감염, 그것 때문에 난 아마 죽었을 거예요. 병균이 내 혈관에 점점 번져 나갔겠지요.

병원에 기반을 둔 소아의학의 발전, 집중치료 시설, 그리고 '신생아 특수치료 설비'는 이전에는 죽을 수밖에 없었을 아기들을 살려내는 새로운 기술력을 이끌어 냈다(House of Commons, 1980). 1980년대와 1990년대를 거치면서 생존율은 지속적으로 높아져 왔고, 다른 한편으로 뇌성마비 같은 특정한 신경발달적 손상의 진단율도 함께 증가하였다(예컨대 Pharoah et al., 1996; Wilson-Costello et al., 2005). 실제로 조산과 저체중 출산은 1980년대에 태어난 장애청소년들의 이야기 속에서도 중요하게 다루어지고 있다. 예컨대 헬렌, 스티브, 슈마허 등이 그 경우이다.

앞 세대에 태어났던 사람들의 삶을 되돌아보면, 이들이 아무리 가치 있는 삶을 살았고 또 그렇다고 인정받았던 사람들일지라도, 이들이 지금 세대에 잉태되었다면 살아남지 못했을 사람들도 있다는 것을 깨닫게 된다. 왜냐하면 이제는 산전검사 기술과 선택적 낙태를 통해서 태어나기 전에 생명이 종결될 수 있기 때문이다. 소냐(1960년대생)는 "그 당시에는 의사들이 아무런 검사도 하지 않았어요"라고 하였다. 이벳 Yvette에게 있어 그녀가 태어난 순간은 생존의 기회와 제거 가능성 사이에서의 역사적 분기점이었다.

…… 요즘에는 부모들이 양수검사를 하지만, 그 시대에 우리 엄마와 아빠는 내가 세상에 나오기 전까지는 내 장애에 대해서 전혀 몰랐었지요.

⋯⋯하지만 또 한편으로는, 내가 만약 10년만 더 일찍 태어났더라도, 기술이 발전되어 있지 않아서 난 또 살아남을 수 없었을 거예요.

산전검사 기술은 가족 계획 및 산아 제한에 대한 사회적 변화와 매우 긴밀한 관련성을 가지고 발전하였다. 예컨대 초음파 검사는 1955년부터 산부인과 진료에 사용되기 시작하였고, 피임약을 통한 산아제한이라는 대규모 의학적 실험은 그다음 해에 시작되었다. 1961년부터 가족 계획 클리닉에서 경구피임약('the Pill')을 이용할 수 있게 되면서, 탈리도마이드 스캔들과 관련해 태아의 신체적 손상을 탐지해 내는 것에 대한 사람들의 관심이 극적으로 고조되었다. 1965년까지 (결혼한) 여성들이 가족 계획을 더 많이 선택함에 따라 출산율이 저하되는 몇 가지 증거들이 나타났고, 1967년에는 극심한 대립 속에서도 「낙태법」이 통과되었다.

장애 관점에서 보면 이 법은 미리 탐지된 태아의 손상을 임신의 종결을 요구할 수 있는 중대한 사유로 합법화하였다는 점에서, 그리고 의료적 견해와 권위가 의사결정에 있어서 일차적 판단자로서의 자리를 공고히 하게 했다는 점에서 중요한 것이었다. 원칙적으로 1967년 「낙태법」은 매우 다양한 손상에 대해 허용 규정을 둠으로써, (의사들의 의견으로서) "심각한 핸디캡을 지닐" 것으로 보이는 출산 전 아기에 대해 낙태를 고려할 수 있게 하였다. 1990년에는 상당히 심각한 조산아들도 생존할 가능성이 높아지면서, 합법적인 낙태의 시간적 제한이 임신 24주로 더 짧아졌다. 그러나 '핸디캡'이라는 조항은 이러한 낙태 허용 기간의 규정에서도 예외로 남아 있었다. "아기가 태어났을 때 신체적 또는 정신적 비정상성으로 인해 심각한 핸디캡을 가질 것이라는 근본적인 위험이 있는 경우"에는 합법적으로 낙태를 허용하는 임신 기간의 제한이 없는 것이다.

최근 몇 년 동안 인간 게놈 프로젝트를 비롯한 유전학 분야에서 중대한 의학적 발전이 이루어졌고, 이는 보건의료 정책의 형성과 수행에 새로운 과학적 지식을 적용하는 데 있어 우생학적 가능성이 나타나는 것이 아닌지에 대한 우려를 불러일으켰다(예컨대 Armer, 2007 참조). 이러한 논의는 이 장의 앞부분에서 제시되었던 전문적 지식과 일반인의 지식 간의 갈등과 같은 주제들을 반영하는 것이기도 하다(Kerr and Cunningham-Burley, 1998a; 1998b). 따라서 탐 셰익스피어는 "유전 정책에서 장애인 당사자의 목소리가 부재"하다는 것, 특히 손상을 가진 태아의 예비부모들에게 태아의 손상에 대한 정보와 가능한 선택 대안들을 제시하는 과정에서 장애인 당사자의 목소리가 들리지 않는다는 것에 대해 특별한 관심을 기울이고 있다(Shakespeare, 1998).

가장 젊은 3세대 장애인들이 태어났던 1980년대 이래로, 비판적인 장애학과 장애운동이 성장하면서 장애, 손상, 선택적 출산과 우생학에 대한 저술들이 크게 늘어났다(예컨대, Shakespeare, 1998; 2006; Parens and Asche, 2000; Kerr and Shakespeare, 2002; Raz, 2005). 21세기에 들어 이들이 성인기에 접어들면서 이들은 새로운 과학기술과 새로운 사회적 논쟁, 그리고 어려운 선택에 직면하게 되었다. 편견과 차별을 겪으면서 성장한 자신의 경험에 기초하여, 매기(1940년대생)는 자신의 관점이 이제는 논쟁의 여지가 있는 것임을 인정하고 있다.

나는 정직하려고 하는데, 사람들은 이것을 좋아하지 않을지도 모르겠다. 하지만 내가 만약 나와 같은 손상을 가진 아기가 뱃속에 있다는 것을 알게 된다면, 나는 나의 어머니가 겪었던 것 때문이 아니라 내가 겪었던 것 때문에 아이를 지우려 할 것이다. 문제는 학교 교육이 아니었다. 아이들은 정말 영리했지만, 그러나 이후에 바깥세상에서 만난 사람들 중에는 너무나 무지한 사람들이 많았다.……

여기에서 중요한 것은 손상 그 자체보다도 부정적인 사회적 요인이 인생을 살 만한 가치가 없는 것으로 만들 수 있다는 메시지이다. 이것은 인생 이야기들 속에서 전달된 다른 어떤 메시지보다도 더 강하게 사회 통합을 지원하는 정책과 사회 변화의 필요성을 강조하고 있는 것이다.

나가며

1장에서 소개했던 이 책의 연구방법은 1940년대 이래 환경, 제도, 사회적 관계의 변화가 장애청소년들의 개인적인 인생 궤적과 경로에 어떤 방식으로 영향을 미치고 있는지에 초점을 맞추는 것이다. 이런 관점에서 4장에 소개된 사례들은 의료적 견해가 개인의 삶에서 중요한 선택과 기회에 영향력을 행사하고 있음을 설득력 있게 보여 주고 있다. 이들 사례는 권위 있는 전문가들 사이의 관계에서 의학적 견해가 얼마나 중요하게 작용하는지를 잘 보여 줄 뿐 아니라, 1장에서 제시된 사례들과 더불어 의료시설이 신체적 격리와 감시를 위한 환경으로서 작용하고 있다는 점도 알려 준다. 또 1940년대 이래 이러한 측면에 영향을 미쳤던 영국에서의 몇 가지 중요한 사회 변화 요인들을 보여 주기도 하였다.

인생의 초기 단계에서 예후라는 이름으로 제시되는 의료적 견해는 이들이 삶에 대해 어떠한 기대를 가질 수 있는지, 그리고 그 부모들이 장애라는 낙인을 가진 아이를 키운다는 것이 어떤 의미인지를 이해하는 데 지속적으로 중대한 영향을 미치게 된다. 이 예후는 때로 사회적 견해까지 내포하고 있다. 생체의학적 또는 기능적 평가를 넘어서서 성인으로서의 사회적 역할이나 장애를 가진 삶에 사회가 부여하는 가치에 대한 예측까지 포함하는 것으로 확장되는 경우가 빈번하다. 이러한 메시지는 검증되지 않은 의료적 권위와 결합되었을 때, 한 사람의 인생을 완전히 바꾸어 버리는 결과를 가져오기도 한다. 공공의 시설보호에 아이를 맡겨 버리거나 가족과 지역사회 생활로부터 아이를 분리시키게 되는 것이다. 병원이라는 틀 안에서 제공되는 보호에 의존하게 되고 그러한 환경 안에서 당사자의 목소리가 부정되는 것은 의학적 치료를 빙자한 장애인의 비인간화와 질 낮은 서비스의 위험성을 증가시키는 결과를 가져온다.

개인들의 경험은 매우 다양하지만, 병원이나 의사와의 상호작용에 관련해서는 공통적이라 할 수 있는 경험들 또한 발견되었다. 정책 분석의 맥락에서 인생 이야기들을 살펴보면, 의료 실천, 치료, 기술에서의 변화가 세대 간에 서로 다른 기회구조를 만들어 냈다고 결론지을 수 있을 것이다. 의료기술과 치료방식의 변화는 병원에서 지내야 하는 시간을 극적으로 줄여 주었고, 치료에 관련된 의사결정에서 아동과 가족의 참여를 증가시키는 결과를 가져왔다. 의료인들은 비의료적 서비스와 인생에서의 의사결정에 대해 이전 세대에 비해서는 영향을 덜 미치게 되었다. 반면 일반인들이 가진 지식과 환자들의 선택권이 늘어나면서 의료적 권위에 대해 저항하거나 맞설 수 있는 기회들이 더 많아졌다. 그러나 인생 이야기들은 이와는 또 다른 측면들도 보여 주고 있다. 아동기 장애에 대한 의사들의 인식은 쉽사리 변화하지 않았고, 의학 기술의 발전과 함께 의료적 권위는 여전히 지대한 영향력을 행사하고 있다는 것이다. 그 영향력은 의학적 치료라는 협소한 범위를 넘어서는 것이다.

| **토론을 위한 질문** |

- 1940년대 이후, 의료적 권위에 대해 도전하고 병원에 기초한 재활로부터 탈피하려던 노력과 시도가 장애아동들에게 사회적으로 좀더 통합된 삶을 가져왔다고 볼 수 있는가?

- 제도적 기반을 가진 물리치료의 운영방식은 장애아동들의 학교생활과 가정생활 경험에 어떤 영향을 미쳤는가? 그리고 1970년대 이후로 이 경험은 변화하였는가?

- 오늘날 장애아동과 그 가족들은 치료, 요법, 그리고 보조기구의 공급 등에 대한 의료적 또는 전문적 의사결정에 어느 정도 참여할 수 있고 또 저항할 수 있는가?

5장

인생을 배우기

이 장에서는 교육에 관련된 경험, 특히 학교 교육에 대해 살펴보려고 한다. 주요한 초점은, 다른 장에서와 마찬가지로 공적인 정책들이 시대에 따라 변화하면서 개인의 삶에 어떻게 영향을 미치고 있는가 하는 것이다. 2장의 인생 이야기들, 3장의 가족생활에 대한 이야기들, 그리고 4장의 의료화에 대한 논의들은 모두 교육 정책과 그 실제가 젊은이들의 개인적 삶에 얼마나 큰 영향을 미치는지에 대해 주의를 기울이게 한다. 세 세대를 통틀어, 아동을 가족이나 친구들로부터 분리하는 것은 아마도 교육 정책의 영향을 보여 주는 가장 명백한 사례일 것이다. 보건의료서비스와 교육서비스 사이의 복합적인 정책적 관련성은 교육 현장에 의료 전문가가 깊이 관여하고 있는 것에서도 잘 드러난다. 예컨대 학교를 선택하는 결정에, 그리고 매일매일 부딪히는 학교의 운영방침에 의료 전문가가 관련되어 있는 것이다. 인생 이야기들 속에서 발견되는 또 하나의 중요한 논점은 장애아동의 학업에 대한 낮은 기대 수준이 그들의 인생 궤적과 이후 성인기의 기회에 영향을 미쳐 왔다는 것이다.

학교와 대학 경험은 동료들과 공유하는 문화나 자아 정체성의 틀을 만들어 낸다(7장에서 논의될 것이다). 교육에 성공적으로 참여하는 것은 또한 어른이 되었을 때 사회적으로, 경제적으로 통합될 수 있는 능력을 키우는 기회로서 중요하다(이는 6장의 고용 관련 논의와 밀접한 관계가 있다). 이 장에서 제시된 사례들은 개인적인 삶과 공적인 교육 정책들 사이의 공유 영역에서 몇 가지 주요한 논점에 초점을 맞추고 있다. 학교와 대학의 선택에 영향을 미치는 개인적 요인과 정책적 요인, 제도화된 서비스가 이러한 선택을 규정하는 방식, 교육 현장에서의 사회적 경험, 학업기대와 성취 등이 그 논점들이다.

학생 선발, 그리고 학교 선택

인생 이야기들을 살펴보면, 아이를 특수학교에 보내기로 결정하고 선택하는 것은 그 아이의 인생에서 분명 중요한 전환점으로 작용할 수 있음을 알 수 있다. 이러한 결정의 순간은 공적인 정책과 개인적인 삶 사이의 상호작용에 대해 많은 것을 보여 준다. 이 순간은 개인 행위자와 가족이라는 자원이 아이의 통합을 저해하는 전문적 권위나 제도적 장벽과 충돌하는 지점이 되기도 한다. 이 결정은 성인기까지 이어질 인생의 궤적을 만드는 것일 수도 있고, 새로운 대안적인 인생과 기회를 향해 나아가는 전환점으로 기록될 수도 있다. 이 경험과 관련하여 세 세대의 주인공들 사이에는 유사한 것들도 있고 서로 다른 것들도 나타난다.

학생 선발에서의 전문적 권위

1세대 사람들 중에는 정책이 급속하게 변화하는 시점에 태어난 사람들이 있다. 전시戰時의 사회적 욕구에 대한 베버리지의 분석에서 제시되었던 '5대악' 중에서 '무지'는 중요한 관심사였는데, 1944년에 제정된 「교육법」(랩 버틀러Rab Butler가 교육부의 수장으로서 입안)은 잉글랜드 학교 조직에 대한 전면적인 변화를 가져왔다. 그것은 학교의 전략적·실제적 관리에 대해 정부 관료의 관여를 크게 늘리는 것으로 특징지어진다. 즉 모두에게 무상의 중등교육을 제공하지만 학생의 모집과 선발에 대한 공공의 통제를 강화하는 것이다(특히 인문학교grammar school로 가기 위해 악명 높은 11세 시험[1]을 통과해야 하는 것과 같이).

버틀러의 교육 개혁은 또한 특수교육에 대한 '완전히 새로운 접근'을 구현하였는데(Griffith, 1955), 새로운 교육부 산하의 지방 당국은 특수교육 욕구에 대해 고려할 의무와 공적 재원을 활용해 특수학교를 설립할 권한을 가지게 되었다. 그 이전에도 특수학교는 존재하였지만, 전후 이 시기에 특수학교는 수적으로 크게 증가하였고 특정한 손상 유형에 따라 분류된 아동들을 대상으로 하게 되었다. 각 지방정부는 이미 오래전부터 맹아나 농아를 교육할 학교를 마련해야 했고(1893년 「맹·농아동법」하에서), 1차 세계대전이 끝날 무렵까지는 '정신적인 결함을 가진' 아동, 간질이나 '신체적인 핸디캡을 가진' 아동들을 위한 교육서비스도 정립되었다. 1920년대 초반까지 잉글랜드에서는 거의 모든 장애아동을 위한 특수학교가 설립되기에 이른 것이다.

1921년 「교육법」은 손상의 범주를 다섯 종류로 분류하였다. 이는 '자격을 가진' 아동의 부모에게 아이들을 특수학교(또는 거주시설)에 보

---

1 초등학교(primary school)의 최종 학년인 11~12세에 치르는 시험. 중등 과정인 인문학교(grammar), 기술학교(technical) 또는 2차 현대학교(secondary modern) 중 어디로 진학할 것인지를 결정하기 위한 시험. 종합학교(comprehensive school)로 통합될 것을 요구받으면서 점진적으로 폐지되었다.— 옮긴이

내도록 요구할 수 있는 권한을 지방정부에 부여한 것을 의미한다. '정신적으로 결함이 있는' 아동을 구분해 내기 위해 IQ 측정을 특별히 강조하였다. 이는 정신적 결함 위원회(Mental Deficiency Committee, 1929)에 의해 구성된 범주였다. 1944년 법에 따라, 1945년 「장애학생과 학교보건의료서비스 규정」Handicapped Pupils and School Health Services Regulation은 특수교육 욕구에 대한 서비스를 11개의 범주로 나누어 제공하였다(1953년에는 10개의 범주로 줄어들었다). 샐리 톰린슨의 설명과 마찬가지로(Tomlinson, 1982), 반스도 일반 중등학교가 학업성취도에 따른 학생 선발을 더욱 강화했던 것과 같은 시기에 특수학교가 확산되었던 것은 결코 우연이 아니라고 보았다(Barnes, 1991: 29). 그는 "능력에 따른 학생선발은 장애에 대한 선별을 승인하는 것"이었다고 결론짓고 있다.

지능검사는 여전히 특수학교 배치를 위한 주요 판단 근거로 간주되었지만, 1956년까지 특수학교 학생의 1/3 이상, 시골의 특수학교라면 거의 절반에 가까운 학생들이 (교육적 정상범위 이하 수준으로 분류되는 경계인) 지능지수 70점을 넘는 학생들이었다(Chief Medical Officer, 1962). 지능검사를 통한 '증명'은 아동의 교육적 성취에 대한 좀더 일반화된 '탐색'으로 점차 대체되어 갔다. 이런 의미에서 교육적 정상범위 이하 수준이라는 새로운 범주는 천성적으로 타고난 능력이 떨어진다는 것보다는 학교에서의 성취 수준이 낮다는 것을 뜻하게 되었고, 이는 사실상 신체적 또는 지적 손상을 가진 아동들을 일반적인 행정 체계 안으로 불러들이는 기제이기도 했다(Ministry of Education, 1946).

필립 윌리엄은 '교육적 정상범위 이하'라는 개념이 "지능이 떨어진다기보다는 학교에서 낮은 성취를 보이는 아동들"을 위해서 특히 중요한 범주라고 보았다(William, 1965: 137). 이 탐색 절차는 그 이유가 무엇이든지 간에 동년배들에 비해 뒤처져 있는 아동이라면 누구에게라도 적용되었다(예컨대 4장에서 묘사된 것처럼, 병원에 오랫동안 입원했기 때문에 또래에 비해 뒤처지는 것까지도 포함하였다). 규정에는 '뒤처진' 아동들이 특수학교에 배치되어야만 한다는 가정은 없었다. 그보다는 이러한 아동들에게 "특수한 형태의 교육을 제공함으로써, 일반학교에서 정상적으로 제공되는 교육을 전반적으로 또는 부분적으로 보완할 수 있도록 해야 한다"고 본 것이다. 이들이 이용할 수 있는 특수학교가 별로 없었다는 것에도 주목해야 한다.

그러나 톰린슨은 이러한 정책 방향으로 인해 결과적으로는 '정상 범위 이하' 범주의 아이들이 가지고 있는 욕구를 일반학교들이 충족시킬 수는 없다는 시각, 그리고 이런 아이들을 주류 학교로부터 분리해 내는 결정에 대해 승인할 수 있는 가장 적절한 메커니즘이 의료적 권위라는 시각이 더 확장되었다고 주장한다(Tomlinson, 1982: 51). 4장에서 지적한 것처럼, 1세대 장애인들 중 몇몇은 특수학교 배치에 있어 의료 권위자가 어떤 역할을 하는지를 보여 준다. 예컨대 밥은 다섯 살에 기숙형 특수학교로 보내졌는데, 그는 1950년대에 자신이 받았던 교육 경험이 이러한 과정을 통해 만들어진 것이라고 믿고 있다.

> 장애아동의 교육은 사실상 교육제도에 의해서가 아니라 보건의료서비스에 의해서 통제되었어요. 의사들은 장애를 가진 아이들이 어디에 가야 하는지에 대해서 아주 많은 의견을 제시했죠.……그들은 나를 특수학교에 보내는 것이 나의 엄마나 나를 위해서 최선이라고 생각했어요.

메이의 경우에는 더 어린 나이에 특수학교로 보내졌다.

내 생각에는 우리가 만났던 사람이 컨설턴트였던 것 같아요. 내가 이 학교에 가야 한다고 말했던 것은 그 사람들이었지요. 우리는 컨설턴트의 의견에 따라 거기에 가야 한다는 결정을 했지요.

이러한 어린 시절의 기억은(틀림없이 부모의 설명을 듣고 뒤이어 회상해 낸 것들인데) 4장에서 설명했던 의료화 경향을 보여 주는 사례이기도 하지만, 교육에 대한 논의에서도 유용한 사례가 된다. 교육서비스의 제공이라는 견지에서 보면, 새로운 지역교육청 관료에게 그 책임이 이전되면서 탈의료화 경향 또한 분명히 나타났다. 누가 특수학교에 갈 것인지를 결정하는 어떤 단일한 체계가 있었던 것은 전혀 아니며, 장애학생에 대한 사정의 양식은 지능검사 결과뿐 아니라 학생의 신체적·정서적 상태, 학업에서의 진전, 행동상의 특징, 사회력social history, 가정 환경에 대한 의견 등을 포함하고 있었다(William, 1965). 그것은 (교장이 제시한) 교육적인 견해와 의료적 견해를 모두 포함한 것이었고, 때로는 심리적·사회적 자료도 첨부되었다. 이런 의미에서, 비록 실질적으로는 지역교육청 내 학교보건 행정관이 의사결정의 압도적인 다수를 이루고 있었다고 하더라도, 장애학생을 사정하고 특수학교에 배치하는 일이 '의료적'인 과정이기만 했던 것은 아니었다(Segal, 1961).

따라서 우리가 수집한 전기적 이야기들 속에서 학교 배치에 영향을 미쳤던 의료 권위자로 기억되고 있는 사람들은 많은 경우 국민보건의료서비스에 속한 컨설턴트들이 아니라 지역교육청에 속한 이들 학교보건 관료들이었을 수 있다. 한편으로 이것은 힘을 가진 의료 전문가들에 의해 교육이 서서히 식민화하는 과정으로 보일 수도 있다(일상생활에 대한 '의료화'의 하나로). 또 다른 한편으로 이것은 의료 영역에서 교육 영역으로의 정책적 변화으로 볼 수도 있다(즉, 법적으로 의료 전문가가 아닌, 지역교육청의 관료에게 권한을 부여하고 있는 것이다). 사실 학교보건 최고 책임자는 "학교보건 관료들에게 그들의 영역을 넘어서는 교육 문제에 대해서 책임을 지도록 하기보다는……자문만을 할 수 있도록 업무를 조정"하고자 하였다(Chief Medical Officer, 1958). 학생들의 발달을 촉진하기 위해서 학생들을 일찍부터 특수교육 '치료'의 대상으로 선별해 낼 것을 주장했던 것도 실은 교육부였다(Ministry of Education, 1961). 따라서 전후에 특수학교가 확대된 것은 의료적인 관심보다는 교육적인 관심에 의해 추동된 것으로 볼 수 있는 것이다.

저항, 타협, 그리고 선택

앞 장에서 논의된 것처럼, 인생 이야기들은 전문적 권위에 대해 저항한 사례도 많이 보여 주고 있다. 이는 의학적 치료의 맥락에서만큼이나 교육과 관련된 영역에서도 분명하게 나타나고 있다. 예컨대 댄은 특수학교를 그만두고 그가 살던 곳의 학교로 돌아간 이유에 대해 정확하게 설명하지는 못하지만 이를 자신과 부모님의 어떤 힘과 연관시켜서 이해하고 있다.

> 저는 집에서 막 불평을 하곤 했어요.……그러니까 "난 다른 아이들과 같이 학교에 가고 싶단 말이에요"라고 했지요.……일이 어떻게 된 건지는 잘 모르겠어요. 우리 부모님이 어떤 압력을 넣은 건지는. 하지만 나는 그 학교를 떠나서 일반 중학교에 가게 되었어요.

한번은 데이지의 일반학급 교사가 그녀에 대해 적절히 대처하지 못해 데이지가 학급에서 배제된 적이 있었는데, 이때도 어머니의 저항과 탄력성이 작용을 하여 원하는 결과를 얻을 수 있었다.

교장이 엄마에게 "우리는 데이지를 특수학교에 보내야겠습니다"라고 말했죠. 엄마는 절대로 원치 않으셨어요.……엄마는 나를 이 일반학교로 되돌려 보내기 위해서 싸웠고 결국 되돌려 놓으셨어요.

비슷한 경우로, 매기는 (아마도 지역교육청 관료가 배치하는 과정에서) 의료 전문가와 교육 전문가들이 자신에게 특수학교로 가는 것이 더 도움이 될 거라고 조언했던 것을 기억하고 있다. 그러나 그녀는 어머니의 결단력, 그리고 지역사회 안에서 형제나 친구들로부터 얻을 수 있었던 비공식적인 지원 덕분에 전혀 다른 결과를 얻을 수 있었다.

내가 지금과 같은 삶을 살 수 있었던 것은 우리 엄마가 나를 특수학교에 보내지 않으려 했기 때문이었다고 생각해요.……위원회인가, 그 사람들을 뭐라고 부르는지 잘 모르겠지만, 그 사람들과 학교 당국은 내가 특수학교로 가기를 원했어요. 그리고 우리 엄마는 단호한 자세로 말했지요. "아니요, 매기는 절대 그 학교에 가지 않을 거예요."……그러고는 엄마가 저에게 했던 말이 생각나요. "너는 충분히 적응할 수 있을 만큼 영리하단다. 엄마는 네가 해낼 수 있다고 믿어." 그래서 나는 내가 특수학교에 가기 싫다고 말해야만 한다고 생각했어요. 왜냐면 내 친구들은 다 여기 있었고, 그 마을은, 우리가 거기 사람들을 다 알고……마을 사람들은 "그럼요, 우린 당연히 매기를 도와줄 거예요"라고 할 거였으니까요. 그게 아니었다면 내 인생은 정말 완전히, 완전히 달라졌을지도 모르겠어요.

그레이스도 특수학교에 가라는 권고에 저항했던 부모님을 둔 경우였다. 그녀의 경우에도 환경적 장벽에 대해 부모가 시도했던 비공식적인 협상은 긍정적인 산물을 이끌어 내는 요인으로 작용하였다.

나는 내가 특수학교로 가야 했는데, 아버지가 그걸 거부했다는 사실을 나중에야 알았어요. 그때가 1950년대 중반 즈음이었을 거예요. 아버지는 완전히 대놓고 그 제안을 거절했어요. 나는 특수학교에 가지 않았지요. 난 일반학교로 갔어요.……우리 오빠와 같은 학교에 가게 된 거죠.……그런데 내가 학교까지 걸어서 갈 수 있는 방법이 사실 전혀 없었어요. 그래서 엄마가 또 자전거를 타고 학교에 갈 수 있도록 그걸 개조했어요. 자전거 등교를 허락받은 아이는 아무도 없었지만 나는 바퀴 세 개 달린 내 자전거를 타고 등교하는 걸 허락받았고, 그건 정말, 정말 좋았어요.…… 내 기억에, 그때가 1950년대인데, 학교는 장애에 대해서 꽤 수용적이었어요. 교실이 위층에 있었는데, 내게는 계단을 올라갈 수 있도록 추가 시간도 주어졌지요.

장애차별 금지에 대한 명시적인 규정이 없었음에도, 이 시대의 몇몇 사람들의 인생 이야기 속에서는 가족과 학교 사이의 비공식적이지만 창의적이고 실용적인 타협안이 발견된다. 이러한 예들은 장애가 하나의 공적인 '사회적 이슈'로서보다는 일상적으로 발견되는 '개인적 어려움'으로서 다루어졌음을 보여 준다(Mills, 1959).

근본적인 인생 경로를 좌우하는 중요한 전환점에서 부모뿐 아니라 교사들이 이러한 작용을 한 경우도 있다(Shah, 2005b; 2008에도 보고됨). 예컨대 (1세대 중에서) 밥의 경우에는, 1950년대의 기숙형 특수학교에서 만난 어느 특별한 초등학교 선생님이 이 역할을 맡아 주었다. 그는 밥의 학업적 잠재력을 알아차리고는, 지역교육청 관료를 설득하여 그를 좀더 학업 지향적인 중학교에 배치하도록 압력을 넣었다.

　　그 선생님은 내가 그곳에 그냥 머물러 있게 되면 사실상 퇴보할 것이라고 생각하셨어요. 그래서 지방 당국을 설득해서 나를 다른 학교로 보내도록 했지요.……난 그때 열한 살이었고 1960년대 초반이었어요.

　　그로부터 약 40년이 흐른 뒤 3세대인 헬렌의 이야기에서도 매우 유사한 전환점이 관찰되고 있는데, 그녀는 이 전환점이 자신의 인생을 완전히 바꾸어 놓았다고 생각하고 있다.

　　난 정말로 운이 좋았어요. 내가 특수학교를 떠날 수 있었던 유일한 이유는 우리 반을 맡았던 선생님이 내가 일반학교에서도 살아남을 수 있는 잠재성과 능력을 가지고 있다는 것을 알아주셨다는 거였죠. 그래서 선생님은 수업이 없는, 선생님의 휴가 시간을 쪼개서, 나를 인근의 초등학교에 데리고 가서는 내가 그 학교에서 다른 아이들과 똑같이 수학과 과학을 할 수 있다는 걸 확인시켜 주셨어요. 하지만 선생님은 학교의 다른 사람들에 맞서 싸우셔야 했고, 어느 정도는 우리 부모님의 냉담함과도 싸워야 했지요. 우리 부모님은 나를 학교에서 빼 오는 것에 대해 별 관심이 없었거든요.

이러한 내러티브들은 개인의 의지와 탄력성이 긍정적인 인생 행로를 찾아 나가는 데 결정적인 요인이라는 것을 보여 준다. 인생에서의 긍정적인 성취는 공공 정책과 제도에 의해서 제공되는 기회구조에서 비롯되기보다는 그것에도 불구하고 성취되는 것으로 보인다. 한편 사례들을 통해 이러한 선택과 저항은 제도화된 장벽에 의해서 근본적으로 제한을 받게 된다는 점도 깨닫게 된다. 물리적 장벽과 사회적 장벽, 그리고 일반학교에서 개별화된 학습 지원이 전반적으로 미비했던 것 등은 1960년대에 태어난 2세대 장애인들의 이야기 속에서도 여전히 명백하게 드러나고 있다. 예컨대 에일린은 당시의 정책과 서비스가 지금과는 완전히 달랐다고 생각하고 있다.

> 나는 일반학교에 다니고 있었어요. 지금 생각해 보면 저는 여러 차례 학교로부터 배제를 당했다는 점에서 틀림없는 「장애차별금지법」 제소 케이스였을 거예요.……내가 계단에서 넘어지자, 학교는 내가 그 학교에 있는 것이 너무나 위험하다고 하면서 그 즉시 집으로 돌아가라고, 그래서 내가 더 좋아진 다음에 학교에 다시 오라고 하더군요.……내가 언덕에서 넘어지고 나니, 나는 지리 수업의 현장학습에 따라갈 수 없게 되었어요. 현장학습이 너무 위험하다고들 생각한 거죠. 사실 그 말이 맞을 수도 있죠. 물론 그 문제를 다른 방식으로 처리할 수도 있었겠지만요. 그 당시 학교는 차분하게 앉아서, "그래, 이게 이번 현장학습의 여정이란다. 이 중에서 요만큼은 네가 따라갈 수 없겠지만, 요만큼은 할 수 있을 거야"라는 식으로 이야기하는 법이 없었어요.

「장애차별금지법」은 1995년에 제정되긴 하였지만, 2001년 「특수교육 욕구와 장애에 관한 법률」에 의해 수정되기 전까지는 교육 현장에 적용되지는 않았다. 따라서 에일린이 언급한, 동등한 처우와 차별금지에 대한 「장애차별금지법」상의 권리는 1980년대에 태어난 3세대 장애인들의 대부분이 의무교육을 받았던 시기에조차도 그 힘을 발휘하지 못하고 있었던 것이다.

1976년 「교육법」 초안은 노동당의 종합교육comprehensive edu-cation[2]공약을 실행에 옮기고자 했지만, 장애아동의 학교 배치에 있어서는 여전히 허점을 가지고 있었다. 특수교육의 범주 안에 있는 아이들은 일반학교에서 교육받고자 했지만 이것은 중요한 단서조항들을 달고 있었다. 즉 일반학교 배치가 특수교육을 요구하는 아동이나 다른 동료학생들에게 학업 측면의 불이익을 유발하는 경우, 또는 그것이 비합리적인 비용을 필요로 하는 경우에는 특수학교 교육이 더 적절하다는 것이다. 반스 등이 주장해 온 것처럼, 이러한 단서조항으로 인해 지역교육청의 담당 관료들은 일반학교에서 장애아동을 배제시키는 결정을 더 많이 하게 되었다(Barnes, 1991).

브라이언 고셔 등의 연구자들은 워녹 보고서Warnock Report와 1981년 「교육법」이 그렇게 자랑했던 통합의 확대라는 미사여구에도 불구하고, 학교 배치 결정에 대한 전문적 권력 관계에서는 별다른 변화가 없었다고 주장한다(Goacher et al., 1988). 그러나 이들도 그 배치 과정에서의 권한이 의료 전문가에서 교육심리학자들로 이전되었다는 점에 대해서는 주목하고 있다(Bennett, 1998). 하지만 앨더슨과 굿리는 지역교육

---

2 학생의 능력에 따라 입학 허가를 선별적으로 내주는 것에 반대되는 정책으로, 능력에 따른 선별을 하지 않는 교육체계를 의미한다. ― 옮긴이

청 관료와의 협력 안에서 보건의료 전문가의 충고가 갖는 영향력은 지속되었다는 점에 주목하고 있다(Alderson and Goodey, 1998). 따라서 어느 정도의 탈의료화는 있었지만, 의료 전문가의 권위는 크게 도전받지 않았다고 해야 할 것이다.

동시에 전문가의 권위에 맞서는 새로운 권리와 기회들도 등장하고 있었다. 교육에 대한 부모의 '선택'이라는 정책 의제는 보수당 정부에 의해서 촉진되었던 것으로, 그 안에서 1993년의 「교육법」(1996년 법에서 더 공고해졌던)은 새로운 실천 강령과 특수교육 욕구 심의체계를 도입하였다. 이것은 부모의 재심청구 권리를 더 많이 허용하려는 의도를 가진 것이었다. 쉴라 리델(Riddell et al., 2000: 631)은 특히 잉글랜드에서의 이러한 발전은 "전문가의 통제에 기초를 둔 정책적 틀을 벗어나" 좀더 관료적이고 관리적인 접근으로 나아가게 됨을 의미하는 것이라고 주장하였다(Vincent et al., 1996; Harris et al., 2000 참조). 이러한 심의체계가 부모들로 하여금 전문가의 견해에 대항하여 주류교육에 접근하도록 촉진하는 데 실제로 효과적이었는지에 대해서는 많은 비판이 있었다(예컨대 Kenworthy and Wittaker, 2000; Bagley et al., 2001; Runswick-Cole, 2007).

1990년대 중반, 레이철은 초등교육의 마지막 학년을 일반학교에서 보냈다. 그러나 그녀는 지역의 일반 중등학교 입학을 거부당했다. 그 어머니의 진술에 의하면,

> 지역교육청 관료Local Education Authority, LEA는 접근성을 갖춘 중학교가 없기 때문에 레이철이 다시 특수학교로 돌아가야 한다고 말했어요.……그래서 우리는 고등법원과 특수교육 욕구 심의기구에 이의를

제기했고 거기에서는 레이철이 우리 동네에 있는 종합학교에 가야 한다는 것에 동의했죠.

궁극적으로는, 문제의 '종합'학교가 레이철을 받아들일 만한 준비를 갖추지 못했다는 것이다. 하비는 1980년대에 있었던 정책적 변화에 대해 알고 있고, 당시에 그의 어머니가 그를 일반학교에 통합시키기 위해서 행정적·전문적 권위자들에게 적극적으로 맞서야만 했던 일을 이렇게 회상한다.

내가 처음 학교에 갈 나이가 되었을 때, 토리 정부는 장애인을 주류교육에 통합시키는 정책을 소개했어요. 그렇지만 엄마는 나를 주류교육에 집어넣기 위해서 교육계에 여전히 널리 퍼져 있던 사람들의 가치관에 맞서 싸워야 했지요. 그 당시만 해도⋯⋯나를 특수학교로 보내려는 압력이 엄청 많았어요. ⋯⋯내가 학교에 갈 때만 해도 장애가 있는 아이는 특수학교로 가는 것이 일상적으로 받아들여지던 때였거든요. ⋯⋯나는 엄마가 나를 일반학교에 넣기 위해서, 그리고 내가 거기에서 성공할 수 있도록 필요한 지원을 받게 하려고 그렇게 싸우시는 걸 보고 정말 기뻤어요. ⋯⋯왜냐면 내가 일반학교에 잘 다닐 수 있을지에 대해서 전문가들 사이에서는 의심의 눈초리가 많았거든요.

이런 이야기들은 부모나 활동가들의 보고에서, 그리고 학술저서에서도 많이 언급되었던 것이다. 그들은 부모를 자녀의 교육적 통합을 위한 열정적이고 헌신적인 활동주체로서 보고 있다. 하지만 사실 더 넓게 보면 이것이 그리 명확한 것은 아니다. 크롤과 모제스에 따르면, 심의기구가 다루는 사례들 가운데에는 사실상 "교육청 관료들이 특수학교 배치를 위한 보조금 지급을 거부한 것에 **대항하여** 부모들이 재심을 요구한 경우들"이 더 많았다는 것이다(Croll and Moses, 1998: 22. 인용자 강조). 심의기구의 기록을 살펴보면, 재심청구 건수는 2001년 「특수교육 욕구와 장애에 관한 법률」이 실행된 이후로 계속 증가하다가 최근 들어 감소하기 시작했다. 2008년에 심의기구 구조는 '2단계' 체계로 재구성되었고, 정책은 형식화된 재판 절차보다는 중재를 격려하는 방향으로 변화하여 왔다(이는 「가족법」 소송에서의 유사한 정책 발전 흐름을 반영한 것이다). 그러나 리델 외의 연구자들이 지적한 것처럼 중재가 실제로 광범위하게 이루어졌다는 증거는 거의 없다(Riddell et al., 2010). 2010년 지방정부 옴부즈맨[3]의 책임은 특수교육 욕구와 관련된 교육청 관료들의 서비스에 대한 불만을 다루는 것에까지 확장되었다.

부모가 전문가들의 결정에 반대하여 일반학교로 배정될 수 있도록 장애아동을 옹호할 수 있는 동기와 능력은 통합교육운동이 확산되면서 나타난 새로운 형태의 사회적 자본에 의해 영향을 받았다. 장애운동 내에서 나타난 장애인 옹호 집단과 교육 소비자주의의 풍토 속에서 나타난 부모 옹호 집단은 모두 그러한 사회적 자본의 일부로 작용하였다(Clough and Barton, 1999; Clough and Corbett, 2004; Halpin, 1999). 예컨대 스티브는 비공식적인 부모들 사이의 연계가 그의 어머니에게 중요한 자원이 되었다고 설명했다. 그의 어머니는 이를 기초로 아이를 특수학교로 보내야 한다는 전문가들의 견해에 맞설 수 있었던 것이다.

---

3 옴부즈맨 제도란 정부가 강화되고 행정 기능이 전문화되는 자본주의 국가에서 행정부의 독주를 막기 위해 고안된 행정 통제 제도이다. 옴부즈맨은 공무원의 권력 남용에 대한 국민의 불만을 조사하고 국민의 권리가 보호되고 있는지 감시하는 입법부의 위원을 말한다. ─옮긴이

내 생각에 엄마는 처음에는 전문가들의 의견 쪽으로 기울어져 있었어요.……왜냐하면 엄마는 일반학교가 내게 하나의 선택 대안이 될 수도 있다는 걸 모르고 계셨거든요.……그런데 그때 엄마가 몇몇 다른 내 또래 아이들의 부모들과 그에 대한 이야기를 나누셨죠. 그 부모들은 아이를 일반학교에 보낼 수 있는 방법을 찾고 있던 사람들이었어요.

데이비드 핼핀은 통합을 성취하는 데 사회적 자본과 시민의 참여가 중요함을 크게 강조하면서 다음과 같이 주장한다(Halpin, 1999: 225).

사람들이 이런 식으로 참여하는 것은 좀더 통합적인 학교를 만들어 가기 위해서 필요한 조건일 뿐 아니라, 시민사회 전체를 재구성하고 활기를 불어넣기 위한 과정으로서도 매우 중요한 요소이다. 이는 전문가들에게 집중되어 있는 과도한 권한을 거두어들이고, 동시에 자신의 삶을 이끌 수 있는 능력에 대한 사람들의 확신을 기르도록 하는 것이다.

학교를 선택하는 과정에서 아동과 그의 가족들이 다양한 종류의 자원(또는 자본)을 접촉하게 된다는 것은 분명하다. 몇몇 이야기들은 확대가족이나 지역공동체가 제공하는 사회적 자본이 중요한 인생의 전환점에서 얼마나 큰 힘으로 작용하는지를 잘 보여 준다. 또 다른 사례들에서는 가족구조의 약화, 전문가들의 결정 앞에서 권리를 포기하는 부모들, 부모가 분리교육을 옹호하는 경우 등도 나타난다. 이러한 사례들을 통해 알 수 있는 것은 공공 정책이나 서비스가 사람들 앞에 분리를 향한 인생 경로를 제시할 때 그들이 통합을 옹호하는 사람들을 만날 수 있는지 여부에 따라서 결정이 달라질 수 있다는 것이다. 2장과 3장에서 논의한 인생 이야기는 최근 몇십 년 동안의 약화된 가족구조에 대해 관심을 기울이게 하지만(부모의 이혼, 혼자 아이를 양육하는 것, 이민 등등), 다른 한편으로는 새로운 종류의 가족 자본과 사회적 자본에 대해 일깨워 준다. 즉 부모들의 자조적 연결망이나 통합 옹호 집단이 등장하고 있는 것이다.

인생 이야기들을 통해 행동주체들과 사회적 자본이 중요하다는 것이 강하게 전달되고 있지만, 그들의 영향력은 또한 접근성을 갖춘 학교가 어디에 있는지에 의해 제한될 수밖에 없다는 것도 명백하게 드러났다. 또한 의사결정의 과정에서 전문적인 권위자들에 의해서도 제한될수 있다. 실제로 전문적 권위, 접근성을 갖춘 학교의 부재는 아이들을 가정으로부터 떼어 내서 기숙형 특수학교로 보내는 것을 의미하는 것이었다.

아동의 범주화와 학교

특수학교에 다니는 아동의 비율은 전쟁 직후에는 매우 적었다. 이 학교들은 우선적으로 낮은 지능지수로 인해서 '뒤처진' 아이들을 위한 것이었다. 1955년에서 1965년 사이에 주간 특수학교와 기숙 특수학교의 수는 621개에서 789개로 늘어났다. '교육적 정상범위 이하'로 분류된 아이들을 대상으로 하는 학교는 계속 늘어났지만 특수학교에 다니는 신체적 손상을 입은 아동들의 수는 실질적으로는 다소 감소하였다(Cole, 1986; Hurt, 1988).

특수교육적인 접근이 필요하다고 평가된 아이들은 가능하다면 일반학교에서 특수교육서비스를 받아야 한다는 것이 정책적인 이상이었다. 그러나 많은 '신체적 장애' 아동과 '취약한' 아동들이 학업적인 이유에서보다는 사회적, 실천적 또는 치료적인 이유로 특수학교로 보내졌다. 예컨대 힐러리는 자신의 부모가 일반학교를 포기하기까지는 반학기도 걸리지 않았다고 회상하고 있다.

> 내가 다섯 살 때 교육청 직원은 내가 1주일에 3일은 가까운 일반초등학교에 가는 것이 어떻겠냐고 했어요. 부모님은 그렇게 하는 걸 좋아하셨죠. 하지만 엄마는 곧 그게 좋은 게 아니라는 걸 깨닫게 되었어요. 예를 들면, 쉬는 시간에 다른 아이들은 나를 놀렸고 게임에 나를 끼워 주지 않았어요. 아이들이 나를 끼워 줄 때는 나를 바퀴 달린 쿠션 의자에 앉혀 놓고 '밀고 당기고 흔들기'를 하면서 놀려고 할 때뿐이었죠.……몇 주 후에 교장선생님은 나를 그 학교에 두는 것이 좋지 않을 것 같다고 하면서 내게는 일대일 개인수업이 필요하다고 했어요. 그래서 결국 반학기 만에 나는 그 학교를 떠나 집에서 개인지도를 받았어요. 개인교사는 정말 아니다 싶었어요.……이제 집 근처의 일반학교도 가정교사도 모두 실패하게 되니까, 교육청 관료들은 내가 다른 지역에서 교육받을 수 있도록 재정적인 지원을 해줄 수밖에 없었지요.

힐러리의 이야기에서 그녀가 결국 가게 된 학교는 국립마비협회 National Spastics Society의 기숙 학교를 말하는 것으로, 그곳은 뇌성마비 아동을 위해 특화된 학교였다. 손상별로 특화된 학교들은 특수화된 지원을 집중적으로 제공한다는 점에서 진보된 것으로 보였다(Hurt, 1988). 그러나 '핸디캡'의 정책적 범주에 따라 새로운 교육기관들이 마련되었다고 하더라도, 아이들이 항상 그 범주에 '꼭 맞아떨어지는' 것은 아니었다(Plowden Report, 1967). 워턴의 경험은 그녀가 학교에 다녔던 1950년대에 몇 가지 손상 범주를 복합적으로 가지고 있었던 아이의 사례를 잘 보여 준다.

기본적으로 내 눈이 점점 멀어 가고 있었기 때문에, 나는 몇 달 동안을 여기저기 곳곳의 기숙 학교들로 끌려다니면서 여기저기서 거절을 당했지요. 맹인학교에서는 내가 잘 걷지 못하기 때문에 날 좋아하지 않았고, 신체장애인 학교는 내가 맹인이기 때문에 좋아하지 않았어요. 그리고 어떤 학교들은 내가 눈이 머는 걸 보면 틀림없이 귀도 멀게 될 거라면서 나를 거부했지요.

교육 정책들에서 '신체적으로 장애를 입은' 아이들은 다음과 같이 규정되었다.

이들은 단지 시각이나 청각의 결함으로 인해 어려움을 겪는 것이 아니라, 질병이나 다른 심각한 결함으로 인해 일반학교의 정상적인 교육방식하에서는 그들의 건강이나 교육을 해침이 없이 만족스럽게 교육 받을 수 없는 아이들이다. (Ministry of Education, 1959)

이런 아이들을 위해 만들어진 학교들은 매우 넓은 범위의 손상을 입은 아이들을 받아들였다. 데이지의 경우, 같이 학교에 다니는 또래들 중에서 자신과 유사한 손상을 가진 아이를 찾기가 쉽지 않았다.

거기에는 정말 다양한 종류의 사람들이 있었는데, 그 중에는 전혀 장애가 있을 것 같지 않은 아이들도 있었고 정말 심각한 장애를 가진 아이도 있었어요.……거긴 어찌 보면 모자라는 인간들을 모아 놓은 쓰레기장 같은 느낌을 주는 곳이었죠. 표현이 좀 거칠지만 어떤 의미에서는 그랬어요. 어떻게 다루어야 할지 잘 모르겠는 사람이거나, 어떤 문제를 일으킨 사람이거나, 감기가 걸렸든 심각한 장애가 있든, 전부 다 이 학교에 밀어 넣고는 문을 닫아 버렸죠.

사이먼 해스켈과 앨리자베스 앤더슨은 1960년대 중반의 상황을 검토한 다음, 당시 잉글랜드와 웨일스에서 특수학교에 다니고 있거나 입학을 기다리고 있던 20,000명 이상의 '신체적 장애가 있는', 그리고 '취약한' 아동들 중에서 아주 소수의 아동들만이 일반학교에 갔다고 서술하였다(Haskell and Anderson, 1969). 특수학교들에도 많은 예산이 소요되었지만, 일반학교에서의 완전 통합을 보장하기 위해 요구되는 지원은 일반적으로 더 많은 비용이 소요되는 것으로 인식되었다(Cole, 1989). 1975년까지 학교 센서스 양식은 21개의 '장애학생의 범주'를 나열하고 있었고, 1970년에서 1980년 사이에 특수학교에 등록한 아동의 수는 44%까지 증가하였다. 그러나 그리 심각하지 않은 이동능력의 손상을 가진 아이들 중에서는 통합이 증가하였다는 증거 또한 존재한다.

워녹 보고서(Warnock Report, 1978)의 출판과 곧 이은 1981년 「교육법」은 통합교육을 향한 중요한 전환점으로 인정받고 있다. 1980년대 초반부터 특수학교에 다니는 아동의 비율은 감소하기 시작해서, 2001년까지는 1.87%에서 1.30%로 줄었다(Norwich, 1997; 2002). 1981년 「교육법」은 '핸디캡'의 범주를 '특수교육 욕구'라는 범주로 대체하였다. 이는 개별화된 사정을 받을 수 있는 법적인 자격을 주고 그 과정에서 부모의 참여를 확대하도록 하는 것이었다.

'특수교육 욕구'를 가진 아동이 일반학교에 다닐 것에 대한 기대는 1996년 「교육법」에서 재차 강조되었고, 2001년 「특수교육 욕구와 장애에 관한 법률」(「장애차별금지법」을 교육 영역에까지 확대한 것이다)에 의해서 뒷받침되었다. 정부가 표명하는 정책의 목적에는, 일반학교에서 충족될 수 없는 욕구를 가진 '적은 소수자'small minority를 위해서 특수학교가 지속적으로 서비스를 제공해야 한다는 것을 인정하면서도 점차로 통합에 초점이 맞추어졌다. 그러나 「장애차별금지법」이 시행된 이후, 그리고 21세기로 들어서면서 특수학교에 다니는 아동의 전체 비율은 상대적으로 변동 없이 유지되고 있다.

1994년의 「교육(특수교육)법」 시행령에 따라, 잉글랜드에서 특수학교의 설립은 국무장관의 승인을 필요로 하게 되었다. 이러한 승인 절차는 학교가 돌보는 '특수한 욕구'의 성격을 세분화하려 했다. 대부분의 특수학교들은 여전히 특정한 손상을 진단받은 학생들을 대상으로 특화되어 있다. 말하자면 시각 손상 진단을 받은 아동을 위한 학교, 청각 손상 진단을 받은 아동을 위한 학교, 말 또는 언어 손상을 진단받은 아동을 위한 학교, 학습의 어려움 또는 '정서·행동적 어려움'을 가진 아동을 위한 학교 등으로 구분되어 있는 것이다. 그러나 1981년 「교육법」 이후 20년이 지난 다음 헬렌이 경험한 것은 1950년대에 워턴이나 데이지가 겪었던 경험과 유사한 문제를 연상시킨다.

농과 맹이면서 심각한 학습장애와 행동 문제가 있고 휠체어를 쓰는 어떤 남자아이, 걸을 수는 있지만 심각한 행동 문제를 가지고 있어서 사람들을 깨무는 버릇이 있었던 뇌성마비 아이, 중등도 정도의 학습장애가 있고 시각과 청각에도 좀 문제가 있었던 또 다른 뇌성마비 아이, 역시 중등도의 학습장애가 있는 이분척추증의 아이, 그리고 심각한 학습장애가 있고 귀가 안 들리는 아이, 그리고 나. 그러니 누가 가르치더라도, 뭘 하려고 해도 참 어려운 조합 아니었겠어요?

잉글랜드에서는 대체로 특수학교는 일반학교에 비해 규모가 작고 더 넓은 연령대의 학생을 맡고 있다(예컨대 어린이집의 유아부터 19세까지). 이는 학급 규모는 작고, 한 학급에서 다음 학급으로의 진급이 주로 교사의 판단에 따라 이루어진다는 것을 의미한다. 2007년 학교 센서스에서 학교의 종류는 11개로 구분되었고 329개의 특수학교가 '신체장애'가 일차적인 장애로 분류된 학생들을 위한 학교로 승인되었는데, 이 학생들은 약 4,500명 정도이다(DfES, 2007).

잉글랜드에는 여전히 1,000개 이상의 공립 특수학교가 있고 17,500명 정도의 교사가 고용되어 있다. 2006/07학년도 학생현황조사 자료에 따르면, 잉글랜드에서는 89,400명의 아동이 특수학교에 등록해 있고, 그들 중 거의 대부분은 공립학교에 속해 있다. 이 자료는 1940년대 이후로 상당한 정책적인 변화가 있었음에도 불구하고, '특수한 욕구'를 가진 잉글랜드 아동의 거의 40%는 여전히 특수학교에 다니고 있음을 의미한다(DfES, 2007). 일반학교에 다니고 있는 신체적 손상 아동의 수는 증가하고 있지만, 21세기가 시작하는 시점에서 특수학교에 등록해 있는 학생의 전체 수는 1970년의 그것보다 더 많다(Office for National Statistics, 2000).

장애아동을 범주화하고 선별하여 학교에 배치하는 공공 정책은 이 아이들이 살아가는 개인적인 삶에 극적인 영향을 미쳤다. 의료적으로 관리되던 제도에서 교육적으로 관리되는 제도로 전환하였고, 전문적인 의사결정이 의료적 권위자들을 떠나 이동하였다. 부모가 이러한 권위에 대항할 수 있는 기회는 증가하였고, 장애평등의무를 포함하여 「장애차별금지법」이 시행되면서 학교 안에서의 접근성도 좋아졌다(Beckett, 2009). 그러나 다음에 제시되는 사례들에서 보듯이, 인생 이야기들은 젊은 세대와 나이 든 세대 사이에 여전히 놀랍도록 유사한 분리의 경험이 있음을 보여 주고 있다.

학교가 개인에게 미치는 영향

1, 2, 3세대에서 수집된 이야기들은 모두 다양한 유형의 학교들에서 장애청소년들이 경험했던 시설 운영방식과 그것이 이들의 개인적인 삶과 사회생활에 미친 영향을 잘 보여 주고 있다. 학교에서의 학업성취는 성인기에 그들이 가질 수 있는 기회와 선택의 폭을 결정하는 데 중요한 것임에 틀림없지만, 학교에 다니는 경험 그 자체가 중요한 사회적 차원으로서 개인의 성인기 삶에 영향을 미치고 있는 것이다. 이제부터 분리된 사회적 환경과 이들에게 주어진 낮은 수준의 학업 기대 및 사회적 기대가 이들의 생애 과정에 어떤 영향을 미쳤는지에 초점을 맞춰 살펴볼 것이다.

학교 환경

잉글랜드에서 특수학교가 확대된 방식은 마치 기존의 시설들을 꿰매 붙여서 조각보를 만드는 것과 같았다. 이 시설들은 아이들의 욕구를 일정한 범주로 구분해 내고 이에 대해 교육적인 '치료'를 제공해 왔던 시설들이다. 이런 상황에서 특수아동이 된다는 것, 그리고 발달이 평균적이지 않다는 것은 학생들에게 장거리 이동을 감내해야 한다는 것을 의미했다. 자선단체나 지방정부가 촌구석에 있던 건물이나 휴양소를 학교로 개조해 놓았기 때문에, 많은 특수학교들이 시골에 있었던 것이다. 1960년대와 1970년대에 기숙 학교에 다녔던 사람들의 이야기를 통해 이런 학교들이 어떤 곳이었는지 짐작할 수 있다. 예컨대,

그 학교는 정말 외딴 곳에 뚝 떨어져 있었어요. 원래는 빅토리아 시대에 자본가들이 드나들던 사냥터의 관리인 숙소로 쓰였던 건물이었는데, 점차로 '취약하다'고 불렸던 아이들을 위한 학교로 쓰이게 되었다고 해요.……수술 후 회복기에 있는 아이들이 그곳으로 보내지곤 했어요. 왜냐하면 학교는 교외에 있었고……공기가 좋아서 회복에 도움이 될 거라고 생각되었기 때문이죠. (이언)

……인적이 드문 외딴 곳에 있는 정말로 엄청나게 넓은 땅에 엄청 큰 집 같은 게 있었어요. 우리 집이 있는 마을에서는 24마일이나 떨어져 있었지요. 나는 네 살 때 그 학교에 보내졌어요.……그러고는……우리 엄마, 아버지가 나를 두고 가 버렸기 때문에 난 많이 울었어요. 모든 게 두려웠지요. (탠)

그러니까 나는 특수한 교육을 위한 시설이 있을 거라고 생각했지요. 그렇지만 가서 보니 잠까지 자는 곳이었고 온통 나무로 둘러싸인 시골 구석에서 사는 것이었어요. 사람들이 좋아할 만한 곳이 아니었죠. (소냐)

이처럼 상대적으로 격리된 환경이었기 때문에 학교가 아이들에게는 일차적인 사회가 되었다. 더구나 가족이나 지역사회로부터 격리되어 있었기 때문에 학교의 물리적·사회적 환경은 시설 같은 형태를 띠게 되었다.

학교 안에는 카펫이 없었어요. 그냥 돌이 깔린 바닥이거나 나무 바닥이었죠. 철제 난간이 달린 병원침대들이 있었어요. 우린 어린아이들이었으니까 작은 간이침대들이 제공되었죠. 기숙사 방 하나에 한 20명 정도의 아이들이 같이 있었어요. 텔레비전도 없었고 카펫도 없었고, 뭐……아무것도 없었죠. 정말 뻣뻣하고 거친 담요가 제공되었고, 아마 난방시설도 거의 없었던 것 같아요. 잘은 모르겠지만…… 아마 그 건물은 빅토리아 시대보다도 이전에 지어진 거였던 것 같아요.…… (탠)

지금 생각해 보면 그건 끔찍스런 일이었지만, 그 당시에는 그저 그러려니 받아들여졌어요. 학교는 아주 많이 시설화되었고 아이들은 일주일 내내 거기에만 있었으니 행복했을 리가 없죠. 아이들은 정해진 시간에 먹고, 정해진 시간에 목욕하고, 정해진 시간에 자고, 완전히 하루 일과가 짜여 있었어요.……쉬는 시간에는 모두들 화장실에 가서 앉아 있어야 했죠, 소변이 마렵든 안 마렵든. 나는 왜 이래야 하는지 도저히 이해할 수가 없었어요. 어느 날인가 "난 화장실에 가고 싶지 않아요" 하고 말했죠. 난 호되게 꾸중을 들었어요. 내가 또 그러니까 엉덩이를 찰싹 때리더군요. (포피)

다른 책에서 언급했던 것처럼(Shah, 2007; Shah and Priestley,

2009), 인생 이야기들 속에는 일반학교든 특수학교든 그 사회적 의미에 대한 양가감정이 존재한다. 예컨대 데이지(1940년대생)는 일반학교에서의 또래문화에 노출되었던 경험이 실제로 자신에게 도움이 되었다고 보았다. 그러나 이것은 개인적인 비용을 치러야 하는 일이었다.

> 나는 학교에 대해서 여러 가지 복잡한 감정을 가지고 있어요. 왜냐하면 나는 따돌림이나 거부당하는 것 같은 경험을 진짜 많이 했어요. 하지만 또 달리 보면, 그걸 통해서 나는 단단해졌고 세상을 알아 나가는 데 도움이 된 거예요.……만약 누군가 원해서 일반학교에 가게 된다면, 내 생각에는 정말로 지지적인 가족이 있어서 살아가는 데 필요한 것들을 가르쳐 줄 수 있어야 할 것 같아요.

반대로 학습 지원, 물리적인 접근성이나 학대로부터의 보호 등 필요한 서비스가 제공되기 이전에 일반학교를 경험했던 사람들 중에는 분리된 환경에서 그들이 가진 특수한 욕구를 좀더 인정받으면서 생활하는 것이 더 낫다고 보는 사람들도 있다. 또래들과의 관계도 고려되어야 한다. 플로렌스(1940년대생)는 그녀의 어머니는 반대했었지만, 병원에서부터 알고 지내던 친구들이 있다는 이유만으로 특수학교에 더 가고 싶어 했었다.

> 나랑 같이 자랐던 아이들 중에서 내가 가게 된 (일반)학교에 가는 애는 아무도 없었어요. 그 학교에서는 내가 다르다는 것을 인정받지 못하고 다른 아이들과 똑같이 살아야 할 거라는 생각을 하게 되었지요. 하지만 특수학교에는 내가 아는 아이들이 많았어요. 병원에서 정기적으로 만

나 사귄 아이들이었죠. 하지만 그 아이들은 나를 친구로 생각하지 않았지요. 내가 일반학교에 갔기 때문에요.

행정적인 장애 범주에 따라 아이들을 구분하고 '신체적 어려움'을 가진 아이들을 그들을 위한 특정 학교로 분리시키는 것은 그 아이들이 장애아동들만의 집단 안에서 거의 배타적으로 성장하게 됨을 의미한다. 이는 또래 친구 관계, 개인의 정체성, 역할모델 등을 구성하는 데 일정한 의미를 갖는다(7장에서 자세히 논의된다. 이에 대한 더 많은 사례들은 Shah and Priestley, 2009 참조).

이전 세대의 장애인들과 유사하게, 홀리(1980년대생)는 영아기로부터 성인기가 될 때까지 똑같은 특수학교에서 자랐다. 그 학교는 그녀에게는 첫번째 사회가 되었다.

나는 특수유치원에 갔고 다섯 살이 되면서는 특수학교를 다니기 시작했어요. 아주 많은 아이들이 나와 같이 특수유치원에서 특수학교로 갔기 때문에 사실상 나는 주류에 속한 셈이었던 거예요. 사실상 나는 두 살 때부터 열여덟 살 때까지 같은 또래집단에서 지낸 거죠.……많은 학생들이 두 주는 집에서 지내고 한 주는 학교 기숙사에서 지냈는데, 나도 그렇게 했어요. 학교에서 지내는 건 좋았어요. 왜냐하면 친구들과 함께 시간을 보낼 수 있었으니까요.……집에 있을 때는 난 집 안에만 있어야 했고 집 밖에는 나갈 수가 없었어요. 그래서 학교 기숙사에서 보내는 일주일이 사실은 참 좋았지요.

브랜디와 조(1980년대 중반 출생)는 이 면접이 이루어졌던 2007년 당시에도 학생으로서 교육을 받고 있는 중이었다. 두 여성은 그들이 세 살 되던 때부터 계속해서 기숙 학교에서 살아 왔다. 조는 같은 학교에 계속 남아 있었던 것이 일반학교에 다니는 청년들이 경험하는 정상적인 생애 과정과 어떻게 다른지에 대해서 다음과 같이 설명한다.

15년은 정말 긴 세월이죠. 만약 일반학교에서처럼 열한 살까지만 한 학교에 다닌다고 하더라도, 그것도 충분히 긴 시간이잖아요.

대부분의 특수학교들이 이제는 주간 학교이지만 아직도 10,000명 정도의 아이들은 기숙형 특수학교에 속해 있다. 이는 특수교육 욕구를 가진 것으로 규정된 아이들의 약 4%에 해당한다. 기숙형 특수학교의 학생 현황에서는 1940년대 이후로 상당한 변화가 나타나고 있는데, 지금은 학생들의 거의 대부분이 '정서적·행동적 어려움'을 가진 것으로 분류된 10대 남자아동들이라는 것이다. 몇몇 학교와 대학들은 연중 52주 내내 '교육적' 배치의 일환으로 장애아동에게 숙식을 제공하고 있고, 교육기술부의 2003년 공식 보고서는 "돌봄을 받아야 할" 장애아동을 위해 마련된 1,320개의 거주시설지 중 거의 절반에 가까운 곳이 학교 안에 있다고 하였다(DfES, 2003a; Priestley et al., 2002).

앤 피니는 기숙 학교의 학생 수가 감소하고 있다는 것을 지적하는 동시에 좀더 상세한 설명을 제시한다(Pinney, 2005). 기숙 학교에 입소해 있는 학생들의 손상에 대한 정보가 수집된 것은 2004년 이후의 일이고 이 또한 공립학교에 대해서만 정보가 수집된 것이지만, 주요한 욕구로서 정서적·행동적 어려움을 가지고 있는 아동이 기숙 학교에 너무 많이 배치되어 있는 것은 분명하다는 것이다. 이들은 거의 35%에 이른다.

이는 청력 손상 13%, 시각 손상 9%, 신체적 손상 10%에 비해 상당히 높은 수준이다. 기숙형 교육기관에 장애아동을 배치하는 이유는 지역의 정책과 서비스 제공 현황에 맞물려 매우 다양할 수 있지만, 재닛 리드와 크리스틴 해리슨이 인용한 조사 자료에 따르면 많은 경우 배치의 이유는 지역의 일반학교가 아동의 접근성 확보에 필요한 편의를 갖추지 못하였기 때문인 것으로 나타난다(Read and Harrison, 2002).

2001년 보건국의 지침에 따라 마련된 기숙형 특수학교의 국가 표준에는 "그들의 바람에 따라서" 입학해야 하고, 아동들이 "그들의 가족으로부터 분리되어 학교에서 살고 있는 동안 그 부모 및 가족과의 접촉을 지속적으로 유지할 수 있고 유지하도록 격려되어야 한다"는 내용이 들어가 있다(DoH, 2002: 37). 아동에게 분명한 위험이 따르는 경우를 제외하고는 "아동이 부모나 다른 사람들을 개별적으로 만날 수 있는 사적인 공간"이 제공되어야 하고(7), "부모와 전화나 편지로 접촉하는 것을 막는 행위"는 금지되어 있다(18). 그러나 조사 결과는 기숙 학교에 배치된 많은 장애아동들이 해마다 일정 기간을 가족으로부터 격리된 채로 지내고 있다고 보고한다(예컨대 Read and Harrison, 2002). 1989년 「아동법」에서 장애아동과 그들의 가족은 적절하고 정기적인 접촉을 유지해야 한다는 지침을 제시하고 있음에도 불구하고, 20세기의 끝자락에서 기숙 학교 학생의 상당수는 집에 가지도 못하고 가족들의 정기적인 방문을 받지도 못한 채 학교에 머물고 있는 것이다(Gordon et al., 2000).

기대와 성과

신체적 손상을 가진 아동들이 그들에게 도전이 될 만한 교육 과정에 접근하기 어렵다는 것은 우리가 수집한 인생 이야기들 속에서도 수없이 제시되고 있다. 이는 병원에 오랫동안 머물러 있음으로 인해 학교에 장기간 결석하게 되는 것뿐 아니라 학교에 다니더라도 사람들이 그들에게 갖는 기대 수준이 낮은 것에 따른 것이다. 특히 특수학교에 다니는 경우에 이러한 모습은 두드러지게 나타난다. 예컨대 댄(그의 이야기는 2장에 요약되어 있다)은 1950년대 초반 일반학교와 특수학교를 모두 다녀 보고 이를 비교할 수 있는 사람이다.

기껏 하는 것은 라피아 바구니를 만드는 것 같은 일, 아니면 점토를 가지고 노는 것이었어요. 그리고 학교 뒤편에 정원이 있었는데, 거기에서 도예를 하거나 땅을 파고 뭘 심거나 했어요. 하지만 아시다시피, 제게 그런 것은 진짜 공부로 보이지 않았어요.……그 학교를 떠나서 일반 중학교에 가게 되었는데, 거기서는 바구니를 짜는 일이 아니라, 수학, 영어같이 보통 사람들이 했던 것 같은 공부를 하게 되었죠.

워턴이나 메이처럼 이런 학교에서 많은 시간을 보내는 것은 그들이 성인기에 가질 수 있는 발전의 기회에 대해서까지 부정적인 영향을 미치는 것이다.

내 생각에는, 교육의 관점에서 볼 때 그건 정말로 중요한 기회를 잃어버리는 거예요. 중요한 문제 중 하나는 그 사람들이 내가 가진 학업능력을 과소평가했다는 거죠. (워턴)

……교육 수준이 매우 낮았어요. 그 사람들은 모든 아이들에 대해서 아무런 기대도 가지고 있지 않았어요. 11세 시험에 응시하는 아이도 없었

고 보통 수준 시험O-level[4]을 보는 사람도 없었죠. 정말 기본적인 교육일 뿐이었어요. (메이)

메이의 경우 학교 선택은 학업 관련 자원보다는 물리치료가 제공되는지에 의해서 더 많은 영향을 받았다(여기서 또다시 서비스의 제공 주체가 국민보건의료서비스에서 교육청 관료로 전환되었던 사실이 강조될 수밖에 없다).

그 학교에는 물리치료가 있었기 때문에 갔던 것이지요. 그건 대개 병원에 가야지나 받을 수 있는 것이지만, 거기서는 물리치료를 받을 수 있었어요. 하지만 그건 많은 것들 중 하나일 뿐이었죠.……그러니까 읽기나 수학 같은 그런 공부들이 있었기는 하지만 그건 정말로 기본적인 수준이었어요. 난 가능하다면 그 학교를 떠나려고 했어요.……거기가 정말 싫었거든요. 그곳에서는 나 자신에 대해서 어떤 기대도 가질 수가 없었어요. 난 그 학교를 벗어나길 정말 원했고 학교를 떠나는 날까지 기다리는 게 정말 힘들었지요.……난 열여섯 살이 되어서야 거길 나올 수 있었어요.

데이지는 일곱 살이 되어 '개방'학교'open air' school[5]에 보내졌다.

---

4 영국의 일반 학력 인정시험(GCE)에서 중등학력을 인정받는 보통 수준의 시험을 말하는 것으로 대학 진학을 목적으로 하는 고급 수준(A-level)보다 낮은 수준의 시험이다. — 옮긴이
5 개방학교는 1908년 잉글랜드를 시작으로 1930년대 후반까지 유럽 각지에서 생겨났던 학교의 형태이다. 2차 세계대전 이전에 다수 발생했던 결핵 환아들을 격리 수용하면서 교육시키기 위한 것이었다. 위생과 치료를 위해 공기 좋은 숲 속에 칠판을 걸고 교실로 삼거나, 3면이 개방되어 환기가 잘 되도록 건물을 지었다. 이후 항생제 등 결핵 치료 방법이 개발되면서부터는 장애 등 '허약한' 아동을 위한 기숙학교로 활용되었다. — 옮긴이

이 학교들은 전쟁 전에 '취약한 아동'의 치료를 위해서 지어진 것으로, 처음에는 주간 학교였다가 나중에는 기숙 학교가 되었다. 1930년대에 이들 학교의 학생들은 도시의 슬럼 지역에서 많이 왔는데, 이들은 결핵이나 구루병같이 빈곤과 인구과밀로 인해 발생하는 질병으로 고통받으며 일반학교에 가지 못했던 아이들이었다(Cole, 1989; Oswin, 1998). 그러나 개방학교는 매우 기본적인 교육만을 제공했기 때문에, 장애아동들은 데이지처럼 일반학교로 돌아갔을 때 또래 아동들에 비해 학업에서 뒤처지게 되었다.

> 그건 학교 같지가 않았어요. 우리는 한낮에도 잠자리에 들어야 했고, 뭐 그런 식이었지요! (웃음) 정말 끔찍했어요. 난 그 2년 동안 아무것도 배우지 못했어요. 친구 찾기 사이트를 통해서 최근에 그곳에서 사귀었던 친구를 하나 만나게 되었어요. 그 친구가 아버지와 함께 날 만나러 나왔는데, 그 아버지도 내게 말씀하시더군요. 그 학교에 있었던 2년 동안 그 친구의 학업에 큰 구멍이 생겼다고요. 그래서 난 정말 아이들이 일반학교에 가는 게 더 낫다고 생각해요.

이 시기에 관련된 모든 사례들에서 특수학교에 대해 부정적인 이야기만 있는 것은 아니다. 예컨대 힐러리와 캐서린은 모두 뇌성마비협회 Spastics Society가 운영하는 기숙형 특수학교에 다녔는데, 그 학교는 학생들의 학업 잠재력을 매우 강조했다고 기억하고 있다. 캐서린은 그녀 세대의 많은 사람들과는 다르게, 선생님들이 보여 주었던 긍정적인 기대에 대해 강조하였다.

그 학교는 뇌성마비 아동을 위한 중등학교로서는 그 지역에서 유일한 것이었어요.……초대 교장선생님은 정말 뛰어난 분이셨는데, 그분은 늘 "너희들은 모두 최고 중에 최고다"라고 하셨죠. 그분은 우리가 열한 살에서 열여덟 살까지의 다른 아이들과 정말로 똑같은 삶의 방식을 가질 수 있도록 하기 위해서 열성을 다하셨어요. 우리가 똑같은 기회를 갖게 하려는 거였죠. 그 학교가 지금의 저를 만든 거예요.

4장에서 논의되었던 것처럼, 병원에 머물러 있거나 집중적인 치료 개입의 시간표에 얽매어 있는 것으로 인해서 학업 면의 진보는 제한을 받을 수밖에 없었다. 예컨대 벨라(1940년대생)는 자신의 학업 경험이 단절될 수밖에 없었다고 설명한다.

나는 교육에 있어서 중요한 열쇠를 잃어버린 것이나 마찬가지였어요. 어렸을 때 난 병원에 있어야만 했는데, 그 시기에 다른 아이들은 알파벳을 배웠죠. 내가 학교로 돌아갔을 때 거의 모든 아이들이 나는 모르는 비밀 열쇠를 가지고 있는 것 같았어요. 난 그 아이들이 어떻게 글자들을 연결해서 글을 써 내려가는지 전혀 이해할 수가 없었죠.……난 7년 반을 병원에서 보냈으니까요. 난 학교 다니는 내내 갈팡질팡할 수밖에 없었어요.

데이지가 설명한 것처럼 그것은 점점 더 뒤처지는 경향을 낳았다.

내가 병원에서 나올 때마다, 아니면 내가 뒤늦게 학교를 시작할 때 사람들은 늘 그렇게 말했어요, "일단은 너를 제일 낮은 반에 넣을 거야. 그런 다음 점점 나아지게 되면 다른 반으로 옮겨 줄거야." 하지만 난 알게 되었죠. 난 결코 윗반으로 올라갈 수 없다는 걸. 난 항상 낮은 반에 있었어요.……난 모든 과목에서 처참하게 실패했어요.

이러한 경험들은 병원에 있는 아동들에게 학교 수업을 제공하는 것에 대해 주목하게끔 한다. 1950년대에 병원 내 아동복지에 대한 관심이 고조되는 가운데(4장 참조), 정신의료 사회복지사인 제임스 로버트슨James Robertson은 병원에 있는 아동들이 다른 학령 아동들과 동일한 기회를 가져야 한다고 강력하게 주장하였다. 병원 안에서 교육서비스를 제공하는 것은 점차로 학업 면의 손실을 완화하고 학교에서 뒤처지는 것으로 인한 심리·정서적 영향을 완충하는 방법으로 인식되었다(예컨대, Barker, 1974; Murphy and Ashman, 1995).

병원 학교가 일정 정도 교육에 대한 접근을 가능하게 했지만, 항상 학업 욕구에 잘 부합하는 것은 아니었다. 매기는 아동기의 대부분을 병원에서 보냈는데, 그 당시를 회상하면서 학교가 있긴 했지만 그것이 그녀의 마을에 있던 학교와 동일한 기회를 제공하는 것은 아니었다고 말한다.

여름이 되면 모든 침대들을 발코니로 밀어 놓았고 아이들은 햇볕 아래서 자기 침대에 앉아 있었어요. 그러면 선생님이 와서 수업을 했지요.……학교에 있는 것 같지는 않았어요. 그렇지 않겠어요?……그때 학교를 제대로 다니지 못해 지금 내가 별로 유식하지 못하다고 생각되는데…….

마찬가지로 벨라는 1950년대에 그녀가 받은 병원에서의 교육을 이렇게 회상한다.

아침에 선생님들이 와요. 지금은 병원에 오래 있는 아이들에게 아주 다르게 하겠지만, 그때는 사람들이 왔어요. 와서는 뭐 간단히 암기할 거리가 적혀 있는 종이 같은 것을 나누어 주죠.…… 그러고는 아무것도 없어요. 내 기억에 난 내가 더 할 수 있는 무언가가 있을지, 그니까 내가 좀더 할 수 있는 게 있는지 묻기까지 했어요. 학교에서 작업할 것을 보내지 않으면, 가끔씩 그런 게 오기도 했어요. 뭐 정말 별건 아닌데……. 그러니까 그 당시로서는 일종의 작업치료 같은 게 아니었을까 싶은데요. 물건을 만드는 거였어요. 난 토끼 인형 스무 마리를 만들기도 하고 그랬지요. 바구니 만들기는 정말 많이 했어요.

1960년대에 태어난 사람들로부터도 비슷한 설명을 들을 수 있었다. 에이린은 그녀가 병원에 오래 머무는 동안 아주 기본적인 교육이 이루어졌다고 회상한다.

난 4개월에서 6개월에 한 번씩은 학교를 쉬었는데, 그럴 때 정말 아무런 지원도 없었어요. 사실상 내 친구가 가져다준 것이 전부였죠. 그 친구는 교실에서 쓴 노트를 모두 가져다가 그걸 복사해서 나에게 가져다주었거든요. 그게 내가 O-level에서 했던 전부였어요. 지금 생각하면 정말로 말도 안 되는 일이지요.…… 그때는 아이들이 병원에 있을 때면 늘 선생님을 보내 주었어요. 그렇지만 그 선생님들은 O-level 수업을 할 수 있는 사람들이 아니었어요. 그저 아이들에게 그림을 그리게 하거나, 책을 읽으라고 책을 주었을 뿐이죠. 난 혼자서도 책은 읽을 수 있었다고요! 내가 읽을 책들을 챙겨 주긴 했지만, 그 선생님들은 아무런 교육안도 가지고 있지 않았던 거죠.

그러나 이 경험이 모두 다 부정적인 것은 아니다. 에이미는 아동기의 대부분의 시간 동안 받았던 병원 학교에서의 교육이 자신의 기본적인 학업 면의 발전을 위해 중요했다고 생각한다.

그 병원을 맡고 있는 의사가 있었는데, 그녀는 정말로 아이들 교육에 열성적이었어요. …… 그녀는 아이들이 할 수 있는 한 최대로 교육받기를 정말로 바랐어요. 만약 내가 그 병원에 있지 않았다면, 그래서 지루한 특수학교에 보내졌다면 나는 어떤 시험도 통과하지 못했을 거예요. …… 우리의 일과는 말 그대로 세 시간씩 쪼개져서, 물리치료를 세 시간 받고 나서, 매일매일 세 시간씩 공부를 했어요. 그녀는 그 리듬이 깨지는 걸 싫어했어요. 그 병원의 책임자가 물리치료만큼이나 학교 공부가 방해받는 걸 싫어했던 거죠. …… 나는 또 다른 주간 학교에 가 있던 짤막짤막한 시간들을 제외하고는 내 학교생활의 전부를 그곳에서 보낸 셈이었어요.

이러한 사례들에서 두드러진 것은 사람들은 자신들의 삶을 규정했던 힘에 대해 제도나 사회구조보다는 개인적인 관계나 개인 행위자들의 차원에서 설명하곤 한다는 것이다. 따라서 중간 세대 사람들의 인생 이야기 속에서 교사들의 기대 수준이 낮고 아무런 도전을 받지 못했던 경험이 분명하게 드러남에도 불구하고, 이 이야기들은 '역경을 딛고 일어선' 개인의 탄력성이나 성취의 이야기들에 의해서 종종 묻혀 버리고 만다. 예컨대 이언은 1960년대 후반 특수학교에서의 자신의 경험을 회상하면서, 그곳에서의 가르침이나 기대는 특히 표준 이하였다고 느낀다. 그는 학교를 졸업하고서 몇 년 후에 있었던 만남에 대해 이렇게 설명하였다.

한 명 한 명의 교사들이 전부 다 기본적으로 제자리걸음만 하고 있던 것은 차치하고라도, 교장도 자기 일에 성의가 없었어요. …… 맞아요, 그 완벽한 예가 뭐냐 하면요, 내가 계속교육 대학에 다닐 때, 강의가 끝나고 쉬는 시간에 밖에 나왔는데, 그 예전의 교장선생님을 만나게 되었어요. 그 선생님을 피하려고 복도 쪽으로 내려갔지만 불행히도 피하지를 못했지요. 그 선생님이 나를 따라오면서 물었어요, "여기서 뭘 하고 있지?" 내가 "전 여기 학생이에요……"라고 대답했지요. 그러자 그 선생님은 분명히 이렇게 말했어요. "설마, 내 학생 중에 A-level을 할 수 있을 만큼 똑똑한 아이는 한 명도 없다고 생각했는데." 이것이 그 학교의 정신세계를 그대로 보여 주는 거죠. 아무런 동기부여도 없는 거예요.

20세기 후반, 특수학교에서 학업에 대한 기대가 낮았던 것은 장애 연구에서 자주 지적되어 왔다(예컨대, Humphries and Gordon, 1992; Alderson and Goodey, 1998; Morris et al., 2002; Shah, 2007). 테드 콜은 특수교사 양성 과정이 정부의 정책 의제에 대해 우선순위를 두지 않았다고 주장한다(Cole, 1989). 뿐만 아니라 특수교육이 '돌봄'과 '치료'라는 위상에서 교육의 위상으로 전환하는 과정에서 나타난 제도적 불명확성이 여전히 남아 있었다. 사실 특수학교에 다니는 아이들이 일반학교에 다니는 아이들과 동일한 국가 교육 과정에 들어올 수 있는 자격을 부여받은 것은 1988년 「교육 개혁법」Education Reform Act 이후의 일이이었다. 핼핀과 루이스는 심지어 「교육 개혁법」에서조차도 국가 교육 과정은 특수학교 학생을 염두에 두지 않고 설계되었다고 주장하면서 많은 특수학교들이 원안에 적극적으로 저항했었다는 것을 지적하였다 (Halpin and Lewis, 1996).

기대와 열망에 대해 고려하는 것은 생애 과정에 대한 전기적 접근에서 중요한 것이다. 기대와 열망을 고려함으로써 우리는 중요한 인생의 전환점들 ──이는 인생의 중대한 결정이나 제도적 요인들로 인해 맞이하게 되는 것들인데── 이 미래 성인기 삶의 특정한 궤적을 만들어 나가는 데 어떻게 작용하는지를 엿볼 수 있기 때문이다(Furlong and Biggart, 1999; Shah, 2008). (홀리의 경우처럼) 기숙형 특수학교에서 지냈던 특별한 몇몇 사람들의 경우를 제외한다면, 1980년대에 출생한 젊은 3세대에게는 학교에서의 낮은 기대를 보여 주는 삽화들이 별로 없었다. 하비가 일반학교에서 했던 경험은 교사들의 기대와 관련하여 좀더 긍정적인 모습을 보여 준다.

선생님들은 나에 대해서 아주 높은 기대를 가지고 있었어요. 왜냐면 일반 학력 인정시험에서 내가 아주 잘했거든요. 나는 학교에서 평균 이상으로 잘했어요. 선생님들이 그러셨죠. "하비, 너는 좋은 대학에 갈 수 있을거야." ……내가 생각하기에, 그 선생님들께 그런 칭찬을 받지 못했다면, 그러니까 그분들이 보여 준 기대만큼의 무언가를 받지 못했다면, 나는 지금 내가 가진 것들을 이루어 내지 못했을 거 같아요.

2010년에 아동·학교·가족부는 "특수교육 욕구와 낮은 성취 사이의 연관성을 파괴하기"라는 새로운 지침을 만들어 냈는데, 이는 "적절하게 제공된 개입을 통해 학업성취에 대한 부정적 영향을 최소화해야 한다"는 점을 강조하고 있다(DCSF, 2010: 9). 장애문제사무소는 이제 장애인 평등의 지표 안에 학교에서의 성취를 포함하고 있다. 성취 지표는 학교 센서스와 성적 자료를 조합하여 얻는다. 이 자료는 '장애' 범주별로 구분되어 있지는 않지만, 특수교육 욕구를 가진 학생들 전체의 표준 학력평가시험 성취 수준이 해마다 높아지고 있다는 것을 보여 준다. 또 몇몇의 학생들은 높은 일반 학력 인정시험 점수를 받았다는 점도 확인할 수 있다. 그럼에도 불구하고 청소년 동년배 집단 연구는 16세 장애 청소년 가운데 겨우 39%만이 2003/04년도 레벨3 자격 과정을 공부하고 있음을 보여 주는데, 이는 같은 연령대 비장애 청소년에서는 50%인 것과 비교되는 수치다. 동일한 자료에서 19세 장애인의 28%가 고등교육을 받은 적이 있는 것에 비해 비장애인은 41%에 이른다. 한편 고등교육 통계국의 자료에 따르면, 대학교 입학을 준비하는 장애인들 가운데 56%는 상위 1등급 또는 2등급의 점수를 얻고 있어서, 비장애학생들의 경우인 59%에 거의 근접하고 있다(DCSF, 2010; ODI, 2010). 그러므로 고등교육 수준으로 가면 학업 성취 면에서 장애인과 비장애인 간의 격차가 점차 좁아지는 것에 틀림없지만, 학교에서 장애학생들의 발전을 방해하는 요인이 무엇인지에 대한 고려는 계속 필요할 것이다.

사회적 기대

앞에서 설명한 제한적인 사회적 환경과 학업에 대한 낮은 기대 등은 시설과 마찬가지로 세상과 분리된 서비스가 성인기의 통합된 삶을 위해 필요한 사회적 준비를 하는 데 지장을 초래하는 것은 아닌가 하는 염려를 불러일으킨다. 예컨대 미키(1980년대생)는 제한된 사회적 공간에서 성장하는 것이 갖는 의미에 대해서 다음과 같이 말한다.

……그곳은 너무나 보호받는 환경이었기 때문에, 대학에 갔을 때는 정말 충격 그 자체였어요.……내 생각에는 중고등학교의 그런 보호적인 환경이 나를 좀 약하게 만들었던 것 같아요. 모든 게 나를 위해서 갖추어져 있었으니까요. 중고등학교가 그렇게 보호적이지 않았다면, 아마 내가 대학에서 생활하는 게 좀더 쉬웠을 거 같아요.

브랜디와 조는 1990년대에 같은 기숙형 특수학교에 있었고 인근 지역의 기숙형 특수대학의 입학 허가를 받았다. 브랜디는 그 대학에서 자신이 어느 정도 발전했다는 것을 인정하면서도, 실제의 세상으로부터 '보호받는' 것에 대해서 비슷한 이야기를 하고 있다.

그 학교에서의 생활은 실제적 의미에서의 생활이라고 할 수 없었어요. 거기는 정말 보호받는 곳이었거든요.……이 대학 같은 곳에 있게 되면 이게 현실인 것처럼 느끼게 돼요. 여기에서 사람들은 상당 정도로 보호를 받지만, 사실은 보호받는 게 아니에요. 여기에서 사람들은 보호를 받지만 자신을 위해 스스로 결정을 하지는 못하지요.

학업에서의 기대가 높아지는 것이 반드시 성인기의 지역사회 통합에 대한 사회적 기대가 높아지는 것을 수반하지는 않는다. 이에 대한 관심은 1980년대의 영국장애인협회에 의해서 제기되었다(British Council of Disabled People, 1986). 특수교육체계가 장애청소년들이 성인기의 독립적인 삶을 위해 필요한 사회적 기술과 사회적 지식 등을 배우는 데 장애물이 된다고 보는 것이다. 홀리는 계속해서 이렇게 말했다.

> 난 열여덟 살이 되었을 때 학교를 떠났는데, 그때까지는 정말 고치 안에 들어앉아 있는 누에 같았어요.……우리는 장애인으로서 바깥세상 이야기나 바깥세상의 일들에 대해 듣지도 보지도 못했고, 곧 우리가 부딪히게 될 사람들이 가지고 있는 우리에 대한 태도에 대해서도 알지 못했죠.……그때까지도 난「장애차별금지법」같은 것들에 대해서는 아무것도 몰랐어요.

말만 두고 보자면, 이러한 이야기들은 위 세대들의 이야기와는 대조를 이루는 것이다. 위 세대 장애인들은 특수학교가 그들의 '독립성'을 최대화하는 것에 초점을 맞추고 있었음을 자주 강조했었다. 그러나 이때의 독립성이라는 것은 보통 신체적인 기능이나 운동성을 정상화하는, 일종의 치료에 초점이 맞추어진 것이었다(4장에서 논의되었다). 예컨대 포피는 1970년대 초반에 그녀가 겪었던 경험에 대해서 다음과 같이 전한다.

> 학교에서의 목표는 우리가 될 수 있는 한 최대로 독립하는 것이었어요. 하지만 우리는 휠체어를 사용하기로 결정하는 것에 있어서조차도 독립적이지는 못했어요. 너희는 걸어야 한다, 너희는 걸어야 한다.……나는 언어치료를 받았고, 물리치료도 받았어요. 또 옷도 혼자서 입어야 했고, 스스로 먹을 수 있어야만 했죠. 의존적이면 의존적일수록, 네가 얻을 수

있는 권리는 줄어들 것이다……라는 거죠.

반대로 젊은 세대 장애인들은 '독립'이 무엇을 의미하는지에 대해 좀더 사회적인 개념을 가지고 있었고, 학교를 통해 걷도록 '만들어졌다' 고 진술하지는 않는다.

조와 브랜디의 이야기를 살펴보면, 계속교육 부문에서 독립성 기술이 가르쳐지는 방식에 대해서 다시 생각하게 된다. 통합에 대한 정책적 수사에도 불구하고, 장애청소년에 대한 계속교육의 급격한 확대는 특수대학이나 장애학생을 위한 교육기관 및 프로그램의 엄청난 성장을 수반하게 되었다(Barton and Corbett, 1993). 피트와 커틴은 「장애차별 금지법」이 교육서비스 영역에까지 확대된 이후에도 일반대학에서 특수대학으로 옮겨 간 사람들이 있었는데, 그들이 학교를 옮기게 된 이유는 "일반대학의 물리적 접근성이나 이용 가능한 장애 관련 서비스의 질이 떨어진다는 것, 또는 이전의 일반학교에서 좋지 않은 경험을 했다는 것 등 구체적인 것들이었다"고 지적한다(Pitt and Curtin, 2004: 387).

이러한 맥락에서 볼 때 성인기의 '독립성' 기술independence skill이 형식화되고 관리감독되는 것은 문제를 가지고 있다. 조의 이야기는 이런 문제에 대한 통찰을 제공한다. 한 명의 성인으로서, 그녀의 남자친구와 함께 그들만의 아파트에서 독립적으로 살아왔음에도 불구하고, 조가 다녔던 대학은 그녀가 '독립성 훈련'을 마치지 않은 채로 캠퍼스를 떠나는 것을 허락하지 않았다.

나는 혼자서 쇼핑도 가구요, 사람들이 집 밖에서 할 수 있는 모든 것들을 할 수 있어요.……내가 뒤에서 잘 나서지 않았기 때문에, 내가 더 독립적이어야 한다고 생각했나 봐요. 내가 혼자서 요리하고 설거지하는 법 같은, 독립성 훈련을 더 받아야 한다는 거예요. 난 그런 것을 이미 다 할 수 있는데, 그 사람들은 그걸 하기 위해서는 내가 훈련을 받아야 한다고 생각했어요. 난 그런 건 다 할 줄 알아요. 그런 일들은 1년 4개월 이상 해왔던 일이거든요. 다시 뒷걸음치는 것 같은 느낌이었죠.

미들턴은 독립성 기술을 형식화하고 인가하는 과정이 교육적인 성취의 표지라기보다는 일종의 사회통제 기제로 작동하고 있다고 주장한다(Middleton, 2003). 계속교육에 대한 과도한 강조가 비장애청소년들에게 취업(또는 고등교육으로의 진입)에 필요한 기술을 준비하도록 종용했던 것처럼, 특수대학들은 장애청소년들에게 사회 기술과 자립생활 기술을 가르치기 위한 교과 과정에 우선순위를 두어 왔던 것이다.

나가며

교육과 학교생활에 대한 개인들의 이야기를 풍부하게 묘사하고자 하였지만, 하나의 장을 통해서는 그 개요를 전달하는 것 정도만 가능한 것 같다. 여기에 소개된 경험들을 3장(가족생활)과 4장(의료화)에서 논의되었던 것들의 맥락에서 읽는 것도 중요하다. 이들 서로 다른 영역들 사이의 상호작용을 이해하는 것은 공공 정책의 수준에서도, 개인적인 삶의 수준에서도 중요한 것이다. 아동·학교·가족부(이 부처는 2010년 새 정부 출범과 함께 폐지됨)가 하나의 통합된 정부 부처로 출범한 것, 그리고 교육, 보건, 사회 보호 담당자들 사이의 '협력적인' 업무가 권장되는 것은 이러한 연관성을 인정하는 것이다.

학교 배치에 대한 결정, 특히 기숙 학교로 배치하는 결정은 전문적인 권위자들의 영향만큼이나 실제로 접근 가능한 학교의 유형이 무엇인가에 의해서도 영향을 받는 것이었고, 우리가 논의한 역사적 기간 동안 사실상 통합을 향한 경향이 안정적이고 일관성 있게 이어진 것도 아니라는 점을 지적해야 할 것 같다. 사실 특수학교로의 배치가 확대된 것(특히 이는 1970년대에 두드러졌다)은 장애인들의 인생 궤적이 사회로부터의 분리를 향해 나아가는 것을 막기보다는 오히려 강화하였다. 특수학교들은 중심지로부터 멀리 떨어진 곳에 있던 오래된 시설들을 활용해 이어 붙인 조각보 같은 성격을 가지고 있었던 것이 분명하고, 아이러니컬하게도 특수학교의 수가 감소하는 것은 어떤 가족들에게는 분리의 딜레마를 더 강화하는 것이기도 했다(더 멀리 떨어진 곳의 특수학교로 가는 것이 그들에게 제공된 '유일한 대안'이 되었기 때문이다). 더구나 기숙형 '대학'에 다니게 된 새로운 세대는 '계속교육'이라는 구실하에 새로운 형태의 분리와 감시를 만나게 되었다.

시간에 따른 변화를 고려할 때, 아동들에게 주어진 교육적 기회가 보건의료서비스나 치료서비스를 위한 시설 거주라는 틀 안에서 가질 수 있었던 기회만큼이나 제한적이었다고 말할 수는 없을지 모르겠다. 또한 가족들이 전문가의 의견에 대해 대항할 수 있는 기회는 더 많아졌고 지역의 교육서비스에 대해 불만을 표현할 기회도 더 많아졌다. 이런 의미에서 세대 간 이야기들은 기회구조 면에서 변화가 있었음을 보여준다. 그러나 21세기로 전환하는 시점에서조차도 개인들의 이야기 속에서 반세기 이전의 시설화로 인한 불이익과 유사한 이야기가 나타나고 있다는 점은 큰 걱정을 남기는 것일 수밖에 없다.

- 1950년대와 1970년대에 학교를 다니던 아이들의 경우와 비교할 때, 오늘날 일반학교에 다니는 장애아동들이 이용할 수 있는 지원책들은 그들의 학업과 사회적 삶에 어떠한 영향을 미치고 있는가?

- 1970년대 기숙 학교를 포함한 특수학교의 증가는 장애아동의 가족생활과 친구 관계에 어떠한 영향을 미쳤으며, 통합교육 정책에서의 최근의 변화들은 오늘날 아동들에게 어떤 차이를 가져왔는가?

- 1980년대 초반 이후 발전되어 온 통합교육 정책은 장애아동과 장애청소년들을 위한 새로운 학업 기회와 사회적 기회를 어느 정도로 만들어 냈는가? 또한 장애아동들은 왜 오늘날에도 여전히 특수학교에 보내지는가?

6장

일하며 살아가기

지금까지는 아동기에 경험하는 인생의 선택과 기회에 대해서 살펴보았다. 이는 아동기의 중요한 전환점들이 성인기의 경력과 관련될 인생의 족적에 어떻게 영향을 미치는지 잘 보여 주고 있다. 이번 장에서는 성인기로의 전환에 있어 중대한 요인인 일과 고용으로 관심을 돌리려고 한다. 일과 고용은 1940년대 이래 장애 정책의 핵심적인 관심사이기도 했다. 말할 필요도 없이 1980년대에 태어난 가장 젊은 세대의 장애청소년들 가운데에는 아직 성인기 노동시장에 진입한 사람이 별로 없다. 이들은 아직 전업 학생으로 공부하고 있거나, 일자리를 찾지 못했기 때문이다. 하지만 위 세대에 속한 사람들의 오랜 노동 경험은 그들이 지금까지 목격해 왔던 변화에 대해 유용한 통찰을 제공해 줄 수 있을 것이다.

일과 고용은 성인으로서의 삶에서 통합의 핵심으로 간주되어 왔고, 이는 장애활동가와 정책 입안자들 모두의 인식에서 공통적이었다(Priestley, 2000). 예컨대 1970년대와 1980년대에 장애에 대한 사회적 모델 이론의 개발에 앞장섰던 사람들 중에는 고용과 사회 통합 사이의 강력한 구조적 관계를 주장한 사람들이 있다. 이들의 주장은 다음과 같다.

일반고용 안에 통합되기 위한 투쟁은 사회조직을 변화시키기 위한 투쟁의 가장 핵심적인 부분이다. 이를 통해 신체적인 손상을 가진 사람들은 더 이상 완전한 참여에서 배제되는 것으로 인해 쇠락하는 처지에 이르지 않을 수 있다.……신체적 손상을 입은 사람들이 배제당하는 다른 모든 상황들은 결국 분석해 보면 고용에서의 근본적인 배제와 연관되어 있는 것이다. (UPIAS/Disability Alliance, 1976: 15~16)

교육과 마찬가지로 고용은 광범위한 주제이며, 여기에 소개된 이야기들을 통해서 모든 논의 주제들을 포괄할 수는 없을 것이다. 앞의 장들에서처럼, 여기서는 공공 정책과 사람들의 개인적인 삶 사이의 관계성에 주요한 강조점을 둘 것이다. 첫번째 부분은 변화하는 노동시장에서 사람들이 일자리를 찾으려고 할 때 받을 수 있는 지원에 대해 살펴본다. 두번째 부분에서는 고용에서의 장애물과 변화하는 정책의 영향에 대해 생각해 보려고 한다. 마지막 부분에서는 대안적인 일자리가 의미 있는 고용이 되는 현상을 다룰 것이다.

취업을 위한 지원

우리의 주인공들이 들려준 구직 경험은 그들이 노동시장으로 진입할 수 있는 길을 탐색하기 위해 어떤 전략들을 사용했는지, 그리고 그들이 공적 또는 사적으로 어떤 지원을 받았는지에 대해 많은 것을 알려 준다. 위 세대 사람들의 경우, 그들이 공적인 고용서비스를 통해 만났던 지원 방안들은 그다지 긍정적인 것으로 기억되지 않았다. 그들은 일자리를 찾고 고용을 유지하기 위해서 차라리 비공식적인 도움에 더 의존했던 것으로 보인다. 직업교사나 조언자들 역시 별로 도움이 되지 않았다고 말한다. 심지어 장애를 조장하는 반응을 통해서 직업적인 열망을 가로막기도 했다.

장애를 가진 젊은이들이 가족과 친구로부터 받았던 도움과 관련해서 수많은 일화가 있다. 예컨대 매기는 1960년대 초반에 아무런 공식적인 자격 요건을 갖추지 못한 채로 학교를 떠났다. 인생의 다른 영역에서 그랬던 것처럼, 그녀는 경쟁적인 노동시장에서 처음 직업을 구하는 데 있어서도 가족들의 도움에 의지했다.

집에 앉아 있는데, 공장에서 일하시던 삼촌이 달려와서 말했어요. "하고 있는 일이 있니?" 나는 "아니요"라고 했죠. 아마 집에 돌아온 지 한두 주쯤 되었을 때였을 거예요. 그니까 한두 주 전에 학교를 떠나온 거죠. 삼촌은 "지금 얼른 옷을 입어라" 하셨어요. "어딜 가게요?" "얼른 코트 입어." 코트를 챙겨 입고 나니, 삼촌은 나를 들쳐 업고 삼촌이 일하던 공장 한가운데로 데리고 가서 사무실에 나를 앉히시고는 말했어요. "사장님이 와서 너에게 일자리를 제안할 거야." 난 화장도 안 하고 머리도 엉망이었거든요. 잠시 앉아 있었더니, 사장이 와서는 그저 질문을 몇 개 했어요. "월요일부터 바로 시작하죠." 그렇게 일을 시작하게 되었죠.……

직업안정국Employment Exchange이 제안한 몇 가지 선택지들을 거부했기 때문에, 댄도 비공식적인 자원에 의지할 수밖에 없게 되었다.

동네 교회 집사님이 있었는데 내 주변을 빙빙 돌면서 날 어디든 취직시켜 주려고 애쓰셨어요. 나를 가게에 취업시킨 것도 그분이었죠.……

캐서린은 처음에 보호작업장으로 보내졌었다. 하지만

그 사람들이 내가 갈 수 있다고 제안했던 곳은 우리가 다 거절했어요. 부모님의 도움이 있었죠. 우리는 우리가 살던 지역을 다 돌아다니면서 일자리를 얻을 수 있는지 구석구석 살펴봤어요. 결국 나는 시 의회에 일자리를 얻었어요. 정말 좋은 일자리였어요. 교육부 안에 있었거든요.

이 시기 이후의 변화를 살펴보면서, 워런은 1990년대 중반에 「장애차별금지법」이 실행된 것(이는 고용할당제의 폐지를 포함한 것이었는데)은 정책적 책임을 개인들에게 이전시킨 것을 의미한다고 설명하였다(Warren, 2005). 즉 개인들은 이제 그들 스스로를 고용주에게 판매해야 하는 것이다. 하지만 대부분의 인생 이야기들은 「장애차별금지법」 이전에 경쟁적인 고용시장에서 직업을 구한 사람들 역시 공적 기관의 구조화된 '원조'에 접근할 수 있었음에도 불구하고, 개인적인 자원에 더 의존해 왔음을 보여 주고 있다.

공적인 고용서비스로부터 받는 도움

1940년대에 태어난 가장 위 세대 장애인들은 빨라도 1950년대 중반까지는 아직 성인 노동시장에 진입하지 못했을 터인데, 바로 그 직전에 정책의 큰 틀에서 중요한 변화를 맞이하게 되었다. 데버러 코헨과 앤 보세이는 1차 세계대전 중에 성립된 정부공식등록제King's National Roll Scheme[1]의 중요성을 지적하였다(Cohen, 2001; Borsay, 2005). 이는 고용주들이 장애인 노동자에게 일자리의 일정량을 자발적으로 제공하는 것을 하나의 '명예로운 의무'로 널리 인식하도록 한 것이었다(Kowalsky,

2007). 이는 1944년의 「장애인(고용)법」 조항으로 대체되기 이전에 이미 상이군인들을 넘어 일반 장애시민disabled civilians을 포함하는 것으로까지 확장되었다. 장애인 노동자들이 가진 잠재력에 대한 낙관적 관점은 이전에는 잘 알려지지 않았지만, 전쟁을 거치며 주요 산업부문에서 발생한 노동력 부족을 보충할 인력으로서 장애인들이 재평가되면서 낙관론은 더욱 가열되었다(이후에 설명할 것. Stone, 1984).

톰린슨 보고서는 고용에 적극적으로 참여함으로써 장애에서 '회복'되는 좀더 통합적인 과정을 주장하였다(Tomlinson Report, 1943). 그것의 초점은 위원회의 이름처럼 '재활과 재배치'Rehabilitation and Resettlement에 있다. 이는 경제활동 연령에 들어선 후에 손상을 입게 된 사람들을 주 대상으로 한 것이다. 1943년에 「장애인(고용)법」의 초안을 소개하면서, 노동부 장관의 대변인은 "근면한 마음에 희망을 불어넣어" 경제적 독립을 향해 나아갈 수 있도록 하는 모델의 필요성을 강조하였다.

> 법안은 장애가 고용에 있어서 하나의 불편 요인일 뿐 장애물이 아니라는 원칙, 그리고 일반적으로 장애인으로 간주되는 사람들의 대다수가 유용하고 생산적인 일을 할 수 있는 사람들이라는 원칙에 기초하고 있다.……따라서 장애인이 할 수 없는 것보다는 할 수 있는 것을 생각해야 하고, 그것에 기초하여 장애인들이 이 나라의 정상적인 경제적 삶 속에 그들의 자리를 잡을 수 있도록 최대의 기회를 만들어 내는 것이 필요하다. (Hansard, 10 December 1943, v395, c1268).

1 1차 세계대전에서 장애를 입고 퇴역한 군인들을 위한 고용 프로그램을 말한다. 이 프로그램은 단기적인 고용 성과를 냈을 뿐 아니라, 장애를 입은 군인들, 더 나아가 장애인 일반의 고용 문제와 국가의 책임에 대한 관심을 불러일으켰다.—옮긴이

「장애인(고용)법」은 "심각한 핸디캡을 지닌" 사람들에 대한 국가등록제와 그들의 취업을 위한 3% 고용할당제를 법으로 규정하였다. 또한 법은 장애인들을 위해 '지정되는' 몇몇 직업군을 정하고 경쟁적인 노동시장에 취업할 수 없는 사람들을 위한 보호작업장의 틀을 만들었다. 장애재배치국Disablement Resettlement Officer (DRO)에 새로운 역할이 부여되었는데, 지역의 장애인 고용 현실을 모니터하여 노동부에 보고하고 개인들에게 직업 진로를 안내하는 것이었다. 직업능력 사정과 취업준비 과정은 사회참여를 권리로 인정하였는데, 동시에 의료적 권위의 강화를 수반하였다(4장 참조). 반스는 이러한 조정방식이 "강제의 정책과 설득의 정책 사이의 절충안"으로 보일 수 있다고 언급한다(Barnes, 1991: 85).

1950년대 중반의 고용서비스에 대해 재검토하면서 피어시 보고서(Piercy Report, 1956)는 재활에 대해 의료 전문가들이 갖는 권위와 노동 친화적인 환경 안에서 노동 능력을 회복하는 것의 중요성을 다시 강조하였다. 이는 병원과 산업을 연결하는, 즉 의료적 기반을 가진 고용재활센터의 설립을 권고하는 것이다. 또한 보호고용서비스의 제공을 확대하고자 하였다. 같은 시기에 국민보건의료서비스 병원들 안에서는 작업치료의 제공이 확대되었다(Cromwell, 1985).

장애인들의 인생 이야기 속에서 술회된 경험들을 살펴보면, 이러한 정책의 틀 안에서 서로 다른 두 가지 형태의 인생 경로가 만들어졌음을 알 수 있다. 보세이는(Borsay, 2005) 퍼트리샤 손턴과 닐 런트가 주장하는 것처럼(Thornton and Lunt, 1995) 1940년대의 정책은 '효과성 있는'effective 노동자와 '효과성 없는'ineffective 노동자 사이의 구분을 더욱 극단적으로 만들었다고 주장하고 있다. 즉 '고용서비스의 효과성을 보여 줄 수 있는' 노동자는 사실상 많은 장애물과 적은 실질적 지원에도 불구하고 경쟁적인 노동시장에 참여할 기회를 가질 수 있는 반면, '고용 서비스의 효과성을 보여 줄 수 없는' 노동자들은 점차 노동시장에서 분리되어 반스가 "제도적으로 보장된 고용"이라고 불렀던 여러 고용 형태 안에 머물게 되었던 것이다(Barnes, 1991).

지방 고용청 내의 장애재배치국을 통해 지원서비스를 받는지 여부에 따라 노동시장에 진입하는 사람들이 제안받게 되는 일의 종류가 영향을 받았다. 예컨대 1944년 「장애인(고용)법」에 따라 노동부 장관은 특정 직업군을 장애인 노동자를 위한 것으로 '지정할 수' 있는 권한을 갖게 되었다. 이러한 정책은 진보적인 것인 양 보도되었지만, 사실상 그 직업군은 매우 협소한 것으로 겨우 두 개의 직업에 한정되었다. '자동차 주차 요원'과 '전동 리프트 조작자'가 그것이다. 물론 등록된 장애인 노동자들이 이들 직업에만 국한되어 취업하는 것은 아니었지만, 특정 직업군을 지정한다는 것은 장애재배치국이 이 특정 직업으로 사람들을 밀어 넣을 수도 있음을 의미하는 것이었다.

예를 들면 (2장에서 요약된 것처럼) 댄은 해군 입대를 거부당한 후에 직업안정국에 갔다. 그는 담당자로부터 지정된 직종의 빈자리에 들어갈 것을 제안받았다.

1960년대에 어린 시절을 보낸 아이들이 다들 그런 것처럼 나도 학교를 졸업하고 나서는 돈을 좀 벌 수 있기를 바라고 있었지요. ……열여섯 살이 되어서 직업센터를 찾아갔을 때 난 장애등록증을 가지고 있었어요. 장애도 있고 국가에 등록도 되어 있었던 거지요. 직원이 말했어요. "그래, 인근 도시의 큰 상가건물에 리프트 일자리가 있단다." 그러면서 "근

무시간 대부분을 너는 그냥 앉아 있기만 하면 된다"고 했어요. ……장애인들에게 주어지는 일자리는 정말 후진 것들이죠. 아시겠지만 리프트 요원이나 주차 요원 같은 거요. 정말 대단한 일자리죠, 사람들이 결코 가고 싶지 않을 만한(웃음)…….난 주차 요원은 제안받은 적이 없고요, 리프트 요원 이야기만 들었어요.

원칙적으로는 장애재배치국에서 제안하는 선택지가 주차 요원과 리프트 요원으로만 국한되어 있던 것은 아니지만, 댄은 이 두 직종의 빈자리에 들어갈 것을 제안받은 것이다. 댄은 이 자리를 거절하였고 결국 공적인 고용서비스의 지원 없이 비공식적으로 일자리를 찾아 나서게 되었다. 1960년대 중반까지 지정된 직종에 고용되어 있던 사람들의 대부분은 장애인으로 등록된 사람들이었다(우리가 수집한 이야기들 속에서 이들 지정된 직종에 관련된 다른 자료들은 없지만). 적어도 이론상으로는 1996년 「장애차별금지법」이 시행되면서 이 규정이 삭제되기 전까지는 이러한 서비스가 계속되었다고 할 수 있다.

앞의 두 세대는 장애재배치국으로부터 별다른 지원을 받지 못하면서, 경쟁적 고용시장의 바깥에서 보호작업장에 머물거나 '훈련'을 주로 받았던 것 같다(이후에 논의된다). 이들이 선택할 수 있는 대안은 협소하였고 개개인이 어떤 직업적 목표를 가지고 있는지에 대한 고려는 부족했던 것으로 보인다. 실제로 1957년 고용서비스 개선을 위한 의회 논의(피어시 보고서에 의해 촉발된) 중에 한 의원이 장애재배치국의 업무에 대해 말한 내용은 이를 잘 보여 준다.

이 사람들은 이 일에서 중요한 사람들입니다. 내가 경쟁적인 고용시장과 보호작업장 양쪽에서 오랫동안 일해 왔던 사람들의 이야기를 들어 본 결과, 그들이 하는 일의 특성상 그들 역시 일종의 재활을 필요로 하는 사람들일 수 있다는 생각이 들었습니다. 산업체 안의 상황은 워낙 빠른 속도로 변화하기 때문에 한 사람의 기능이 어느 정도 될지에 대한 예상치가 완전히 빗나갈 수도 있는 것이지요. 왜냐하면 그 예상치는 벌써 수년 전에 그 사람이 훈련 과정을 통해서 도달할 수 있을 것이라고 예상했던 것들이기 때문이죠. (Hansard, 13 December 1957, v578, c1696)

20여 년 전에 전업 학생으로서 교육받는 것을 마치면서, 매트는 장애재배치국이 여전히 자신의 개인적인 상황에 대해 고려할 수 있는 능력을 가지지 못했고 그들의 조언은 매우 제한된 정책적 대안으로만 한정되어 있다는 것을 깨닫게 되었다.

난 정기적으로 직업센터에 가서 "직업을 갖고 싶다"고 말했어요. 그들은 "우리 생각에는 당신이 인근 지역에 있는 재활센터에 가서 뭘 할 수 있는지 알아보아야만 할 것 같다"라고만 말했죠.……내가 갈 때마다 그들은 거기 가라고만 했어요.……결국 난 더 이상 직업센터에 가지 않게 되었죠.

매트가 원했던 것은 평가를 받는 것이 아니라 경쟁적인 노동시장에서 일자리를 찾을 수 있도록 도움을 받는 것이었다. 장애재배치국 사람들은 때로 평가와 훈련을 받을 수 있는 재활센터로 사람을 보내는 것(또는 보호고용을 추천하는 것) 이외에 다른 제안을 할 수 없는 사람들처럼 보였다. 일반고용에서의 적응과 지원을 위해서 실제로 그들이 제공할 수 있었던 것은 고용주들이 고용할당을 유지하도록 강제하거나 선의를 가지도록 격려하는 것 이외에는 별다른 것이 없었다.

1965년까지 취업을 위해 장애인으로 등록한 사람이 655,000명을 넘어섰다(노동 인구의 40분의 1에 해당한다). 통계에 따르면 이들 가운데 '실업자'는 43,000명에 불과했고 보호작업장에 배치된 사람은 13,000명이었다. 당시에 매팅리가 지적한 것처럼(Mattingley, 1965), 거의 대부분은 일반 주류 직장에 고용되었다는 것이다(이는 고용할당이나 장애인에게 지정된 직종 때문만은 아니었다). 그러나 자발적으로 장애인 등록을 하는 사람이 계속 있었고, 이렇게 '등록한' 사람들이 평가자의 견해에 따라 좋은 일자리를 얻고자 했다는 점은 주목할 만하다. 그러므로 공식적인 통계에 제시된 고용률은 더욱 신뢰할 수 없는 것이다.

1980년대 초반부터 실업이 증가하면서 일반적인 공적 고용서비스로부터 조언을 얻는 장애인의 수도 증가하였다(그리고 장애인에 특화된 서비스에 대한 의존은 감소하였다). 또한 더 많은 장애청소년을 일반적인 고용훈련 과정에 포함시키려는 시도가 있었다. 당시의 자랑거리였던 청년직업훈련제도Youth Training Scheme 같은 것이다(Bradley, 1995). 이 시기를 연구하면서 다이애나 커 외의 연구자들은 "핸디캡을 조장하는 고용서비스의 현실"이라고 비난하였는데(Kuh et al., 1988), 이는 당시의 고용서비스가 장애청소년들에게 "경직되거나 불안정한 직업 경로"를 제시할 뿐이었기 때문이다. 1980년대 말까지 정책 방향은 평가와 훈련서비스에 있어 지방정부 담당자가 장애재배치국, 장애인 상담서비스, 직업재활서비스 등의 기능을 함께 수행하는 방향으로 대폭 지방분권화하는 경향을 보였다(DfE, 1990).

학교에서의 진로 상담

이 시기 젊은이들에게 제공된 전문적 조언의 또 다른 주요 원천은 학교나 대학이었다. 1960년대가 되면서 비로소 학교 교과 과정이 '진로' 상담에 실질적인 초점을 맞추기 시작하였고, 그후 1970년대에 이 기능은 빠르게 확산되었다(Law and Watts, 1977). 1980년대까지 비록 규정된 형식은 없었지만 모든 학교들이 진로 교육을 교과 과정으로 편성해야 한다는 분위기가 형성되었다. 우리가 들은 인생 이야기들 속에서도 진로 상담자를 만나거나 직업훈련 상담자를 만났던 기억이 많이 소개되고 있다. 하지만 대개 이 만남들은 맥이 빠지는 것으로 기억되고 있으며, 진로 상담은 부정적인 경험으로 남아 있다. 많은 비장애학생들도 진로 상담에 대해 부정적으로 말하지만(Watts, 2001), 장애청소년들의 진로 상담 경험 속에서는 장애가 하나의 중요한 요인으로 분명하게 등장하고 있다는 점을 주목할 필요가 있다. 예컨대 톰(1세대 중에서)은 의사가 되고 싶어 했던 그의 열망을 진로 상담자가 어떻게 짓밟았는지 잘 기억하고 있다.

그들은 "아유 이런, 넌 의사가 될 수는 없어. 넌 불구자니까"라고 했어요.……나는 몇 가지 점에서 의사가 매력적이라고 생각했거든요. 그런데 그 사람들과의 대화는 장애인으로서 의사 역할을 해내는 게 내게 얼마나 어려운 일인지를 말하고 보여 주려는 것이 되어 버렸죠.

이와 마찬가지로, 캐서린은 그녀가 1970년대 초반에 언어치료사가 되기 위한 훈련과정에 지원했을 때 사람들이 보인 반응을 기억하고 있다(이는 그녀의 직업 계획을 수정하게 만들었다).

난 인근 도시에 있는 대학에 인터뷰를 하러 갔어요. 그들이 말하기를 "이건 휠체어를 써야 하는 사람들에게 맞는 직업이 아닙니다. 정말로 아니에요. 뭔가 다른 일을 찾아보았으면 하는데요" 하더군요.

이언은 1970년대 후반에 특수학교를 떠날 때까지 그의 선택에 대해서 진로 상담자와 대화해 볼 기회가 없었던 것으로 기억하고 있다. 반면 이베트는 다음과 같이 회상한다(그 역시 특수학교에 다녔다).

한 사람이 상담을 해주러 들어왔지만 뭔가 도움이 될 만한 게 있었다는 생각은 들지 않았어요. 그니까 직업과 관련해서 격려하는 분위기 같은 게 전혀 없었죠. 사실 기억이 희미하긴 하지만 생활교육Education for Life이라는 수업이 있었어요. 아마 지금은 '개인 보건과 사회 교육' Personal Health and Social Education, PHSE으로 불리는 것 같은데요, 우리는 인근의 체셔 홈Cheshire Home에 방문해 보고 싶은지 질문을 받았던 것 같아요. 우리가 살게 될 곳이니까 가보겠냐는, 뭐 그런 거였죠.

에이미는 그녀의 꿈이 비웃음을 사고 있다고 느꼈고, 이로 인해서 당시에 그녀가 가지고 있던 확신과 동기가 약화되었다고 생각한다.

……그 사람들은 이런 식으로 말했던 것 같아요. "자 보렴, 네가 대학에 갈 수 있는 방법이 있는지……게다가 저널리즘을 전공하겠다고 하면, 더더욱 대학에 가긴 어려울 것 같은데?" 그땐 모두 다 안 된다, 안 된다, 절대 안 된다, 그랬어요.

1970년대에 학교를 졸업한 장애인들에 대해 이루어진 국가 차원의 조사에서는 특수학교 학생들에게 제공된 직업 관련 정보들이 질적으로 좋지 않았고 맞춤형 안내서비스가 제대로 개발되지 않았다는 점이 지적되었다(Walker, 1980). 워녹 보고서(Warnock Report, 1978: 165~166)에서 검토된 자료들에서도 비슷한 결과가 제시되는데, 이 보고서는 당시 장애청소년들을 위한 직업 관련 상담의 현황이 "필요한 수준에 훨씬 못 미치는 것"이라고 결론을 내리고 있다. 이 보고서는 특수학교 안에 자격을 갖춘 진로 교육 교사가 배치되어야 하고 일반학교 내 진로 상담자들에게는 장애에 관련된 추가적인 교육이 필요하다고 권고하였다.

이후 3세대 장애인들에게는 2001년부터 커넥션 서비스[2]가 새롭게 제공되기 시작되었다. 이는 사회적 배제 위원회(Social Exclusion Unit, 1999)가 "교육, 고용 또는 훈련 어디에도 속해 있지 않은(보통 '니트' NEETs[3]로 불리는)" 16~18세 청소년의 수가 늘어나는 것에 대해 관심을 기울이면서 마련된 서비스였다. 장애청소년들이 특히 열악할 수 있다는 것에 대한 인식이 제고된 것도 이 서비스가 만들어진 계기가 되었다. 이 서비스는 13세부터 모든 청소년들이 이용할 수 있는 것으로, '개인적 조언자'를 만날 수 있는 것을 포함하여 통합적인 전환 지원서비스를 계획한 것이었다. 그러나 실제로는 조언자들이 장애를 가진 젊은이들에 대해서 효과적으로 도움을 줄 수 있는 기술과 시간을 가지고 있지는 못했던 것 같다(Rowland-Crosby et al., 2004).

3세대 장애청소년들 사이에서는 정확히 어떤 기관이 직업 관련 상

---

2 커넥션 서비스는 2000년에 영국 정부에 의해 만들어진 공공 직업상담 및 진로지도 기관이다. 13~19세의 비장애 청소년과 25세 이하의 장애 청소년을 대상으로 한다.—옮긴이
3 not in education, employment or training의 약어.—옮긴이

담을 제공하는지도 분명하지 않았고, 전문적인 상담을 통해 자신이 취할 수 있는 결정이 달라질 수 있다는 인식도 별로 없었던 것 같다. 사실 홀리의 이야기(2장에서 요약)는 신체적 손상을 가진 청소년이 가지고 있는 개인적인 열망이 그들에게 조언을 할 책임을 가진 사람들의 기대에 대해 어느 정도 도전할 수 있는지가 더 중요했다는 것을 보여 준다.

내가 열다섯, 열여섯 살 정도 되었을 때 학교의 진로 상담자를 만나러 갔던 기억이 있어요. 그 사람은 나를 보면서 말하곤 했어요, 그래서 넌 뭘 하고 싶니? 난 "댄서가 되고 싶어요"라고 했지요. 그 말에 그 사람은 완전히 어이없어 하면서, "하지만 넌 장애가 있잖아"라고 말했어요. 그래서 난 그랬죠. "예, 알고 있어요. 그래도 난 댄서가 되고 싶어요."

장애청소년을 위한 직업전환 상담을 제공하기 위해, 고용서비스와 교육서비스 양쪽 모두에서 커다란 정책적 발전과 투자가 있어 왔다고 말하는 것은 틀린 말은 아니다. 그러나 세 세대 전체를 통하여, 이것이 경쟁적인 노동시장에서 직업을 찾는 데 많은 도움이 되었다는 증거는 거의 없다. 뒤에서 살펴보겠지만 공적인 제도는 이들의 인생을 경쟁적 노동시장에서 멀어지게 하는 데 오히려 더 큰 기여를 한 것 같다. 직업을 찾는 데 있어서 젊은이들이 공적인 지원망보다는 사적인 지원망에 의지했다는 증거가 훨씬 더 많은 것이다.

변화하는 노동시장

일자리를 구하는 것은 일자리에 대한 접근 가능성에 의해서도 영향을 받았다. 장애에 대한 초기의 사회적 분석은 자본주의 경제 체제하의 성인 노동시장 구조의 변화가 장애를 하나의 사회적 범주로 묶는 계기가 되었다고 주장한다. 실제로 스톤은(Stone, 1984) 누가 '장애인'인지에 대한 정책적 개념 규정이 경제적 조건의 변화 속에서 노동의 공급 측면을 통제하려는 국가의 노력과 얼마나 직접적으로 연관되어 있는지를 지적하였다(이에 대해서는 Priestley, 1997도 참조하라). 정책적 관점에서 이는 매우 중요한 것이다. 왜냐하면 이것은 공공 정책이 경제적 순환 과정의 부침 속에서 장애인의 고용 가능성을 규정하는 '탄력적인' 개입방법임을 보여 주기 때문이다(Gruber, 2000). 다시 말해, 일자리가 부족한 시기(예컨대 경기 후퇴의 시기)에 '일할 능력이 없다'는 이유로 장애인으로 분류된 사람들은 노동력에 대한 높은 수요가 있는 시기(예컨대 전쟁이나 경제성장의 시기)에는 노동시장으로 다시 편입될 수 있었던 것이다.

2차 세계대전으로 인해 영국의 노동시장은 엄청난 재구조화에 직면할 수밖에 없었다. 수천 명의 (비장애)남성노동자들이 군대에 가기 위해 그들의 직장을 떠났기 때문이다. 노동력 부족이 두드러지게 나타났고, 이는 정부로 하여금 아직 노동시장에 투입되지 않았던 산업예비군, 특히 여성 노동력뿐 아니라 장애라는 이유로 고용으로부터 주변화되어 왔던 사람들을 재인식하게 만들었다. 피터 칼보코레시와 가이 윈트가 쓴 것처럼, "전쟁은 나라 전체의 변화를 요구하는 위기상황을 발생시킴으로써, 정부로 하여금 나라 전체에 대해 주의를 기울이게 만들었다"(Calvocoressi and Wint, 1972: 407). 이러한 맥락에서, 신체적 손상을 가진 사람들 중 기본적인 서비스와 산업에서 일하게 된 사람들이 늘어나게 되었다. 예컨대 험프리와 고든은 '불구소녀를 위한 거주홈'에서 아동기를 보낸 장애여성이 그곳에서 기대하지 않았던 임금 노동의 기회를 얻게 된 사례를 인용하였다.

전쟁 이전에는 장애를 가진 사람이 간호사가 되는 것을 허용하지 않았다. 그러나 전쟁이 발발하자, 간호사들이 전쟁터에 가게 되어 간호사가 모자라게 되었다. 이제 무엇이든 감내하지 않으면 안 되게 된 것이다. 나는 수간호사에게 내가 아이들을 돌보아도 될지 물었다. 그녀는 전쟁이 지속되는 동안에는 나에게 기회를 줄 수 있을 거라고 대답했다. (Humphries and Gordon, 1992: 131)

전후 재건의 상황에서 노동력 공급에서의 초점은 식민지 노동력에 대한 착취로 빠르게 전화하였고 1948년 「국적법」Nationality Act은 영연방 국가들에서 영국으로 유인된 노동자들이 영국에 거주하며 일할 수 있는 권리를 재빨리 승인하였다(Levitas, 1996; More, 2007). 데이지가 1950년대 런던의 병원을 방문했던 기억에 따르면

거기에 갔을 때 엄청난 크기의 폭발 흔적들이 여기저기 있었던 기억이 나요. 정말 완전히 파괴되었지요. 그때는 엄청나게 많은 사람들이 전쟁에서 희생되었기 때문에, 사람들이 아프리카[sic]로부터 윈드러시[런던 서쪽의 강, Windrush]를 건너 이주해 왔던 때이기도 해요. 그래서 런던은, 그 뭐라고 하지요?, 코즈모폴리턴이라고 해야 하나, 다문화라 해야 하나, 그런 상황이 되기 시작했지요.

플로라와 안톤(1960년대생)은 모두 영연방 이민자 가족의 아이들이었다. 그들의 생애는 이러한 노동시장의 변화와 밀접하게 연관되어 있다. 플로라와 그녀의 부모에게, 이것은 잉글랜드에서 장애와 인종차별주의 모두에 대응하며 살아가야 함을 의미하는 것이었다.

······우리 부모님들이 여기에 왔을 때는 영연방 국가였어요. 그분들은 경제 재건을 돕기 위해 영연방 시민이 되라는, 일종의 초대를 받아서 온 것이었어요.······ 하지만 1960년대에 흑인은 그리 잘 대우받지 못했었죠. 그분들은 혹독한 냉대를 받았어요. 아파트에 온통 '흑인 사절, 아일랜드인 사절, 개 사절'이라고 쓴 푯말이 붙어 있었대요.

1950년대 후반까지 생산과 소비는 빠르게 성장하였고, 해럴드 맥밀런Harold Macmillan 수상은 1957년에 그가 한 말 때문에 자주 인용되었다. 그것은 "이보다 더 좋을 수는 없다"We have never had it so good는 것이었다. 급성장하는 도시의 노동시장은 젊은 노동자들에게 엄청난 유연성을 제공하였고, 많은 저술가들은 미숙련 일자리가 넘쳐나게 되면서 일자리에 대한 접근 가능성이 곧 학교에서 직장으로의 빠른 전환을 가능하게 하였다고 주장하였다(Carter, 1962; Ashton and Field, 1976; Vickerstaff, 2003). 댄의 회고에 따르면

내가 생각하기에 그 당시에, 그니까 1960년대와 1970년대에, 특히 그때 내가 일하고 있던 분야는, 일종의 수공업 공장 같은 곳이었는데, 거기에서 사람들은 한 곳에서 다른 곳으로 정말 쉽게 옮길 수 있었어요. 나도 일자리를 옮겼는데, 윗동네의 어떤 사람이 10실링을 더 준다고 했기 때문이었어요. 그때는 큰돈이었지요. 금요일에는 이곳에서 일하다가, 월요일에는 다른 곳으로 옮겨 일을 시작하는 것이 가능했던 때지요.

이와 유사한 이야기들이 몇몇 사람들의 인생 이야기에서 분명하게 나타나고 있지만, 아킬라는 열여섯 살이 되어서 노동시장에서 직장을

잡는 데 다른 동료들보다 훨씬 더 많은 시간이 걸렸다고 지적했다(장애 때문이거나 또는 인종차별 때문이거나).

다른 아이들은 금요일에 학교를 졸업하고, 월요일에 일자리를 잡는 식이었어요.……난 어떤 사무실에 내 일자리를 얻기까지 6개월이 걸렸지요. 결국 일을 할 수는 있었지만요.……일자리를 찾고, 사람들을 만나서 설득하고, 인터뷰에 가고……내가 일을 잘할 수 있다는 것을 설득하기 위해서 나는 두 배로 더 열심히 해야 했지요.

그러나 출발이 늦어진 것 이외에는, 그녀는 그녀가 살고 있던 도시 안에서 몇몇 회사를 옮겨 다니면서 사무원으로서 일을 지속할 수 있었고, 스스로의 삶을 유지하고 그녀의 여동생이 자신들의 보금자리에서 인생의 진로를 선택할 수 있도록 도와줄 수 있을 만큼의 돈을 벌 수 있었다.

토플리스는 1973년 고용을 위한 장애인등록명부에 거의 600,000명이 등록되어 있었다고 주장하였지만(Topliss, 1975), 영국의 공식적인 조사에서는 1970년대에 176,000명의 "심각한 핸디캡을 가진" 사람들이 노동시장에서 일하고 있다고 추정하였다(Buckle, 1971: 35). 하지만 그해 10월의 극심한 오일쇼크는 빠른 경기 후퇴를 가져왔고, 이로 인해 지금까지와는 매우 다른 노동시장이 형성되었다. 즉 노동력의 부족이 아니라 과잉이 정책의 주요 이슈가 된 것이다. 급격히 증가하는 실업은 산업과 사회에 큰 동요를 가져왔다. 즉 백인, 남성의 일자리를 지키기 위해 성차별적·국적차별적인 요구가 발생하였다.

이러한 상황에서 1980년대 초반 여성노동자와 이주노동자, 그리고 장애인의 노동권은 모두 압박을 받게 되었다. 이주민(주로 비백인 이주민)에 대한 억압과 함께 신우파의 사회적 의제는 여성의 가사노동을 강조하는 방향으로 나아갔다. 반스가 지적한 것처럼, 이 시기에 법적으로 장애인에게 할당된 고용의무를 지키는 고용주의 비율도 극적으로 감소하게 되었다(Barnes, 1991). 1965년에서 1986년 사이에 53.2%에서 26.8%로 반감한 것이다. 정치가들은 이러한 실패의 원인을 여러 가지 법령의 결점으로 돌리거나(예컨대 Disability Alliance, via Jordan, 1979), 고용주에게 돌렸다(예컨대, Field, 1977). 그러나 셰이크 등(Sheikh et al., 1980)이 설명한 것처럼, 장애인 노동자의 실업이 상대적인 관점에서는 아주 조금씩 개선되었던 것이 맞지만 크게는 전체적인 경제적 부침의 경향성을 그대로 반영할 뿐이라고 보는 것이 더 정확하다. 진짜 문제는 경제의 둔화였다.

대량 실업과 1970년 이후 지방 사회서비스국의 확대라는 사회적 맥락 속에서, 신체적 손상을 가진 젊은이들 중 실업 수당이나 사회적 보호서비스에 의지하여 근근이 살아가는 사람들은 점점 늘어나고 있었다(Barnes, 1990; Danieli and Wheeler, 2006). 장애를 이유로 고용에서 배제되는 현상은 질병 급여Invalidity Benefit와 중증장애인 수당Severe Disablement Allowanc(SDA)에 대한 요구가 증가하는 것과 동시에 더욱 가속화되었다(Disney and Webb, 1991). 이 시기에 "병자가 되어 버린" 사람들 가운데 많은 이들은 빠르게 쇠락하는 산업체들에 다니고 있던 나이 든 남성노동자들이었다. 이들 중 많은 사람들도 다시 일자리로 돌아가지는 못했을 것이다. 문제는 이와 동일한 현상이 이제 막 노동시장에 진입하려고 하는 장애청소년들에게도 일어났다는 것이다.

1960년대에 태어난 매트는 대학을 마친 1980년대 초에 장애인 급여를 자신의 권리로서 요구하였다. 당시에 그는 일자리를 찾을 동안 임시적으로 자신이 가진 기본적인 복지 수급자격이 생계수단으로서 도움이 될 것이라고 생각했다(실업 급여를 신청해도 간호 수당에 대한 권리가 유지되는지에 대해서는 잘 몰랐던 것 같다). 하지만 그의 이러한 생각은 그를 평가했던 의사와 공유되지는 않았다. 의사는 그가 일을 하기에는 적합하지 않고 공공복지에 장기적으로 의존해야만 한다는 입장이었다.

의사가 나를 만나러 왔고 나를 살펴보았어요. 그러고는 말하길, "그대로 유지할 수 있어요". 그니까 장애인 수당Disability Living Allowance (DLA)이나 간호 수당을 지금처럼 유지할 수 있다는 거였죠. 의사가 묻더군요. "이제 뭘 할 생각이에요?" 난 "글쎄요, 일자리를 찾아봐야죠"라고 대답했어요. 그러니까 그 의사가 나를 빤히 쳐다보더니 고개를 가로저으면서 말했어요. "당신은 절대로 일을 할 수 없어요. 일할 수 있는 상태가 아니라니까요. 괜히 애쓰지 말아요."

1980년대 후반에 수행된 전국장애인실태조사에서 장애성인의 고용률과 실업률은 낮은 데 비해, 비장애인의 경제활동 참여율은 높은 것으로 나타났다. 진 마틴 등의 추정에 따르면, 장애인의 비경제활동률은 장애여성이 64%, 장애남성이 53%였는데, 비장애인의 경우 여성과 남성이 각각 25%와 8%에 불과하였다(Martin et al., 1989). 1997년에 신노동당이 집권하기까지 18~59세의 전체 장애인 중 40% 정도가 경제적으로 활동하고 있었던 데 비해, 비장애인은 83%가 활동하였다(Barnes and Mercer, 2005). 그후 최근 경제위기 이전까지 안정적인 경제성장의 기간 동안에 공식적인 통계상으로는 일정한 개선이 있었다. 예컨대 노동실태조사 자료에 따르면 장애인의 고용률은 1998년에서 2007년 사이에 38.1%에서 47.2%로 늘어났고 비장애인과의 격차도 계속 줄어들고 있다(ODI, 2009).

하지만 앞선 논의에서 언급된 것처럼, 인생 이야기 속에서 술회된 개인들의 경험을 통해 알 수 있는 것은 경쟁적인 노동시장에서 개인이 일자리를 찾을 때 공공 정책과 공공 서비스는 별다른 실제적인 도움을 제공하지 못했다는 것이다. 또한 개인의 인생 전기와 거시적 차원의 사회-경제적 변동 사이에는 드러나지 않는 연관성이 존재한다는 것 역시 알 수 있다.

일터에서 부딪히는 장벽에 대응하기

일자리를 찾은 사람들의 경우에도 그들의 이야기 속에는 수많은 사회적 장벽과 물리적 장벽이 발견된다. 이는 직접적·간접적 차별 경험 모두를 포함하는 것이다. 불완전하고 장애를 조장하는 사회에서 이는 얼마든지 예상할 수 있는 일이고, 장애인들이 일터에서 만나게 되는 일상적인 장벽에 대해서는 여기에 일일이 열거할 필요조차 없을 것이다. 여기서는 시간에 따른 정책의 변화를 보여 주는 것과 노동 관련 공공 정책에 대해 사람들이 어떻게 대응하는지에 초점을 맞추어 사례들을 제시하고자 한다.

고용주의 태도
앞에서 이전 세대의 사람들은 취업을 가능하게 하는 공적인 정책들이 부재한 상황에서 일자리를 얻기 위해 비공식적인 도움에 많이 의존했다는 점을 지적하였다. 그러나 이처럼 지원이 비공식적으로 이루어진다는 것은 다시 말해,「장애차별금지법」이 도입되기 이전에는 장애를 이유로 고용하거나 해고하는 고용주의 결정이 제멋대로이고 임의적이어도 이에 맞설 방도가 별로 없었다는 것을 의미하는 것이기도 하다. 댄은 1950년대 초반 정육점 점원으로 일했는데, 이 첫번째 직장에 대해 이렇게 회고한다.

……큰 뼈다귀를 다루는 일이 있었어요.……큰 뼈다귀들을 띠톱을 통과시켜서 잘라야 하는데 사람들은 아무런 보호 장구 같은 것도 없이 그 일을 했어요.……난 때로 뭐에 걸려 넘어지는 실수를 자주 했거든요. 내가 넘어지기라도 하면……"아이구……이곳에 더 이상 오지 마라. 여기 오면 안 돼. 네가 여기 띠톱으로 넘어져서 팔이라도 잘리는 날엔 어떻게 되겠니?" 그래서 결국 장애 때문에 직장을 잃게 되었지요.

데이지도 유사한 경험을 가지고 있다. 10대 소녀이던 1960년대 중반, 그녀는 빵가게에서 일을 했다.

어느 날 미끄러져 넘어졌어요. 바닥이 미끄러웠거든요. 좀 위험하긴 했지만 난 그런대로 잘 대처했어요. 하지만 그 사람들은 곧 내 안전을 보장할 수 없다고 생각하게 되었죠. 아니면 내가 넘어져서 엉덩이가 깨지거나 뭐, 그렇게 될까 봐 두려웠겠지요.……매니저가 내게 와서 결정을 내렸어요. 나를 한쪽으로 데리고 가더니 말했죠. "우리는 널 여기 둘 수가 없다. 아무런 대비책도 없는데 너에게 무슨 일이 생기면 어떻게 하겠니."……

벨라(1940년대생)는 1960년대에 성별에 따른 직접적인 차별이 얼마나 큰 문제였는지를 몸소 체험했다. 특히 그녀는 처음으로 임금을 받고 일했던 화학 공장과 같이 남성 지배적인 노동환경 속에서 벌어지는 성별에 대한 차별의 심각성을 언급하였다.

내가 면접을 보러 갔을 때, 화학자 같은 사람들은 나가고 없었어요. 그들은 면접하는 곳에 없다가, 나중에야 와서 이야기를 했어요. ……면접은 잘했다고 생각했는데, 그 남자가 다시 돌아와서 "어……난 당신을 뽑지 않기로 했어요"라고 말했지요. 그가 말한 이유란, "여기는 여자들이 일하기에 좋은 환경이 아니라고 생각해요"라는 거였어요.

캐서린은 1970년대에 교사로 일했던 첫해에 겪었던 간접적·직접적 차별에 대해서 회상했다.

그 당시 교장은 결혼을 하지 않은 여성이었는데, 할머니가 된 지금도 여전히 혼자예요. ……그녀는 항상 내가 좋은 교사라고 칭찬했어요. 하지만 그녀는 장애인으로 사는 게 어떤 건지에 대해 아무 개념이 없었죠. 정말 아무 생각도 없었어요. 그녀는 교사화장실에서 제일 먼 교실로 나를 밀어 넣었어요. 그 건물까지 가려면 비탈길을 오르내려야 했고, 구불구불하고 바람 부는 통로를 빠져나가야 했어요. ……

캐서린은 그 교장 때문에 하루에 한 번 이상 화장실에 가는 것도 어렵게 되었는데, 그녀는 이 문제를 해결할 수가 없었다. 캐서린은 계속해서 차별에 직면하였고 결국 다른 학교로 떠나게 되었다. 그녀는 나중에

조사관으로부터 다음과 같은 이야기를 들었다.

> "교장은 당신이 좋은 교사이고 아이들이 당신을 좋아한다고, 당신은 일
> 을 잘 해냈다고 말했어요. 하지만 그녀는 당신의 장애 때문에 좀 성가셨
> 다고 하더군요."……나는 그런 일이 벌어졌을 때 내가 노동조합에 속
> 해 있었으면 좋았겠구나 하는 생각을 했죠. 그러면 교장이 그렇게 대충
> 때우고 지나갈 수는 없었을 거 아니겠어요.

윌리엄(1960년대생)은 1990년대에 그의 고용주로부터 지속적으로
부당한 대우를 받았다고 생각한다.

> 나는 모든 서류를 다 채워 넣어야 했고, 재정에 대한 모든 일들, 정말 별
> 의별 일들까지 다 해야 했어요.……마지막에 정말 어이없는 일이 벌어
> 졌는데, 내가 실수로 비서의 다리를 쳤던 거예요. 그랬더니 팀장이 와서
> 그러더군요. 그건 성추행으로 해석될 수 있다고요.

불공정한 해고에 대해서 고용-재판소employment tribunal를 통해 이
의를 제기할 수 있다고는 하지만, 1995년「장애차별금지법」이전까지
는 고용과 관련해서 벌어지는 직접적인 장애 차별에 대해 사실상 어떠
한 법적 보호책도 없었다. 법적 보호책이 있다 하더라도, 피고용인이 15
명 이하인 사업장의 고용주에 대해서는 적용되지 않았다. 또한 초기에
는 차별에 대한 이의 제기가 고용주들로부터의 빈번한 견제에 직면하
게 되었다(Gooding, 2000).

그러나 우리가 수집한 이야기들 중에는 좀더 융통성 있게 작업이

조정되고 관계가 원활했던 긍정적인 사례들도 많이 있었다. 예컨대 (집에서 멀리 떨어진 곳에서 일했던) 이언은 그의 일선 관리자나 동료들과 긍정적인 작업 관계를 가질 수 있었다고 이야기했다. 이는 그의 업무량을 정하고 관리하는 데 융통성 있게 접근할 수 있었기 때문이었다. 이와 반대로 엠마는 그녀가 일을 시작하던 1950년대에 경험했던 융통성 없음에 대해 이야기하였다. 그 당시 그녀는 열다섯 살이었고 작업 단가가 정해져 있는 수공예품을 제작하는 일을 하고 있었다(그 일에서는 표준화된 생산성 기대치만큼을 수행해야만 했다).

공장에서 일을 시작했는데, 어떻게 임금을 받는가 하면……작업의 질이 문제가 아니라 몇 개를 만들어 냈는지, 얼마나 빨리 일을 해내는지에 따라서 임금을 받는 거예요. 그러니까 소용이 없는 거죠. 내가 만든 건 정말 완벽했지만 난 빨리 하지는 못했거든요.

시간이 흐르면서 변화가 있었던 것은 분명하다. 고용·연금부De-partment for Work and Pensions에서 수행한 조사에 따르면, 비록 소규모 사업장 고용주 중 1/3 정도는 여전히 자신들이 지켜야 할 의무를 자각하지 못하고 있지만, 「장애차별금지법」하에서 장애인 권리에 대한 고용주들의 인식은 전반적으로 개선되었다(Kelly et al., 2005). 최근의 평등의무Equality Duty가 공공 부문의 고용주들에게 큰 영향을 미친 것은 사실이지만, 민간 부문에서 자신의 법적 권리를 주장하는 개별 장애인들에게 「장애차별금지법」의 시행은 여전히 매우 중요한 것이다. 2010년 준예산과 포괄적 예산집행에 대한 재검토에 따라, 공공 부문의 일자리가 전례 없이 감축되고 민간 부문의 일자리로 강조점이 옮겨진 시대적

변화는 영국에서 장애인 취업자를 보호할 수 있는 방안에 대한 관심을
새롭게 불러일으켰다.

물리적 장벽

충분히 예상할 수 있듯 이 책에 수집된 인생 이야기들 속에는 직장에서
부딪히는 명백한 물리적 장벽에 대한 수많은 사례들이 존재한다. 위 세
대 장애인들 중에서 오랫동안 직업 경력을 가지고 있는 사람들은 시대
에 따라 그들이 겪어 왔던 변화를 기억하고 있다. 예컨대 아킬라(1940년
대생)는 10대였던 그녀가 사무직 일을 시작했을 1960년대에는 '특수 의
자 같은' 물리적 편의시설이 거의 없었다고 회상한다. 지난날을 지금과
비교하면서 엠마는 물리적 접근성이라는 측면에서 작업 환경이 얼마나
달라졌는지 이렇게 설명한다.

> 내가 보기에는 접근성은 많이 좋아졌어요.……우리가 젊었을 때 아무
> 것도 없었던 것에 비하면요. 그때는 계단을 올라갈 수가 없으면 그냥 바
> 라보고 있을 수밖에 없었죠.

1970년 「만성질환과 장애인 법」의 8조 1항은 건물에 대한 물리적
접근성을 언급한 최초의 법령이었다. 거기에는 새롭게 지어지는 공공
건물은 반드시 장애인 방문자를 위한 시설을 갖추어야 한다고 명시되
어 있었다(이는 학교와 대학 건물에도 적용되었다). 장애인의 접근성 개
선을 위한 실버주빌리 위원회는 "당신이 가는 곳에 장애인도 갈 수 있
나요?"Can disabled people go where you go?라는 질문을 통해서 사람
들의 인식을 고양시켰다(이 슬로건은 영국 우체국의 우편물 소인으로

도 쓰였다. Silver Jubilee Committee on Improving Access for Disabled People, 1979). 이 위원회의 보고서는 지방정부가 "접근성 문제를 통합적으로 담당하는 공무원"을 지정할 것을 권고하였다. 또한 장애인 당사자 집단에게 그 지역의 접근성에 대해 모니터링하는 역할을 부여하였다. 이는 장애인이 겪는 제약에 대한 위원회Committee on Restrictions against Disabled People(CORAD)로 발전하였고, 이들은 1982년에 권리 기반의 법령을 제정하기 위한 사례들을 모아서 보고하기 시작하였다.

데이지(1940년대생)는 1980년대 초반에도 여전히 일터에서의 이러한 기본적 물리 장벽이 고용을 유지하는 데 있어 보이지 않는 장애물이라고 느꼈다. 그녀에게는 이것이 도전해서 바로잡을 수 있는 종류의 것이 아닌 듯 느껴졌다.

난 직장을 구했어요. 하지만 내 일터는 건물의 3층에 있었고 삐걱거리는 계단을 올라가야만 했죠. 그 점이 정말 너무 힘들었어요. 이런 것들 때문에 일을 오래 지속하지 못한 적이 여러 번 있었어요.

1990년대 후반에는 「장애차별금지법」이 실행되고 공공 부문에 적용되었음에도 불구하고, 벨라는 그 당시 자신이 다니고 있었던 직장 안에서 접근성을 향상시키기 위해 어떤 조정이 이루어졌던 기억이 거의 없다고 회상하고 있다.

우리 팀은 3층에서 일했는데, 여자 화장실은 그보다도 2층이나 더 올라가야 있는 거예요. 지금은 1층에 장애인 화장실이 있지만 그건 나중에 들어온 사람들, 나보다 훨씬 늦게 들어온 직원들을 위한 것일 뿐이었죠.

그전에는 하나밖에 없는 여자 화장실이 건물 꼭대기에 있었던 거죠.

일터에서의 장애물에 더해서, 일터까지 가기 위한 이동의 문제는 몇몇 이야기들 속에서 두드러지게 나타나고 있다. 여기에서도 공공 정책이 갖는 한계 속에서 사람들이 시도해야 했던 개인적인 타협안들이 드러나고 있는 것이다. 예컨대 1948년에 국민보건의료서비스가 시작되면서 정부는 많은 '노약자들'에게 삼륜전동차를 무상으로 제공하였다(Invalid Tricycle Association, 1960; Woods and Watson, 2005). 정부는 보험, 세금, 수리비, 그리고 약간의 유류비까지 지원하였다. 1960년대 초반까지 대략 15,000대의 삼륜전동차가 지원되었고, 개인의 차량을 개조하는 비용도 지원되었다(Joint Committee on Mobility for Disabled, 1963; 1968). 1960년대 말까지는 대략 27,000명이 차량에 대한 국가 지원을 받았고, 그 비용은 약 275만 파운드에 달했다(Hansard, 1969년 7월 16일자, v787, c634).

매트는 열여섯 살이 되었을 때 운전을 배웠고, '노약자용' 자동차 중 하나를 가질 수 있었다(그는 이 차를 그가 직업을 얻기까지 오랜 시간을 보냈던 데이센터에 가는 데 주로 사용했다).

난 푸른색 삼륜차를 가지고 있었어요. 그게 나에게 도움이 된 점이 있다면, 이상하게 들리겠지만, 아침마다 그걸 올라타고 나면 다시 침대에 기어들어 가고 싶은 생각이 없어진다는 것뿐이었죠.

캐서린은 교사가 되기 위한 훈련을 받으러 다닐 때 이 '노약자용' 차를 가지고 훨씬 멀리까지 이동해야 했다. 가까운 대학 시설이 그녀가 그 학교에 다닐 수 있을 만큼 접근성을 갖추고 있지 못했기 때문이다. 그러나 이 차의 배터리는 용량 제한이 있어서 장거리를 운전해 갈 수 없었고, 결국 그녀는 포기하고 말았다.

난 작은 파란색 전동차를 몰고 다녔어요.……그걸 대학 캠퍼스 밖의 벽에 세워 놓고 충전을 해야 했어요. 하루는 학교에 가려고 운전을 하고 있었죠.……한 블록……한 블록을 더 가야 차를 충전할 수 있는데, 뒷거울을 보니까 경찰 한 명이 내내 나를 따라오고 있었던 거예요.……내가 뭘 잘못했나? 하고 깜짝 놀랐지요. 경찰이 결국 내 차를 세웠어요. 어떻게 하지? 나는 당황했죠. 경찰은 "너무 느리게 가서 교통 흐름을 방해하고 있어요. 차 뒤쪽에 최대 속력, 시속 10마일이라고 써 붙이셔야 합니다"라고 말했죠.

1977년에 마지막 전동차가 등록되기 전까지, 장애인들의 압도적인 요구사항은 일반 자동차를 개조하게 해달라는 것이었다. 이동수당 제도Motability Allowance Scheme가 만들어지면서 노약자용 전동차서비스Invalid Vehicle Service, IVS는 점차 사라져 2003년에 종결되었다. 오렌지색 주차카드 제도'Orange Badge' Parking Scheme 역시 1970년 「만성질환과 장애인 법」의 21조에 규정되었던 것이다. 주차 표지는 지방정부에 의해 발급되었지만 주차 편의는 다른 지역에서도 인정받았다. 청색 주차카드'Blue Badge'는 이제 대부분의 유럽 국가들에서 인정받고 있다.

앞에 소개된 캐서린의 이야기는 흥미로워서 더 살펴볼 만하다. 그녀의 경험은 1970~1980년대에 접근성을 보장할 공적 교통수단이 없을 때 비공식적으로 마련된 대처방법이 얼마나 중요했는지를 보여 준다.

여기 가까이에 노인센터가 있는데, 그 센터는 차 후미 부분에 문이 달려 거기로 사람을 내려놓을 수 있도록 개조된 자동차가 있어서 노인들을 매일 그리로 내려놓더군요. 그래서 우리 지역 시의회 의원이 그 차가 학교에 와서 나를 데리고 갈 수 있게 일정을 조정하도록 해주었어요. 그러니까 남편이 아침에 나를 데려다 주고 가면, 오후에는 그 차가 와서 4시 반이나 5시 15분 정도에 나를 집으로 데려다 주었죠.

그녀는 또한 비공식적 조정을 통해 어렵게 얻은 해결책이 고용주인 학교 교장의 방해로 인해 무산되었던 경험도 들려주었다.

그 당시에는 개조된 택시가 없었어요.……마을의 한 어른이 나서서 학교의 학부모 두 분을 연결해 주셨어요.……그분들이 나를 태우고 집에 데려다 주기로 한 거죠.……그런데 그렇게 한 학기가 끝나 갈 때 즈음 우리 학교의 교장선생님이 자기는 교사가 학부모와 친하게 지내는 걸 원하지 않는다는 식으로 말을 하는 거예요. 그러고는 그 학부모님들이 나를 태워 주는 걸 못하게 했어요.……

[그후로] 난 마을 인근에 개조된 휠체어 택시를 가진 회사가 있다는 걸 알게 되었죠. 그래서 학교에 더 남아 있어야 하거나 다른 일이 있을 때, 또는 학교에 늦게 가야 해서 남편이 일하러 나간 후에 움직여야 할 때, 그런 때에는 이 휠체어 택시를 이용했어요. 기사분이 정말 친절하고 좋았지만, 정말 엄청나게 비싸더군요.

피어시 보고서는 신체적 손상을 가진 사람들이 직장을 가질 때 직면하게 되는 실제적인 장벽들에 대해서 인지하고, 직장까지 이동할 수 있도록 교통수단이 제공되어야 한다고 제안하였다(Piercy Report, 1956). 장애인 노동자들이 이동의 장벽을 넘어설 수 있도록 지원하기 위해 몇 가지 방안이 마련되었는데, 여기에는 고용 촉진을 위한 지원, 작업장 구내와 설비의 개조, 교통비 지원, 개인 맞춤으로 글을 읽어 주는 서비스 등이 포함된다. 면접자들의 인생 이야기들 속에서도 작업장 개조를 위한 보조금이나 '고용을 위한 특별지원제도'Special Aids to Employment Scheme로부터 도움을 받았던 사례들이 제시되고 있다. 예컨대 안톤은 그의 고용주가 화장실을 개조했던 이야기를 들려주었다.

그들은 지원금을 받았고 그건 개조를 위한 것, 그러니까 장애인들이 일하는 데 필요한 어떤 것을 하기 위해 써야 하는 돈이었지요. 난 지원금의 사용과 관련해서는 오직 표면적으로만 관여했을 뿐이죠.

다양한 형태로 시작되었던 방안들은 1994년에 하나의 '직업접근성 지원제도'Access to Work Scheme로 통합, 정리되었다. 이 정책의 목적은 좀더 유연하고 이용자 중심적인 서비스를 만드는 것으로, 그 안에서 제공되는 지원의 유형들을 미리 짜놓지 않는 것이었다(Thornton and Corden, 2002). 예컨대 우리의 이야기들 속에서 제인은 이 직업접근성 지원제도의 지원금을 이용하여 자신의 자동차를 스스로 통제할 수 있도록 개조하였고, 매트는 자동차에 휠체어를 들어 올리는 전동시설을 갖출 수 있었다. 중요한 것은 이 지원이 실업 상태에 있는 사람들이나 직업을 구하고 있는 사람들까지 포함하려고 했다는 것이다. 그럼에도 불구하고 (당시 일자리를 찾고 있었던) 홀리가 자원활동 경험을 쌓기 위해 외출할 때에는 정부의 지원이 아니라 자원활동 기관의 지원을 받아 택시를 이용해야 했다는 것도 짚고 넘어가야 할 것이다. 그녀는 당시에 처한 상황으로는 직업접근성 지원제도의 혜택을 받을 자격이 없었기 때문이다.

일터 내에서 접근성이 떨어지는 것은 그것이 고용주가 의식적으로 또는 직접적으로 차별을 가한 결과가 아닐지라도 간접적인 차별의 한 형태로 간주된다. 이와 관련하여 「장애차별금지법」은 이미 존재해 있던 작업장 환경이 그곳에 고용된 장애인에게 '심각한 불이익'을 주는 경우에는 고용주에게 '정당한 편의'를 제공할 의무를 부과하고 있다. 사실 '정당한'이나 '심각한'과 같은 모호한 개념을 법적으로 어떻게 해석하는지에 따라 그 내용이 달라질 수 있는 정책들에 대해서는 더 조심스러운 분석이 필요하다(Lawson, 2008). 한편 특히 대기업과 공공 부문 피고용인들 사이에서 실질적인 변화가 일어나고 있다는 것은 분명하다. 예컨대 매기(1940년대생)는 「장애차별금지법」이 제정될 무렵 그녀가 일했던 대기업에서 전반적인 분위기의 변화가 있었다고 회상한다.

새로운 뭔가가 시작되었어요. 회사 전체에서 장애인들을 위해서 뭔가 하기 시작했죠. 우리는 모임을 가졌어요. 거기에서 그러더군요. "그래요, 이제 당신이 저 문으로 들어올 수 없다면, 회사가 당신을 위해서 뭔가 해야만 해요." 그리고 우리가 어디에⋯⋯등록이 되어 있다고 말하면서⋯⋯그래서 우리가 위원회를 갖게 되었고, 그게 이미 구성되었다고 했고, 내가 그 위원회에 들어가 있다고 했어요.⋯⋯그러고 난 후에는 그 주변 어디에서든 사람들이 나를 알아보았고, 사무실에도 자유롭게 드나들 수 있었어요. 그후론 정말 많이 좋아졌죠.

「장애차별금지법」에 더하여, 장애에 대한 사회적 분석이 시작된 초기에는 미래의 과학기술과 포스트 포디즘 시대의 유연화된 노동시장이 장애인에게 많은 것을 가능하게 할 것이라는 기대를 많이 했었다(Roulstone, 1998 참조). 인생 이야기들 속에서 엿볼 수 있는 가장 명확한 변화는 아마도 정보통신 기술에 의해 제공된 새로운 기회일 것이다. 이는 특히 1960년대에 태어나 지금 한창 일을 하고 있는 세대들에게 명백하게 나타난다. 길버트가 언급한 바에 따르면,

컴퓨터는 의사소통하고 일하고 하는 데에서 내 능력을 정말 엄청나게 신장시켰어요.

가장 놀라운 사례는 이언의 이야기 속에서 발견된다(2장에서 요약되었다). 개인이 컴퓨터를 휴대할 수 있고 이러한 기기를 통해 인터넷 접속이 가능하게 되었다는 것은 그가 (그의 침대에서도) 임금을 받는 고용 상태를 유지할 수 있게 됨을 의미하였다. 이는 1960년대에 엠마가 사무직 일을 시작했을 때에는 정말 상상할 수도 없었던 방식이었다. 안톤은 고용주가 그를 다른 지역으로 발령했을 때, "우리 집에서 일할 수 있도록 해주세요"라고 요구할 수 있었다. 그래서 그는 멀리 출퇴근할 수 없었음에도 일을 지속할 수 있었던 것이다. 고용주는 안톤이 집에서 일하는 것이 그에게 더 도움이 될 것이라고 생각했지만, 안톤은 때로 일에 집중하기 어렵기도 할 것이고 사무실에서 일하면서 동료들과 갖게 되는 사회적 교류가 그리울 것이기 때문에 적어도 일주일에 이틀은 사무실에 출근하기로 결정하였다. 그러나 디미트리스 미카일라키스(Michailakis, 2001)가 지적한 것처럼, 이와 같은 '기술적 낙관론'에 기초

한 문제해결책들은 종종 경제적·사회적·문화적 맥락 안에 내재해 있는 과학기술에 대해 간과하게 한다.

취업에 대한 대안

장애인들이 경쟁적인 고용시장에서 일자리를 찾는 데에 대한 공적인 지원이 부재하다는 것, 그리고 앞에서 설명된 것처럼 장애인들의 비경제활동률이 높다는 것을 감안하면, 고용에서의 장벽뿐 아니라 고용시장 밖에서 장애인들이 겪는 경험에 대해 살펴볼 필요가 있다. 이제 인생이야기들을 통해서, 때로는 공공 정책이 장애청소년들을 일터와 고용에서 더 멀어지게 한다는 것에 대해 설명하려고 한다.

훈련센터와 작업장

앞에서 언급한 것처럼, 전후 정책의 기본틀은 직업재활에 강하게 초점을 맞추고 있었다. 특히 노동시장의 수요가 강조되었다. 이런 맥락에서 잉글랜드 중부와 북부 등 주요 제조업 지역에 산업재활연합Industrial Rehabilitation Units이 결성되었다. 이들은 대체로 몇 주간에 걸쳐서 공장과 유사한 작업 경험, 직업 평가, 기능 훈련 등을 제공하였다. 이는 고용서비스의 일환으로 존재했지만 훈련받을 사람들을 의뢰하고 관리하는 것은 의료적 성격을 가진 재활서비스의 영역으로 남아 있었다.

이러한 훈련은 일을 하다가 후천적으로 손상을 입고 다시 일터로 복귀하고자 하는 사람들을 일차적인 대상으로 한 것이었다. 장애인으로 등록한 사람들의 대다수는 후천적으로 손상을 입은 사람들이지만, 이 책에서 인생 이야기를 들려준 사람들은 출생부터 또는 영유아 때부터 손상을 가지고 성장한 사람들이다. 따라서 이 사람들이 차지한 위치는 후천적인 장애인들과는 다른 것이었다. 특히 이들은 고용서비스를 통해서 주류 노동시장이 아닌 보호작업장과 데이센터에 배치된 경우를 잘 보여 준다. 보호작업장과 데이센터는 일반적인 노동시장에서 일자리를 찾을 가능성이 별로 없는 사람들을 위한 것이었다(Hyde, 1998).

렘플로이Remploy[4]의 전신인 장애인고용조합The Disabled Persons Employment Corporation은 전쟁이 끝날 무렵 창설된 것으로, 경쟁적인 노동시장에 고용되기 어려울 것으로 보이는 사람들에게 보호고용을 제공하기 위해 설립된 곳이다. 1958년 「장애인고용법」은 또한 지방정부, 자원조직과 비영리조직이 보호고용을 제공하도록 촉진하였다(Barnes, 1991; Borsay, 2005). 반스가 지적한 것처럼 이러한 조직이 창설된 것은 일반고용으로 "직업 경험을 연결시켜 주기 위한" 방안으로서 모색된 것이었으나(Barnes, 1991), 점차로 "사회가 더 이상 원치 않는 버려진 물건과 사람을 모아 두는 곳"으로 비판받게 되었다(Mallas, 1976). 더구나 하이드는 이런 서비스가 거기에서 일하는 사람들보다는 고용주의 필요를 충족시키는 것에 더 초점을 두게 되었다고 주장한다(Hyde, 1998).

그린라이히협회(Greenleigh Associates, 1975)는 보호작업장이 원래의 정책 목적을 실현하는 데 실패하게 된 몇 가지 원인을 분석하면서, 운영방식에서의 다양성과 선택권이 없다는 점과 아무런 새로울 것이 없는 조립작업 위주였다는 점 등을 지적하였다. 더구나 일에 대한 보상은 극단적으로 낮았다. 이러한 문제점들은 보호작업을 경험한 사람들

---

4 장애인의 취업 지원과 고용 촉진을 위해 1945년 정부 출자로 설립된 영국의 사회적 기업. 수많은 직영공장을 통해 장애인을 고용할 뿐 아니라, 장애인 노동자를 일반 기업에 파견하는 사업을 통해 장애인의 취업을 지원하고 있다.—옮긴이

의 이야기 속에서 매우 명백하게 드러난다. 예컨대 힐러리(1940년대생)는 1960년대와 1970년대에 13년 동안 뇌성마비협회에서 운영하는 보호작업장에서 일했던 적이 있는데, 그때의 경험에 대해 다음과 같이 회상한다.

난 항상 일을 하고 싶었어요. 하지만 이런 일은 내가 꿈꾸던 것은 아니었죠. 새로운 작업이라고 해봐야 다 그게 그거인 거예요. 임금은 주당 4파운드였죠. 그래도 난 불평하지 않았어요. 현관용 전등을 포장하기 위해 신문지를 구겨 넣는 너절한 일이 나에게 주어지기 전까지는 말이죠. 난 그 일을 한동안 했어요. 그러고 나서 관리자를 만나 항의했죠. 그의 대답은 "유감스럽지만, 그 일이 당신의 장애 상태에 맞는 일이에요. 당신들에게 줄 만한 다른 일거리는 없어요. 돌아가서 일을 하든지, 아니면 더 이상 임금을 못 받는 거지요"였어요.

캐서린은 힐러리와 같은 학교에 다녔고 같은 작업장으로 배치되었지만, 그녀는 자기 앞에 놓인 제한적인 기회에 대해 저항할 수 있는 힘을 가족들로부터 얻을 수 있었다.

처음에는 뇌성마비협회에서 나온 사람들이 말했어요. 가루비누를 상자에 담고 뭐 그런 일을 하게 될 테니 불평 없이 해야 한다고 하더군요. 그래서 내가 대답했어요. "그래요, 당신들은 나를 교육시키는 데 엄청난 돈을 들였지요. 나를 고작 센터로 보내려고 그렇게 한 거라니 정말 어이가 없네요."

캐서린이 (앞에서 이야기한 것처럼) 그후에 교사가 되었다는 사실은 작업장에서 일하고 있는 사람들의 직업 적성에 대해서 사정하고 개입하는 사람들의 능력에 대해 더욱 부정적인 평가를 하지 않을 수 없게 만든다. 플로라(1960년대생)도 작업장에 배치되었는데, 캐서린과 비슷하게 잘못된 개입의 사례라고 할 수 있다. 그러나 플로라는 이러한 결정에 대해서 그렇게 많이 저항할 수 있을 만큼 가족 간에 유대를 가지고 있지 못했다.

기숙 학교에서 집으로 돌아왔을 때, 가족들은 나와 같이 있는 것에 익숙하지 않았고 뭔가 자꾸 어그러졌죠. 난 엄마와 잘 지내지 못했고 많이 우울해졌어요. 고용 담당자는 나를 작업센터로 넘겨 버렸죠. 나는 한 달에 11파운드를 받고 나사못을 포장하고 있었어요.……나를 교육시키느라 그렇게 돈을 썼으면서, 그게 그들이 할 수 있는 최상의 것이었다니……그게 제일 나은 직업이라는 거였죠.

직업에 대해 만족하지 못하고 착취를 당하고 있다고 느끼게 되자, 플로라는 작업장을 떠났다. 그러나 그녀의 많은 동료들은 노동이 가능한 시기 내내 그곳에 머물러 있었다.

이언(1960년대생)은 지금 자신은 일반고용 안에서 더 많은 직업 기회를 가지고 있지만, 자기 이전 세대의 사람들은 "말하자면 렘플로이 같은 보호고용과는 다른 형태의" 직업 기회를 갖기는 어려웠을 거라는 인상을 강하게 가지고 있다. 또한 그는 다음과 같이 믿고 있다.

1980년대 들어 렘플로이가 정부 보조금에 의존하기보다는 이윤을 만들어 내야 하는 조직으로 바뀌었는데, 이건 다시 말하면 좀더 심한 장애를 가진 많은 사람들이 서서히 해고되었다는 것을 의미했어요. 그들은 그만큼 생산적이지 못할 테니까요.

렘플로이의 발달 과정에 대해서 설명하면서, 당시 노동부 장관은 이 조직을 운영하는 재원에 대해 염려가 커지고 있다는 점을 지적하였다(Edwards, 1958). 이미 손실이 발생하고 있었던 것이다. "보호받는 조건에서가 아니라면 취업을 할 가능성이 별로 없는 것"으로 판정된 이용자가 전후에 지속적으로 감소했음에도 불구하고, 렘플로이가 이들 모두에게 제공되기를 기대할 수는 없다는 결정이 내려졌다. 코칸은 정책의 초점이 경쟁적인 노동시장 내 통합을 지향하는 가운데서도 여전히 이 사업이 '번창하고' 있다고 묘사하였지만(Kochan, 1996), 사실은 많은 작업장들이 문을 닫았다. 한편 렘플로이는 이제 직접적인 서비스 제공자로서보다는 공적인 재정 지원을 받는 서비스 중개인으로서의 역할을 향해서 또다시 변신하고 있다(Roulstone and Morgan, 2009).

1980년대 중반부터 새로운 고용 정책 모델로 나아가려는 움직임이 있었다. 이는 국가가 고용주에게 보조금을 지급함으로써 장애인들이 일반고용 상황에서 일거리를 얻을 수 있도록 하는 보호 배치 제도 Sheltered Placement Scheme를 통한 것이었다. 이는 후에 지원고용제도 Supported Placement Scheme로 발전한다. 보조금을 지급하는 일반 사업장으로의 배치가 전통적인 보호고용 작업장보다 비용을 절감하는 것으로 보였기 때문에, 이러한 방향으로의 변화는 불가피해 보였다(Hyde, 1998).

직업을 갖지 않는 삶

5장에서 논의했던 것처럼 기숙형 특수학교에서의 낮은 기대가 워턴 (1940년대생)에게 남긴 유산은 그녀가 성인기에 접어들 때 직업을 갖는 것에 대한 낙관적 관점이나 전망을 갖지 못하게 만들었다는 것이다. 또한 그녀는 앞에서 논의되었던 장애인들끼리 일하는 분리된 직장을 선택할 수 있도록 안내를 받지도 못하였다.

학교를 떠날 때 나는 아마도 평균 정도의 지능을 가진 것으로 분류되었을 거예요. 하지만 내가 가지고 있는 복합적인 손상 때문에 나는 직업을 구할 수가 없었어요. 그래서 학교를 졸업할 때가 되어 나는 결국 집으로 돌아왔고, 그후 11년 동안을 엄마 방 맞은편의 방에서 그저 앉아 있기만 했죠.

워턴의 경우와 마찬가지로 주디(1940년대생)는 1980년대 중반에 어른이 되어 특수학교를 방문했을 때, 학교가 학생들의 경력에 대해 아무런 기대를 갖지 않는 것을 목격하게 되었다고 회상하였다.

선생님과 함께 학교를 둘러보면서, 내가 말했어요. "아…… 요즘 학생들은 어떤 시험을 준비하나요, 학생들 진로 지도는 어떻게 하나요?" 그러자 교사가 말하길, "글쎄요, 아이들이 직업을 가질 수 있도록 교육하지는 않아요" 하는 거예요. 그 말에 저는 정말 충격을 받았죠. 아니, 세상에!……특수학교에서는 다른 곳과는 전혀 다른 시선으로 자기 학생들을 보고 있다는 생각이 들면서, 난 어떤 의협심 같은 것을 느끼게 되었지요.

1978년에 장애아동과 청소년의 교육 문제에 대한 워녹 조사 위원회가 주목한 것도 이러한 관점이었다. 어떤 장애청소년들의 경우에는 "직업을 갖지는 않지만 뜻 깊은 삶"으로 전환시킬 준비가 필요하다는 것이었다. 그들은 교육적 통합에 대한 진보적인 입장을 가지고 있었음에도 불구하고, 1970년대 당시의 현실에서 신체적인 손상을 가진 많은 젊은이들은 학교를 졸업한 후 그들의 잠재력을 실현할 수 있는 기회를 갖기 어렵다는 사실을 냉철하게 받아들였다.

고용되지 않는 삶에 대한 전망을 어떻게 수용할지, 그리고 그러한 삶을 어떻게 준비할지의 문제가 다양한 장애를 가진 사람들 앞에 놓여 있다. 여기에는 높은 지능을 가지고 있지만 신체적으로 매우 심각한 핸디캡을 가지고 있는 사람들도 포함된다. (Warnock Report, 1978: 202~203)

장애인들 사이의 상호적인 동료지지가 이들에게 도움이 될 것임을 인정하는 것 그리고 자원활동 참여를 독려하는 것 외에 어떻게 하는 것이 가장 좋은 것인지, 이를 위해 어떤 준비를 해야 하는지에 대해서 워녹 보고서가 제안하고 있는 것은 별로 없었다. 이러한 상황에서 1980년대 초반까지의 전반적인 정책들은 '데이센터' 서비스를 확대하는 것 이상의 특별한 것이 없었다. 반스는 1980년대 말 이들 센터의 맥락과 사회적 상황에 대해서 면밀하게 조사하면서, 사람들이 영감을 얻을 만한 열망이나 도전이 없다 보니 이용자들로 하여금 '무기력 증후군'cabbage syndrome에 빠지게 하는 특징이 있다고 하였다(Barnes, 1990).

매트가 이 시기에 대해 회상한 내용 속에서도, 반스의 연구에서 보고되었던 경험들이 반영되어 있다. 매트는 담당 사회복지사가 데이센터로 가라고 제안했을 때 처음에는 거절하였지만 친구의 설득에 따라 나중에는 한번 다녀 보기로 하였다. 센터에 참여하기 직전에 그의 주당 활동계획이 나왔다.

내가 지루함을 느껴갈 무렵, 그들은 이 허접한 데이센터를 제안했고, 난 축구장에서 친구에게 그 이야기를 했어요. 그는 "어……난 거기 다녀" 하더군요.……난 "그래……그 사람들……너도 바구니 같은 거나 만드는 거야?" 했어요. 그 친구는 "그건 아냐, 그런 거 안 해도 돼. 거긴 청소년 클럽 같은 곳이야"라고 했어요. 그곳은 새로운 유형의 데이센터였는데, 당구대도 있고 탁구대도 있었어요. 목공 작업실도 있었어요. 재밌는 건, 한 번 가기 시작하니까 월요일부터 금요일까지 거기에 있게 되더라는 거예요.

그 당시에 매트는 이곳을 임시로 거쳐 가는 곳으로 생각했고, 거기에서 직업을 갖는 것에 대해 좀더 생각해 보면서 취업을 준비할 수 있을 것이라 생각했었다. 하지만 그는 자신의 이러한 희망이 센터의 직원이나 센터 이용자들이 열심히 노력하는 것만으로 이루어질 수 있는 일은 아니라는 것을 서서히 깨닫게 되었다.

거기 있는 동안 내내 나는 취업을 하려고 지원서를 냈는데, 장애인이 취업하는 것에 대한 엄청난 저항이 있다는 걸 알게 됐죠. '매트, 사실 누구라도 이런 식으로 취직을 하고 싶진 않을 거야. 그건 너무 어려운 일이지. 여기 남고 싶은 게 당연해. 여기가 훨씬 안전해. 훨씬 안정적이지.' 말로만 그런 게 아니라 그게 사실이기도 했어요.

또 다른 차원에서 보면, 포피(1960년대생)의 경우는 지방정부가 운영하는 데이센터에서 장애인들의 활동 코디네이터로서 자신의 일자리를 찾았다.

그때는 날마다 빙고, 빙고, 빙고 게임만 하면서, 함께 차를 마시는 정도였지요. 정말 별 볼 일 없는 활동이었고, 난 전혀 흥미를 느끼지 못했어요. 난 "이 사람들은 더 잘할 수 있어"라고 생각했지만, 그 사람들을 빙고 문화 밖으로 끌어내는 건 쉽지 않았어요.

밥(1940년대생)은 장애재배치국이 1970년대에 노동시장을 처음 접한 젊은이에게 얼마나 희망을 주지 못했는지에 대해서 이야기한다.

그 사람들은 나를 데이센터에 배치하려고 했어요. 난 "싫어요, 난 거기 안 갈 거예요"라고 했죠.

밥은 그후 2년 동안을 실업 상태로 보냈다. 그러나 수년이 지난 후 (1990년대 초반에) 그는 지방정부에서 전략적 책임 관련 업무를 맡게 되었고, 거기에서 그는 예전과 유사한 제도들 그리고 유사한 편견에 또다시 부딪히게 되었다.

나는 사회서비스국에서 나이가 꽤 많은 편이었죠. 하지만 많은 사람들은 나를 그저 클라이언트처럼 취급했어요. 왜냐면 그 사람들은 내가 누구이고 무슨 일을 하고 있는지보다는 나의 손상을 먼저 보았으니까요. 그러던 어느 날 한 성인훈련센터에서 매니저와 회합이 있어서 갔어요.

문 앞의 안내원에게 말했죠. "안녕하세요? 여기서 오늘……" 하면서 내가 말을 떼려는 순간, 그 안내원이 일어나서 문으로 뛰어나가면서 복도에 대고 소리쳤어요. "빌, 아님 누구든 좀 빨리 와보세요. 여기 클라이언트가 와 계세요." 그러자 빌이라는 사람이 와서는 내 팔을 잡고, 어디론가 끌고 가려고 했어요. 난 계속 "아니요, 아니에요. 이봐요, 내 말을 좀 들어 보라고요" 하고 있었지요.

앞 장에서 논의한 것처럼, 몇몇 계속교육 기관이 데이케어센터나 분리된 거주홈으로 교묘하게 전환하는 것에 대해 사회적 관심이 증가하고 있었다. 그곳에서 장애청소년들은 주류사회와 분리되어 '훈련'의 반복 속에서 지냈는데, 그 훈련이 반드시 노동시장에서의 발전을 가져다주는 것은 아니었다.

1980년대에 274명의 장애청소년들을 조사한 연구에서 마이클 허스트(Hirst, 1987: 64~67)는 이들 중 2/3가 "학교에서 곧바로 훈련센터나 데이센터로 옮겨왔다"는 것과 계속교육을 다 마친 후에도 "이들 중 많은 사람들이 직업훈련에 이어서 갈 곳이 없었다"는 것을 발견하였다. 더구나

신체적인 손상만을 가진 젊은이들……은 학교를 졸업한 후 일정 기간이 지나면서 완전히 할 일이 없어질 가능성이 더 많았다.……21세의 완전 실업 상태인 젊은이 29명 중 거의 절반(14명)이 신체적인 손상만을 가진 사람들이었다(p < 0.0001). 이러한 결과는 신체적 손상을 가진 젊은이들이 성인기의 취업으로 전환하는 데 있어, 다른 장애청소년들보다 더 많은 어려움을 경험한다는 것을 보여 준다. (Hirst, 1987: 70)

25세에서 30세의 젊은이들에 대한 추적조사에서 앨릭스 클라크와 마이클 허스트는 이 집단에 속한 사람들이 취업 등 성인으로서의 독립을 입증할 만한 뚜렷한 징표를 얻을 가능성은 훨씬 낮다는 것을 다시 한번 확인하였다(Clark and Hirst, 1989). 고용 이외에 '의미 있는' 활동을 하든지 하지 않든지, 중증장애인 수당 같은 장기적인 실업 급여에 대한 불만은 계속해서 높아졌다. 결국 정부는 근로 지향의 복지 개혁으로 관심을 돌렸다. 장애인들이 정부의 급여가 아니었더라면 스스로 취업을 하게 되었을지도 모른다는 의심을 가지고 정부의 지출이 장애인들을 실업 상태로 유지하는 데 쓰이지 않도록 하려는 것이다.

제인이 1980년대 초기에 성인기를 맞아 노동시장에 진입할 때 그녀가 겪은 일들은 이러한 변화의 흔적을 보여 주는 것이었다. 그녀의 인생 이야기를 들어 보면, 교육을 마치고 처음 전환을 꾀할 때 그리고 장기적으로 장애인 급여에 의지하면서 일하지 않는 삶의 궤적을 만들어가는 과정에서 정부의 지원은 거의 없었다는 것을 알 수 있다. 그녀는 일할 수 있다는 판정을 받았고 두 가지의 서로 다른 기술 훈련 과정을 거쳤다. 그럼에도 결과는 임금을 받는 노동이 아닌 자원활동이었다.

난 그 당시에 무능력 급여Incapacity Benefit라고 했던가, 뭐 그런 걸 받고 있었어요. 중증장애인 수당을 한동안 받다가 그 사람들이 내가 일을 할 수 있다는 걸 발견한 거였죠. 그래서 난 다른 사람들처럼 실업 수당을 신청해야 했어요. 2주일마다 가서 신청을 해야 했죠. 그러고는 그 직업훈련 코스에 들어가야만 했고 직업을 찾는 노력을 해야만 했어요. 아무것도 되는 건 없었어요. 난 이 직업센터의 훈련 코스에서 컴퓨터 과정을 들어야 했죠. 직업을 얻지 못하니까 또다시 실업 수당을 신청해야 했고요. 그후에 난 또 다른 훈련 과정에서 경영행정 분야 국가자격증National Vocational Qualifications 1단계를 이수했어요. 내가 그 과정을 끝낸 1992년 이후에, 결국 난 자원활동을 하라는 제안을 받았죠.

1995년 중증장애인 수당이 무능력 급여로 대체되고, 신노동당의 '장애인을 위한 뉴딜'이 새롭게 소개되면서 많은 논쟁이 일어났다. 1999년 복지개혁과 「연금법」에서 소개된 새로운 조정안은 장애인 급여를 받는 사람들에게 노동 의무를 연결시키고 그들이 고용에 진입할 수 있도록 지원하는 것을 목표로 하였다. 앨런 롤스톤(Roulstone, 2000)과 콜린 반스(Barnes, 2000)는 통합이라는 정책적 수사와 모든 장애인이 구조적으로 불평등한 노동시장에서 고용되기 위해 노력해야만 한다는 가정 모두에 대해서 의문을 제기한다.

브루스 스태퍼드 등의 연구자들이 행한 뉴딜에 대한 평가를 살펴보면(Stafford et al., 2007), 2006년까지 260,330명이 등록하였고 그 중 43%가 일자리를 찾았다. 일반적으로 수혜자들의 경험과 성과는 긍정적이지만, 노동에 대한 장애인들의 자각이 결여되지 않을까 또는 이러한 정부 급여로 인해 재정적인 손실이 발생하지 않을까 하는 근심은 여전히 남아 있었다.

가장 젊은 세대에서 아직 취업을 하지 못한 사람들에게는 직업을 찾고자 하는 열망이 분명히 나타난다. 예컨대 2장에서 언급한 것처럼, 홀리(1980년대생)는 정부 급여에 불필요하게 의존하는 것처럼 보이는 것을 피하기 위해서 임금을 받는 일자리를 찾고 있다.

난 직장을 갖기 위해 노력하고 있어요. 그래야 급여를 받는 생활에서 벗

어날 수 있으니까요. 난 자원활동을 그만하고, 사실, 아시겠지만, 재정적
으로 독립하고 싶은 거예요. 계속 급여에 의지하고 싶지는 않거든요.

그러나 이런 젊은이들이 일자리를 찾는 과정에서, 일자리를 찾으라
는 공공의 압력을 받고 있다고 느끼는지 아니면 일자리를 찾기 위해 공
공의 도움을 받고 있다고 느끼는지는 분명하지 않다.

나가며

고용은 성인의 삶으로 전환하는 데에서 사적으로도 공적으로도 매우
중요한 문제이다. 여기에 소개된 이야기들은 장애청소년들이 주류 노
동시장으로부터 체계적으로 주변화되는 과정이 공공 정책과 제도에 의
해서 중단되기보다는 오히려 영속화됨을 보여 주고 있다. 이 이야기들
은 일터에서의 차별로부터 장애인을 보호한다는 중대한 변화가 있어 왔
으며, 정책이 장애인의 고용을 지원하는 데에 초점을 맞추어 왔음을 보
여 준다. 그러나 경쟁적인 노동시장에서 사람들의 경력을 규정하는 것
은 개인 행위자의 능력보다는 오히려 그가 속한 조직, 그가 가질 수 있는
기회, 그를 둘러싼 환경인 것 같다. 장애인들의 이야기를 살펴보건대, 공
적인 제도가 개인의 인생 경로에 어떤 강력한 의미를 가지고 있는 경우
가 있다면, 그것들은 장애인들을 노동시장으로부터 분리시켜 실업이나
질 나쁜 노동으로 이동하게 하는 것과 더 많이 연관되어 왔던 것 같다.
　우리는 인생 이야기들을 통해 개인 행위자도 중요하지만 그들을 둘
러싼 사회적 자본과 노동시장에서 만나게 되는 기회가 그 사람이 어떤
직업 경험을 하게 되는지에 더 크게 영향을 미치고 있다는 것을 알게 된

다. 구조와 행위자 사이의 미시적 상호작용과 그것이 가지는 모순은 거시경제의 발전 과정이라는 차원에서 읽혀야 한다. 서로 다른 세대에 속한 젊은이들은 서로 다른 노동시장 조건에서 성인기의 직업세계로 진입하게 되었고, 이는 개개인이 직업생활 속에서 각기 접근할 수 있었던 직업의 유형에서 차이를 가져왔다.

　최근 들어 직접적인 차별 사례들이 감소하고 있다는 점에서 사회적 태도가 달라지고 있다는 것은 분명하다. 좀더 유연하게 작업을 조정할 수 있도록 지원되고 있다는 것도 분명하다. 그러나 이러한 변화들은 이전 세대의 사람들이 일종의 타협책으로 활용해 왔던 비공식적인 조정과 근본적으로 다르지 않다. 새로운 과학기술은 신체적 손상을 가진 젊은이들의 삶에 변화를 가져왔다. 장애인들의 법적 권리, 일하는 복지라는 정책 구호와 함께 정책 방향에서의 또 하나의 중대한 변환은 고용에 대한 개인적 책임을 강조하는 것이었다. 거시적 수준에서 취업률이 증가하고 있고 어떤 이들에게는 맞춤형 지원이 이루어지고 있다는 것은 분명하지만, 이러한 정책들이 장애인 개개인의 일상에 크게 영향을 미치고 있는지는 우리가 수집한 이야기들에 비추어 볼 때는 명확하지 않다.

| 토론을 위한 질문 |

• 전쟁 직후 장애인의 고용을 보장하기 위한 초기의 정책적 개입은 오늘날 우리가 가지고 있는 권리에 기초한 정책들과 비교하여 얼마나 효과적인 것이었나?

• 과학기술에서의 발전, 특히 정보와 커뮤니케이션 기술의 발전은 신체적 손상을 가진 이들에게 새로운 선택과 기회를 제공하는 데 어느 정도 기여했는가?

7장

'장애'와 함께 살아가기

이 책의 주요한 목적은 변화하는 공공 정책 및 제도가 사람들의 개인적인 삶과 어떻게 상호작용하는지, 그리고 그 정책의 맥락에서 개인과 그 가족들은 어떻게 인생의 선택과 타협해 나가는지를 살펴보는 것이었다. 앞의 두 개의 장은 특별히 교육과 고용 측면의 변화에 초점을 맞추었다. 이 마지막 장은 좀더 전체적인 관점에서, 장애가 사람들의 인생 속에서 어떻게 발현되는지 그리고 이것이 개인의 정체성을 형성하는 데 어떠한 영향을 미치는지를 시대의 흐름에 따라 다시 검토하려고 한다. 이는 공공 정책과 제도가 개인이 차지하고 있는 사회적 공간, 관계, 삶에 대한 기대를 구성하는 데 중요한 부분으로 작용한다는 것을 보여 주려는 것이다. 사회적 공간과 관계, 인생에 대한 기대는 누가 '장애인'으로 보이는지를 규정하고 있다. 이 장에서는 장애인으로서 '자신을 드러내는'come out 기회가 시대의 흐름에 따라 어떻게 변화해 왔는지도 논의할 것이다.

우리가 수집한 사례들은 개인과 공공 정책의 접촉이 어떻게 공적으로 '장애'라고 알려진 것들을 만들어 내게 되는지를 보여 준다. 예컨대 꼬리표 달기labelling, 차별화된 치료나 물리적인 격리 등에 의해서 특정한 어떤 상태가 '장애'라는 표식을 갖게 되는 것이다. 또한 이 사례들은 공적인 영역이 어떻게 개인이 가지는 장애에 대한 느낌을 구성하는지도 보여 준다. 장애청소년들이 공적인 영역과 사적인 영역 사이의 긴장에 대해 이해하고자 할 때, 그들이 접근할 수 있는 문화적 자원이나 역할모델 등에서도 시간의 흐름에 따른 변화가 있었음을 인식하는 것도 중요하다. 이런 방식으로 정체성의 형성 과정을 살펴보는 것은 1940년대 이후 진행되어 온 중요한 사회적 변화, 특히 새로운 장애 문화와 시민사회 내의 장애 정치의 발달 등을 설명하는 데 도움이 될 것이다. 이 장은 우선 정체성 각본identity scripts[1]과 이들이 이용할 수 있었던 자원에 대해 다룬다. 그런 다음 공적인 공간과 사적인 공간이 장애 정체성을 구성하는 데 어떻게 영향을 미치는지 살펴볼 것이다.

세대 간 학습

동년배 연구에서 일반적으로 가정하는 것은, 서로 다른 세대에 속한 사람들은 자신들이 "서로 다른 권리와 의무, 지위, 역할, 특권, 인권침해 상황"에 처해 있다고 생각한다는 것이다(Foner, 1988: 176). 그러나 이어진 세대들 간에는 서로 공존하는 시기가 있고 문화적인 생각이나 규범도 한 세대에서 다음 세대로 전승된다는 사실도 인정해야만 한다(Manheim, 1952). 그런데 이렇게 가정하고 나면 장애청소년들에 대해

---

1 각본이란 개인이 명확히 의식하지 못하지만 그의 행동을 규정하고 있는 인식의 틀을 가리킨다. 정체성 각본은 어린 시절부터의 경험을 통해 형성된 자신에 대한 상(像)을 말하는 것으로 암암리에 현재의 행동방식이나 사고방식을 규정하는 밑바탕이라고 할 수 있다.──옮긴이

몇 가지 질문이 생기게 된다. 이들 중 대부분은 장애를 갖지 않은 부모 밑에서 태어났고 또 어떤 경우에는 공적인 제도에 의해서 사회로부터 격리되어 살아 왔기 때문이다. 그러므로 문화와 정체성의 측면에서 이루어지는 세대 간 학습은 다음의 두 가지 이유로 제한당할 수 있다. 장애를 가진 위 세대로부터 배울 수 있는 기회를 갖지 못했다는 것과 가족 안에서 세대 간 학습에 접근할 기회가 없었다는 것이다.

과거와 현재

탐은 1950년대 초반의 자신의 성장 경험을 길버트(중간 세대)의 경험과 비교하였다. 그는 성장기의 한때를 다음과 같이 회상하였다.

> ……장애인이라면 모두들 가능한 한 정상이 되려고 애를 썼죠. 그러면서 그럭저럭 지내는 거였죠.……난 내가 장애인이거나 뭐 그렇다는 사실에서 아무런 장점도 찾아내지 못했었죠. 그니까 그게 가능하게 된 건 훨씬 나중에, 장애에 대해서 학문적인 접근을 하면서였어요. 내가 어릴 적에는 절대로 그렇게 생각할 수가 없었죠.……난 장애인 친구도 없었고, 내가 가진 생각들은 모두 건강한 몸의 관점에서 나온 것들이었으니까……난 장애인들과 함께 있는 것, 그들과 대화하는 것, 그들의 회합에 가입하는 것을 매우 어렵게 여겨 왔답니다.

> 난 내 몸을 혐오했죠. 내 다리가, 그 생김새와 그 움직임이 정말 싫었죠. 난 그것이 내가 길버트와 서로 다른 시대에 성장했다는 것을 보여 주는 하나의 징표 같은 거라고 생각해요. 길버트가 자란 시대는 장애권리 같은 개념이 좀더 스며들어 있던 시대였죠. 하지만 나는, 결국에 가서 내

가 받아들여야 하는 건 내가 장애인이라는 사실이다……라는 생각을 하면서 자랐어요. 내가 뭘 하든, 아무리 정상이 되고자 한들 장애인이라는 거죠. 그러니까 이건 엄청난 차이고, 내가 그걸 극복하는 데에는 꽤 많은 시간이 걸렸던 것 같아요.

반대로, 테리(1980년대생)는 위 세대의 경험과 자신의 경험을 비교하면서, 신체적 손상을 가진 청소년들에 대한 기대와 접근방법이 달라져야만 한다는 자신의 생각을 이야기했다. 그는 반세기 전에 자신과 같은 특수학교에 다녔던 대선배를 만나 본 경험에 대해서 들려주었다.

내가 다녔던 학교를 1950년대 초반에 다녔던 분을 알고 있어요.……그분은 정말 자기가 무슨 물건 같았다고 하셨어요.……그러면서 많은 것이 달라졌다고…… 요즘 청소년들은 이제 훨씬 더 기회가 많아졌고……집에만 붙어 있어야 하는 것도 아니라고 하시더군요. 그분이 자랄 때는 기본적으로 집에만 있어야 했대요.……1940년대 같은 그런 시대에 자랐다면 참 싫었을 것 같아요.

스티브는 그가 1940년대에 태어났더라면 그의 인생이 어떠했을지에 대해서 상상하면서, 샬럿 브론테의 『제인 에어』에 나오는 '지붕 아랫방에 갇힌 광녀'(로체스터의 부인) 이미지를 떠올렸다.

60년 전에, 내가 60년쯤 전에 태어났다면, 상상컨대 난 지금 벽장 속에 있을지도 모르지요.…… 방 안에만 들어앉아 있는 사람 중 하나가 되었을 수도 있고요. 우리 가족은 나를 데리고는 있겠지만, 방 안에 나를 넣고 문을 잠가 두고, 가끔씩 음식을 넣어 주거나 했을 수도 있겠죠. 아래층에서는 사람들이 같이 모이기도 하고 그러겠지만, 난 거기에 끼지 못했겠죠.

홀리도 잠긴 문 뒤에 갇혀서 아무도 돌보아 주지 않는 삶을 상상해 본다.

장애인들이 잠긴 문 뒤에 혼자 남겨져서 그나마 교육도 받지 못했다고 생각하면, 그런 사람들에게 혼자서 독립적으로 살아가라고 하는 것은 사실 말도 안 되는 일이지요. ……난 교육 수준이 그리 높은 것은 아니지만, 그래도 아직도 교육을 받고 있고 대학도 갔고 혼자 살고 있잖아요. 가끔 생각해요. 내가 1940년대에 살았다면 정말 모든 게 달랐겠구나. 그런 점에서는 많은 사회적 변화가 있었다고 생각해요. ……

하비 역시 장애인이 처한 상황이 많이 개선되었다고 생각하지만, 다른 한편으로는 오늘날에도 여전히 장애인에 대한 배제가 존재한다고 생각한다. 특히 공법과 공공 정책에서의 변화를 지적한다.

장애인의 지위를 높이는 수많은 법들이 만들어졌지요.「장애차별금지법」 같은 것들이요. ……예를 들어서 지난 20년 동안 고등교육에 대한 장애인의 접근성은 정말 높아졌죠. 물론 충분하지는 않지만요. 어쨌든 예를 들어 나나 당신(저자인 소날리)도 대학에 갔잖아요. 2, 30년이나 40년쯤 전에는 거의 보기 드문 일이었죠. 이제 우리는 정말로 풍족한 사회에 살고 있는데도 장애인들은 여전히 사회의 하위 1/4 수준에서 살고

있고, 여전히 고등교육을 받을 기회는 적고 직업을 가질 가능성도 아직
은 낮아서 그만큼 가난하게 살 가능성이 높다는 것은 아이러니죠.

이렇게 과거와 현재를 비교하는 것은 사회 변화에 대해 개인들이
어떻게 생각하고 있는지 많은 것을 보여 준다. 가장 젊은 세대는 과거에
대해서 마치 '다른 세상'에서 살아가는 사람들의 삶이라는 식의 상상이
나 비유를 주로 사용하고 있다는 것이 눈에 띈다(Lowenthal, 1985). 이
러한 관점은 앞 세대 장애인들이 경험한 생생한 현실과 사회적 조건에
대한 지식을 전승받기 어렵게 만드는 것이다. 사실 개인의 구술사와 사
회사 모두를 포함하여 장애인의 역사 이해에서 중요한 것은 앞 세대 장
애인의 경험을 이해하는 것이다. 그것은 세대 간에 잃어버렸던 어떤 연
관성을 찾음으로써 장애 문화를 세대 간에 전승하는 데 도움이 될 것이
다. 이러한 역사가 부재하다면, 장애청소년들이 직면하는 '끝나지 않는
문제', 즉 그들의 성인기 삶을 지탱할 정체성을 구성하는 문제를 해결하
는 데 필요한 지식을 어디에서도 얻을 수 없게 될 것이다(Priestley et al.,
1999).

문화적 각본의 활용성

기든스는 우리가 우리 자신에 대해서 말하는 내러티브가 정체성을 협
상하고 유지하는 핵심적인 부분이라고 주장하면서, 이들 내러티브가
어떻게 주류 문화에 의해서 부여된 논변적인 정체성을 수용하는지, 또
는 어떻게 이에 대항할 수 있는지에 초점을 맞춘다(Giddens, 1991). 대
중문화, 특히 텔레비전이나 영화, 영미 문학에서 손상과 장애가 어떻게
표상되는지에 대한 많은 연구들이 있다(예컨대 Barnes, 1992; Garland-

Thompson, 1997; Mitchell and Snyder, 2000). 이 책에 소개된 역사적 맥락 안에서 가장 위 세대 장애인들의 아동기와 가장 젊은 세대 장애인들의 아동기 사이(즉, 1950년대와 1990년대 사이)에는 이들 미디어에 있어 현저한 사회적·기술적 발달이 이루어졌다는 것을 언급할 필요가 있다. 예컨대 1950년대 초반에는 대부분의 가구가 라디오를 가지고 있었지만, 텔레비전 보유 가구는 고작 150만 가구 정도에 불과했다. 1960년대 후반에는 1천 5백만 이상의 가구가 텔레비전을 갖게 되었다. BBC는 1930년대 초반에 제한적인 공영방송을 시작했는데, 1세대 장애인들이 아동기였던 시절에 텔레비전은 아직 문화매체로서 널리 퍼져 있지 않았다. 상업방송은 1954년 「텔레비전 법」 이후에 시작되었지만, 1950년대 후반에 가서야 「안방극장」Armchair Theater, 「응급병동 10」Emergency Ward 10, 「코로네이션 스트리트」Coronation Street 같은 프로그램들[2]이 '실제 삶'의 현대적인 표상으로서 대중의 관심을 끌기 시작했다.

　마찬가지로 인터넷을 위한 기간시설은 존재했지만 월드와이드웹World Wide Web과 이에 관련된 검색 엔진은 1990년대 중반까지도 쉽게 이용할 수 있는 것이 아니었다(영국에서는 20세기가 끝날 때까지도 소수의 가구만이 인터넷에 접속할 수 있었다).

　이러한 사회적·기술적 요인들이 중요한 이유는 그것이 장애를 표상하는 자료들을 생산하고 있고, 아이들과 젊은이들이 장애와 정체성에 대한 인식을 형성하는 과정에서 이러한 자료를 활용하기 때문이다. 가장 위 세대 장애인 가족들이 활용할 수 있었던 장애에 대한 문화적 각

2 이들은 모두 1950년대 후반에 시작되어 10년 이상, 50년 이상 상영되며 인기를 누렸던 영국의 텔레비전 드라마이다.—옮긴이

본은 좀더 제한적이긴 했지만, 학교와 가정에서 쉽게 접할 수 있는 고전 연극이나 소설 속 장애인의 상은 신체적 손상에 대한 것만도 결코 적지 않았다.

이언 데이비드슨 외의 연구자들이 19세기 아동문학 작품 속의 손상에 대한 묘사를 검토한 결과, 대체로 손상은 "불변적이고 신에 의해 운명 지어진 존재방식"으로 간주되었고, 이는 그 사람을 사회로부터 분리시키는 특성으로 묘사되었다(Davidson et al., 1994: 33). 로이스 키스는 여자아이들이 즐겨 보는 고전 동화 속에서 신체적 손상에 대한 이미지가 어떠한지에 특별히 주의를 기울였다(Keith, 2001). 여기에서는 젠더화된 메시지를 통해 남성과 의료적 권위의 연합을 강화하고 있었다. 데이비드 헤베이는 남성 주인공에 초점을 맞추면서 무력함의 메타포를 지적하였다(Hevey, 1993). 레너드 크리겔은 이야기 속 등장인물들을 검토하면서, (역시 젠더화된 관점에서) "불구자는 자기 자신을 창조할 수 있는 능력을 박탈당한 피조물로서……그는 자기 존재의 경계 밖에서 주어지는 자기 개념을 수용해야만 하는 존재"가 된다고 설명했다(Kriegel, 1987: 33). 리즈 크로는 아동문학 작품 속에 나타난 장애인에 대한 잘못된 표상은 청소년의 정체성 형성에 실제적인 의미를 가진다고 주장하였다. 자신을 보는 관점과 타인을 보는 관점 모두에 영향을 미치는 것이다(Crow, 1990: 1).

책 속에서 장애인은 결코 실재하지 않는다. 이들은 독특한 생활양식과 인성을 지닌 전체로서의 인간이 아닌 것이다.……책들이 장애인을 건설적으로 묘사하는 경우는 드물다. 장애에 대한 제한된 묘사는 인쇄된 책의 범위를 넘어 장애인들의 실제 삶에서의 기회를 제한하기에 이른다. 아이들은 이러한 잘못된 정보를 그들이 장애인을 실제 접촉하는 상황에서 떠올릴 뿐 아니라, 그들 자신의 장애 경험에서도 떠올리게 된다.

문학 비평에서 많이 지적된 이러한 비관주의와 운명론 그리고 복종의 담론은 우리가 수집한 이야기들 속에 보였던 아동기의 의료화되고 시설화된 경험에 대한 묘사와 잘 맞아 떨어진다. 그러나 앞의 장들에서 설명한 것처럼, 이러한 담론에 대항하고 저항하는 힘도 존재한다.

대중적인 문화적 이미지의 두번째 원천은 자선 모금운동 속에 있다. 이는 장애학 연구들에서도 지적되었다(Shakespear, 1996; Drake, 1996; Thomas, 2004). 데이지(1940년대생)는 그녀의 손상이 자선과 부정적으로 연상 작용을 일으켰던 경험을 기억하고 있다. 이러한 부정적 연상 작용은 교구敎區의 빈민구제 활동이나 전후 복지국가의 탄생 이전에 존재했던 '구빈원'에 대한 기억을 가지고 성장한 사람들을 부모로 둔 세대인 경우 더욱 두드러지게 나타났다.

이제는 장애인이 된다는 것에 대해서 그런 정도의 낙인은 없는 것 같아요. 하지만 내가 어릴 때는 달랐죠. 이 나라의 자선의 전통은 우리에게 전혀 도움이 안 된다고 생각해요. 왜냐하면 난 작은 상자를 들고 저만치 서 있는 어린 맹인 소년의 이미지, 왜 상점 밖에 서 있는 거지 소년의 동상 같은 이미지 있잖아요, 난 그런 이미지를 안고 자랐으니까요.

매일의 일상생활 속에서도 장애에 대한 종교적 담론을 종종 만난다. 예컨대 포피는 스스로 '정상'이 아니라는 생각을 의식적으로 하게 된 첫 순간, 그녀가 학교에 가기 직전에 맞닥뜨렸던 그 순간을 기억한다.

나는 휠체어에 앉아서 ○○시의 ××거리를 올라가고 있었어요. 그때 그 길의 끝에는 큰 교회가 있었는데…… 한 여자가 그 교회에서 나오더군요.……그러더니 그 여자가 내게 입을 맞추면서 말했어요. "교회에 나가라. 하느님이 너를 치유하시고 너를 낫게 해주실 거다."

아킬라는 1940년대에 파키스탄에서 태어났는데, 아이였던 1940년대와 1950년대에 그녀의 가족들이 가지고 있던 종교 문화 속에서 그녀는 포피와는 상이한 (그러나 연관된) 메시지에 직면하였다.

한 가지는 아주 분명한데, 난 다르게 취급되었다는 거예요. 친척들은 이것이 일종의 신의 섭리, 아마도 신이 내린 벌이라고 받아들였어요. 그들이 행했던 죄에 대한 벌……

그녀가 일반학교에 갔을 때 또래들에게서 조롱이나 놀림을 당했던 경험 그리고 그녀의 손상이 신의 뜻이라는 믿음으로 인해, 아킬라는 자신이 가지고 있던 믿음에 대해 의문을 제기하는 대신에 이런 일을 당할 만큼 자기가 무엇을 잘못했는지 고민하기 시작했다. 이러한 경험은 사회와 타협하는 과정에서 해당 사회마다의 독특한 측면이 작용함을 보여 준다. 자아상을 형성하는 데에는 그 사회에서 계층, 젠더, 민족성 등이 갖는 의미가 '장애' 만큼이나 중요하게 영향을 미치는 것이다.

학술 문헌들은 손상이나 장애가 어떻게 하나의 '중심적 지위'master status가 되는지, 특히 공공 정책과 제도가 언제부터 오직 장애라는 특성에 기초하여 사람들의 인생 전환 과정을 분류하고 구획하기 시작했는지 주의를 기울여 왔다(Goffman, 1968; Charmaz, 1983; 1994; 1995;

Priestley, 1998c; Barnes and Mercer, 2010). 그런데 이렇게 되고 보니, 이제는 이것이 사람들로 하여금 그들의 복합적이고 상호작용적이고 상황적인 정체성의 다른 여러 중요한 차원들을 바로 보기 어렵게 만들었다 (Vernon, 1999).

하비에게(2장에 그의 이야기가 요약되어 있다) 문제가 되는 정체성 담론은 성별에 따른 것과 계급에 따른 것이었다. 학교에서 그가 뭔가 다른 사람이라는 표식을 받게 된 것은 학업성취를 어렵게 하는 장애 때문이 아니라 남성적인 또래문화에서 배제되고 소외되었기 때문이었다.

나는 남성적인 문화에서 한 걸음 물러나 뒤로 빠져 있었죠.……아이들 사이에서 공부를 잘하는 것은 별로 중요하지 않았어요. 난 사회적인 측면이나 정서적인 측면에서도 적응하기가 너무나 힘들다는 것을 깨닫게 되었지요. 아시잖아요, 난 다른 남자애들처럼 여자친구를 사귀지도 못했고, 길거리를 돌아다니거나 술을 마실 수도 없었으니까요. 난 늘 공부에 집착할 수밖에 없었지요.

분리된 특수학교에서 보낸 시간 동안 안톤은 자신의 자아 정체성을 성별, 계급, 민족성보다는 일차적으로 장애라는 특성과 관련하여 생각하였다. 그는 교육, 서비스, 또래 접촉 등을 일차적으로 장애라는 범주를 통해 받아들였기 때문이다. 대학 진학을 통해 주류사회를 접하게 되면서 때로 자신이 다르다는 느낌을 강하게 받곤 했다. 그러나 대학 진학을 통한 주류사회 경험은 그동안 특수학교 환경에서는 가질 수 없었던 새롭고 복합적인 정체성 각본을 경험하게 했다. 특히 그의 인종적인 정체성과 관련하여 그러했다.

인종적인 배경 때문에, 나는 대학에서 인도인 모임에 나가게 되었어요.……거기 사람들은 사람을 있는 그대로 수용해 주었기 때문에 누구를 제외시키거나 따돌리거나 그러질 않았죠.

이런 분위기 속에서 그는 인종적인 동질성을 느꼈고 이는 그가 장애 때문에 겪어 왔던 '다름'을 눌러 버렸다. 이와 유사한 경험이지만, 플로라는 '백인 중산층'이 지배적인 기숙형 특수학교에서 사는 것이 얼마나 긍정적인 정체감을 형성하기 어렵게 만들었는지 기억하고 있다. 그녀는 자신의 인종적 배경을 긍정적으로 통합하기 어려웠던 것이다.

내가 있었던 기숙 학교에는 흑인이나 인도인이 다섯 명뿐이었고, 나는 그 중 한 명이었죠. 나머지 아이들은 다 백인이었고, 교직원들도 모두 백인이었어요. 그러니 난 내가 가지고 있던 카리브인Caribbean으로서의 정체성과 연결될 수 없는 느낌을 가졌지요. 한동안 나는 내가 흑인인 게 싫었어요. 난 흑인인 것에 화가 났죠. 어릴 때는 내 머리카락이 곱슬곱슬한 것도 싫었어요. 10대였을 때는, 아이들이 다 글래머로 보이고 싶어 하잖아요. 그런데도 난 내가 글래머인 게 아니고 못생긴 거라고 생각했기 때문에, 흑인인 걸 싫어했죠.

안톤과 마찬가지로 플로라는 직업교육으로 전환하면서 흑인문화의 역할모델을 만날 수 있었고 일상적인 행위들(예컨대 곱슬거리는 머리칼을 땋는 행동 같은) 속에서 스스로의 정체성을 탐색할 수 있는 기회를 갖게 되었다. 이를 통해 그녀는 자신의 몸에 대해 좋은 느낌을 갖게 되었다. 이런 느낌은 그녀가 특수학교에 있을 때는 가질 수 없던 것이었다.

'숨기기'의 고통

많은 저자들이 고프먼이 낙인stigma에 대해 했던 설명에 주목해 왔다 (Goffman, 1959; 1963). 낙인은 '오염된 정체성'과 연관된 것으로, 사람들은 '정상'인 것처럼 '숨기기'passing의 전술을 통해 이를 회피한다(예컨대 Coleman, 1997; Thomas, 2007; Barnes and Mercer, 2010). 이 책의 인생 이야기들, 특히 가장 위 세대 장애인들의 이야기들은 장애인으로 인식되는 것을 피하기 위해 손상을 '숨기'거나 드러내지 않도록 만드는 사회적 압력에 대해 묘사하였다. 플로렌스, 벨라, 데이지의 경우, 신체적 손상을 숨기는 것은 심지어 매우 사적인 관계에서도 일종의 타협책으로 사용되었다.

> 내 약혼자는 해군이었는데, 우리는 내가 가진 손상에 대해서 얘기해 본 적이 없어요. 그런데 수술을 기다리는 동안 나는 다리에 캘리퍼스 부목 callipers[3]을 대고 있어야만 했어요.……난 그에게 편지를 썼고, 그만 끝내야겠다고 결심을 했죠. 나는 '아, 만약 그가 돌아왔을 때, 내가 캘리퍼스 부목을 대고 있어야 한다면 결국은 그렇게 관계가 끝날 것'이라고 생각했거든요.……만약 그가 오랫동안 떠나 있는 직업이 아니었다면, 우리 관계가 그렇게 오래 지속되지 못했을 거라고 생각해요. (벨라)

> 나 자신이 장애인이라고 말하고 싶지 않았기 때문에, 그저 "난 발이 좀 아파"라고만 말했죠. 10대 아이들이 그러듯이 그는 내 곁에 앉아서, 저

---

3 발바닥에서부터 (패드를 넣은) 넓적다리 밴드 부분까지를 2개의 금속 막대로 이어 체중이 다리에 걸리지 않게 하는 장치를 말한다.──옮긴이

녁 시간 동안 키스도 하고 사랑을 속삭였어요. 그가 술을 가져와 마시기도 했죠.……그런 다음 이제 집에 가야 하는 그 두려운 시간이 왔어요. 난 일어섰고, 그는 내가 이렇게 절뚝거린다는 걸 알게 되었죠. 그는 정말 명백하게 충격을 받은 눈치였어요.……그래서 난 말했죠. "그래, 토요일에 날 만나고 싶지 않으면, 안 나와도 돼." 난 그가 "아냐, 괜찮아. 널 만나고 싶어"라고 말해 주길 바랐죠. 하지만 그는 이렇게 말했어요. "그래, 예전에도 많은 남자애들이 너에게 이렇게 말했겠지만, 나 역시 안 만나는 게 좋겠어." 그러고는 "나 이제 갈게" 하더니 혼자 걸어 나갔어요. 그는 길을 따라서 100미터쯤 가다가 뒤돌아보더니 소리치더군요. "하지만 네가 그런 게 정말 안타까워." (데이지)

샐리 프렌치는 '숨기기'가 때로는 장애를 드러내는 것보다 더 스트레스가 된다고 설명한다(French, 1994). 장애를 숨기게 되면 계속해서 새로운 핑곗거리를 생각하거나 손상이 드러나는 상황을 피하려고 애써야 하기 때문이다. 캐럴 토머스는 어린 시절의 숨기기 전략이 이후의 삶에 대해 기운을 북돋는 결과를 가져올 수도 있고 기운을 빼는 결과를 가져올 수도 있지만, '장애인'으로서의 긍정적인 자아 개념을 발전시키는 데에는 도움이 되지 않는다고 주장한다(Thomas, 1998). 그녀는 장애를 숨기는 타협책이 단지 심리정서적 결과뿐 아니라 매우 실제적인 결과를 가져온다고 설명한다. 예컨대 받을 자격이 있는 공적 서비스까지도 요청하지 않는 결과를 가져오는 것이다. 플로렌스의 경우에도, 장애를 숨겨 왔던 시간은 그녀로 하여금 장애를 '드러내고' 공적인 지원을 요청하기 어렵게 만들었다.

나는 사회복지 분야에서 일하고 있었죠. 난 다른 사람들이 이동 수당을 받는다는 걸 알았고 나도 그걸 받아야겠다고 생각했어요. 그런데 그걸 받기까지 나는 3년 동안 다섯 번이나 신청을 다시 해야 했죠. 왜냐하면 사람들이 내가 장애가 있다는 걸 믿지 못했기 때문이에요.……그래서 결국 내가 사는 곳의 시청에 가서 복지권 담당자에게 말했어요. "내가 정말 투쟁이라도 벌여야 내 신청을 받아 줄 건가요?" 그랬더니 그녀는 "하지만 플로렌스, 당신은 장애를 가지고 있지 않잖아요" 하더군요.

장애를 드러내는 것은 1980년대에 태어났지만 분리된 기숙 학교를 다녔던 홀리에게도 역시 어려운 일이었다. 그녀는 일반대학에서 맞이한 첫날에 직면하게 된 다른 사람들의 기대 때문에 압박을 느꼈던 기억을 가지고 있다.

난 그날 내가 휠체어를 쓰고 있는 유일한 사람이라는 걸 정말 실감했지요. 그건 좀 이상한 느낌이었어요. 아마 그럴 거라고 생각은 했지만, 첫날부터 그렇게 실감하게 될 줄은 몰랐죠.……난 일어서려고 노력했어요. 다른 모든 사람들과 비슷하게, 그들과 섞이고 싶었으니까요. 하지만 우리는 나이별로 밖에 서 있었고, 난 정말이지 현기증을 느끼기 시작했어요. 난 더 이상 서서 버티지 못하고 앉아야만 했어요.……그때 생각했어요. 정말 장애인으로 주목받고 싶지는 않아. 하지만 이것도 정말 못할 짓이군!

가장 젊은 세대에서 '숨기기'나 비밀로 하기 전략을 사용한다는 증거가 정말 훨씬 적어졌다는 것은 주목할 만한 일이다. 이는 단지 각각의 세대들이 태어나 자랐던 역사적 시기가 다르기 때문에, 이들이 가진 손 상의 가시성의 정도가 이전과 달라졌다는 것에서 기인하는 일일 수도 있다(4장에서 논의되었다). 예컨대 전후의 소아마비 발병률, 1960년대 초반의 탈리도마이드 사건, 1970년대의 선천적인 뇌성마비의 증가, 그 리고 '심각하고' '복합적인' 손상을 가진 아기들의 생존률 증가 등의 현 상은 이 책에 소개된 사람들의 이야기 속에서 '신체적 손상'이 각 개인 들에게 체화되어 나타나는 양상이 시대마다 서로 다를 수 있다는 것을 의미한다. 이러한 흔적은 예컨대, 데버러 캘러킨-피시맨이 1940년대에 '경미한 절름발이'라는 '숨겨진 상처'를 안고 성장했던 경험 속에 반영 되어 있고(Kalekin-Fishman, 2001), 캠플링이 수집한 장애여성들의 이 야기 속에서도(Campling, 1981), 그리고 샤에 의해 탐색된 10대 청소년 들의 경험 속에서도 엿볼 수 있다(Shah, 2008).

이런 의미에서 몇몇 저자들은 신체적 특성의 현상학과 '일상생활 속의 몸의 정치carnal politics'가 장애의 사회적 설명에서 무시되어서는 안 된다고 주장한다(예컨대, Hughes and Paterson, 1997; Paterson and Hughes, 1999). 그러나 우리가 수집한 인생 이야기들은 장애에 대한 사 회적 설명을 더 강조한다. 예를 들면, '절름발이'인 사람들이 경험한 사 회적 분리와 통합에 대한 내러티브는 '휠체어'를 사용하는 사람들의 그 것과 쉽게 구분되지 않는 유사성이 있다. 정상과 다름에 대한 대중의 인 식이 어떻게 변화하는지는 특정하게 체화된 개별적 손상 특성들 사이 에 나타나는 차이보다 더 중요한 의미를 가지는 것 같다. 장애인으로서 의 정체성을 확인하는 것은 장애 자체의 개념 규정이 어떻게 변화하는 지에 의해 훨씬 더 큰 영향을 받는 것이다.

사회적 모델을 통하여 장애 정체성을 갖기

미국의 장애활동가들과 함께 그들의 전기 작업을 하면서 데바 카슈니츠는 정치화된 장애 정체성의 실현이 사람들의 삶 속에서 얼마나 강력한지를, 이것이 어떻게 역량을 강화하는 깨달음──즉 '아하!'의 순간──이 될 수 있는지를 보여 주었다(Kasnitz, 2001). 이는 크로의 이야기 속에서도 집약적으로 표현되어 있다(Crow, 1992). 그녀는 자신이 장애의 사회적 모델을 만난 순간에 대해 이렇게 이야기하고 있다.

사회적 모델은 여러 해 동안 내가 찾아 왔던 바로 그 설명이었다. 갑자기 내가 늘 알고 있었던 무엇이, 저 뿌리 깊숙한 곳에서부터 확인되는 느낌이었다. 내가 겪은 모든 어려움에 대한 책임은 나의 몸에 있었던 것이 아니라 외부적인 요인들에 있었다. 나는 열악한 사회조직에 의해서 능력이 없게 되어 버린 것이다. 나의 능력과 기회는 제한을 당해 왔던 것이다. 더 중요한 것은 그 모든 문제가 사회에 의해서 만들어진 것이라면, 그렇다면, 당연히 사회가 그렇게 만들지 않을 수도 있다는 것이다. 혁명적으로!

데이지(1940년대생)는 '국제 장애인의 해'(1981년)가 얼마나 새로운 종류의 표상을 제공했는지, 그리고 그녀 자신의 정체성 형성에 어떻게 전환점을 제공했는지 기억하고 있다. 그녀는 미디어를 통해 다른 장애인들을 보았던 순간을 기억하고 있다. 그들은 자신과 비슷한 문제를 경험하고 있었지만, 사회적 관계에 의해 발생하여 장애인들 간에 공유되고 있는 억압에 초점을 맞추고 있었다. 손상된 몸에서 비롯된 개인적인 어려움이라는 시각에 반대하고 있었던 것이다.

장애인의 해를 맞이했을 때, 그것은 사람들에게 많은 변화를 가져왔어요. 텔레비전에서는 장애인들의 상황을 보여 주는 많은 것들이 소개되었고, 이것이 사람들에게 좀더 많은 것을 깨달을 수 있게 했죠. 그후로 그런 것이 점점 더 많아졌어요.

비슷한 시기에 매트는 정치적 행동의 기회에 대해서 점차로 자각하기 시작했다. 이것은 그가 장애를 만드는 환경과 억압적인 전문가의 실천을 만나면서 시작된 것이었다. 그는 다음과 같은 예를 들고 있다.

난 지역의 장애인 접근성운동 단체에 속해 있었어요. 난 공연장에 가서 팝 밴드 공연을 보고 싶었는데, 내가 공연장에 들어가려고 했을 때 정말 너무 기분 나쁜 경험을 했죠. 직원은 내가 들어갈 수 없다고 하는 거예요. 무지하게 시끄러울 거라고 하면서, 뭐……그래서 우리는 항의를 했고 그게 신문 1면에 보도가 됐어요. 나를 막았던 커다란 관리직원의 사진과 함께요.

장애인들에 '의한' 조직들이 벌이는 운동과 정치활동은 앞선 연구들에 의해서 광범위하게 보고되었다(Pagel, 1988; Campbell and Oliver, 1996; Barnes and Mercer, 2006). 1980년대에 이런 조직들이 성장한 것은 손상별로 특화된 단체들이 '하나의 이슈'와 사회적 모델 패러다임 안에서 공동의 이익을 향해 좀더 광범위한 연합을 형성하는 방향으로 전환됨으로써 가능해진 것이다. 1980년대와 1990년대의 그러한 성장을 경험했던 사람들은 그들이 공유한 사회적·문화적 자본이 대안적인 정체성을 구성하기 위한 자원으로서 매우 중요하다는 것을 깨닫게 되었다. 예컨대 대학에 진학한 이후 밥은 '분리에 저항하는 신체 손상자들의 연합'UPIAS의 창설자 중 한 사람을 만나게 되었다.

> 그는 정말 확신을 가지고 있었어요. 나는 뭔가를 느끼고는 있었지만 장애를 정치적인 관점에서 보는 다른 장애인을 만나는 일은 거의 드물었어요. 그를 만난 것은 내 인생을 영원히 바꾸어 놓았어요.

주디(가장 위 세대)도 이와 비슷한 시기에 장애운동에 "진정으로 투신하게" 되었는데, 이때 그녀의 나이는 이미 중년에 접어들었다. 역사적으로 의미 있었던 장애 정체성의 정치화 과정은 가장 젊은 세대 장애인들에게서 수집된 정체성 관련 내러티브 안에서도 뚜렷하게 나타난다. 그들이 정치적인 조직이나 정치적 활동에 직접적으로 접촉하지 않았음에도 불구하고 말이다. 예컨대 '행동주의', '권리', '평등'의 담론은 홀리가 장애청소년으로서 자신의 삶에 긍정적인 의미를 부여하는 과정에서 그의 한 부분으로 통합되었다.

> 난 지금 그 어느 때보다도 내가 가진 장애를 충분히 받아들이고 있어요. 어느 때보다도 장애인 권리와 장애인의 평등권에 대해 깊이 빠져 있죠. 난 정말 오랫동안 그것 때문에 정말, 정말, 정말로 화가 나 있었거든요. 뭐 그런 생각이었죠. 장애가 내 모든 걸 빼앗아 갔다는 생각이요. 하지만 지금은 전혀 다르게 생각을 해요. 어느새 장애활동가가 다 되었어요.

세 세대 장애인들의 인생 이야기 속에서 찾아낸 역사적인 단서들은 시간이 지남에 따라 문화적 자원과 정체성 각본 등에서 실질적인 변화가 있었음을 보여 준다. 문화적 자원과 정체성 각본에서의 변화는 젊은 이들이 그들의 자아 정체성을 발전시키는 데 바탕이 되었다. 또 이러한 변화는 더 나이 든 성인들에게도 중요한 영향을 미쳤다. 장애성인들 역시 세상과 그들 자신에 대해 이제까지와는 다른 새로운 방식으로 볼 수 있게 되는 계기로서 문화적 자원에서의 변화를 경험하게 된 것이다. 장애운동의 등장은 특히 새로운 형태의 사회적·문화적 자본을 제공하는 데 있어서 중요한 것이었다. 공공 정책이 교육적인 통합, 평등한 기회, 그리고 권리 기반의 법제화를 지향하면서 함께 움직인 것도 효과가 있었다. 이에 대해 좀더 분명히 이해하기 위해서 청소년들이 앞에서 개관한 담론을 만나게 된 실제 상황으로 논의를 옮겨 볼 것이다.

공적 공간, 사적 공간에 속하기

닉 왓슨은 왜 어떤 사람들은 자신을 '장애인'으로 동일시하고, 또 어떤 사람들은 동일시하지 않는지를 구분해 살펴보면서 자아 정체성에 대한 내러티브를 탐색하였다(Watson, 2002). 그는 올리버(Oliver, 1996)의 주장에 주목했는데, 그는 장애인으로서 자신을 정체화하는 것은 손상을 인정하는 것과 '외부적으로 부과된 제한'을 의식적으로 경험하는 것을 모두 포함한다고 주장했다. 사실 분리된 학교에 다닌 경험이나 공공 교통수단을 이용하지 못한 경험을 다른 청소년들과 함께 공유하는 것은 소아마비니, 뇌성마비니 하는 진단을 공유하는 것보다 훨씬 강력하게 장애 정체성에 영향을 미칠 수 있다(예컨대 Finkelstein, 1993; Priestley, 1998d). 그러나 왓슨은 사람들이 종종 그들의 삶에서 손상과 장애의 중요성을 최소화한 자신의 정체성을 이야기하길 원한다고 설명하는 반면, 존 스웨인과 콜린 캐머런은 장애인이라는 것을 '밝히지' 않더라도 장애화 장벽과 차별에 마찬가지로 직면할 수 있다고 설명한다(Swain and Cameron, 1999).

서머스는 "우리가 사회에 대해 알고 이해하고 사회에 대한 인식을 형성하는 것은 내러티비티narrativity[4]를 통해서 가능한 것이고, 우리가 우리의 사회적 정체성을 구성하는 것도 내러티브와 내러티비티를 통한 것이다"라고 주장한다(Somers, 1994: 606. 왓슨도 인용한 주장이다). 그러므로 서로 다른 세대에 속해 있는 사람들이 어떻게 장애와 관련하여 그들 자신에 대한 인식을 정교화하는지, 그리고 이런 내러티브들이 공적인 정책과 사적인 관계들에 의해 어떠한 영향을 받는지를 고려하는 것은 유용하다. 사람들이 사회에 통합되거나 완전한 참여로부터 주변화되는 정도는 그들이 아동기에 형성하는 장애와 정체성에 대한 인식에 영향을 미친다. 그러나 이러한 경험에 대해 긍정적이고 탄력적으로 의미 부여할 수 있는 능력은 그 시기에 활용할 수 있는 문화적 각본이 어떤 것들인지에 의해 크게 영향을 받는다. 여기에는 장애운동의 정치화에 의해 생성된 새로운 사회적·문화적 자본이 제공하는 문화적 각본들까지 포함되는 것이다.

병원과 가정 사이에서

3장과 4장에서 살펴본 것처럼, 가장 위 세대 사람들의 어린 시절 이야기는 우리로 하여금 병원 치료와 가족생활에 주의를 기울이게 한다. 이

---

4 내러티브가 이야기 자체를 의미한다면, 내러티비티는 이야기를 하는 사람이 들려주는 것과 이야기를 듣는 사람이 해석하는 것이 상호작용하는 일련의 과정을 말한다.—옮긴이

는 초기 정체성 형성에 주요한 영향을 미치는 요인이었다(중간 세대 사람들이 교육적 경험에 좀더 강조를 두는 것과 달리). 이들의 내러티브는 그 당시의 공공 병원과 학교에서 좀더 의료화된 정체성 담론이 이들에게 부과되었음을 보여 주는 것으로, 가정과 같은 사적인 공간에서 있었던 장애의 수용이냐 거부냐의 담론과는 분명한 대비를 이루고 있다. 이러한 맥락에서 인생 이야기들은 공적 공간과 사적 공간 모두에서 동일함과 다름 사이의 이분법적 대립이 있었음을 보여 준다.

손상이나 장애가 가족생활에서는 별로 중요하지 않았다는 생각을 흔히 할 수 있다. 이는 이전 연구들에서도 언급된 바 있다(Watson et al., 1999). 그러나 중요하지 않았다는 것은 두 가지 방식, 즉 수용으로서도 거부로서도 해석될 수 있다. 말하자면 장애를 비밀에 부치고 덮어 두는 것도 가능한 것이다. 때로는 불행하게도 두 개의 내러티브가 병존하여 나타나기도 한다. 예컨대 데이지(1940년대생)는 유년기를 회상하기를,

난 항상 내가 정상이라고 느꼈어요. 아니 느껴야만 했어요. 엄마는 늘 내가 가진 장애를 부정하셨어요. 엄마는 나에게 뭔가 잘못된 것이 있다는 걸 정말로 인정하고 싶지 않아 하셨죠.

데이지가 아이였을 때 그녀 스스로가 '정상'이라고 '느꼈는지', 아니면 '느껴야만 했는지'에 대해서 확신을 갖지 못했던 것은 해결하기 어려운 혼란이 있었다는 것을 보여 주는 것이다. 이는 많은 청소년들이 성장 과정에서 자아의식을 형성할 때 경험하는 어려움이다. 이런 과정에서는 사회적 환경에서 어떤 열쇠나 역할모델을 찾는 것이 필요하다. 그 열쇠는 부모, 전문가, 또래나 대중문화 등에서 찾아질 수 있다.

플로렌스(2장에서 요약된 이야기) 같은 사람들이 초기 아동기에 경험했던 침해적이고 고도로 의료화된 치료방식은 그들을 가정에서 분리시킴으로써 차이를 분명히 느끼게 만들었다. 플로렌스의 경우 몇 달 동안을 병동의 작은 침대에 갇혀 지냈는데, 의료화된 환경에서 그녀가 느꼈던 물리적 감금은 그녀가 점점 더 장애를 뭔가 부정적이고 인생에서 바람직하지 않은 것으로 이해하게 만들었다. 장애가 분리되고 불완전한 것이라는 강력한 느낌은 그녀가 집에서 가졌던 경험과 대립되는 것이었다. 그녀가 입양되었던 가정에서는 손상을 인정하지 않았고 '정상'인 것처럼 손상을 숨기는 것을 매우 강조하였던 것이다.

당신이 내게 "스스로 장애를 가지고 있다고 생각하나요?"라고 물어봤다면, 대답은 "아니요"였을 거예요. 그 당시만 해도 99%는 아니라고 했겠죠. 하지만 그건 내가 장애를 당당하게 인정해야 한다는 생각을 하지 않는다는 뜻이 아니에요. 그보다는 내가 자라난 가족들 사이에서 그건 절대 인정받지 못했다는 의미죠.

그녀의 어머니는 낙인을 부여하는 형태의 공적인 지원은 무엇이든지 거부하였는데 이는 일종의 '의례적 낙인'courtesy stigma를 피하기 위한 시도로 보인다. 비렌바움은 가시적 손상을 가진 사람의 가족이나 가까운 사람들에게 부착된 낙인을 의례적 낙인 개념으로 설명하였다 (Birenbaum, 1970).[5] 브라이언 우즈와 닉 왓슨이 지적한 것처럼, (국민보

---

5 의례적 낙인은 어빙 고프먼이 처음 제안한 개념으로, 손상을 가진 사람의 가족이나 지인이 갖게 되는 낙인을 의미한다. 예컨대 장애인의 가족은 특히 그 장애가 유전적이거나 부모의 잘못된 양육으로 인한 것이라고 여겨질 때 한꺼번에 낙인을 부여받게 된다.―옮긴이

건의료서비스에서 쓰는 휠체어나 캘리퍼스 문양 같은) 신체적 손상의 공식적 상징물이나 장식은 종종 심미성을 결여하고 있기 때문에, 낙인찍히는 느낌을 강화한다(Woods and Watson, 2004). 전쟁 전에 성장한 부모들 사이에서는 '복지'에 붙어 있는 낙인 역시 신경이 쓰이는 것이었다. 다음은 이에 대한 플로렌스의 설명이다.

> 그때는 장애인 수당이 없었죠. 어차피 엄마는 그걸 받으려고 지원하지도 않았을 거예요. 누가 환자용 유모차 같은 것을 주겠다고 했는데, 엄마는 즉각 그걸 거절했어요. "난 내 딸을 그런 데에 앉히지 않을 거예요"라고 말했죠.

벨라가 어린 시절에 가졌던 장애에 대한 생각은 그녀의 부모님이 보였던 역설적인 행동에 의해서 크게 영향을 받았다. 부모님은 의학적인 치료를 열렬하게 추구하면서도 다른 한편으로 집에서는 장애에 대해서 입 밖에 내지 않고 덮어 놓았다.

> 생각해 보면, 우리 엄마랑 아빠는 여러 번 수술을 받고 나면 내가 원하는 대로 치료가 될 거다, 라는 생각을 어느 정도는 계속해서 하게 만들었던 것 같아요. 그래서 난 이 모든 것에 대해 순종적으로 따랐죠. 왜냐면 나는 정말, 그렇게 생각했……아니 믿었거든요. 그게 내가 늘 들어왔던 이야기니까요. 내가 이 모든 수술을 받고 나면 난 걸을 수 있을 거라고, 결국에 가서는 모든 게 완전히 좋아질 거라고 완전히 믿고 있었던 거예요. 내가 평생을 이렇게 가는 거겠구나……하고 생각하기까지는 오랜 시간이 걸렸죠.

이 이야기 속에서 벨라가 '순종'했다고 기억하고 있는 것은 파슨스가 사회조직 안에서 기능적인 것으로서 '환자 역할'을 분석하며 묘사했던 역할기대의 일종을 떠올리게 한다(Parsons, 1951; Barnes et al., 2003에서도 논의되었다). 이 시기에 장애청소년이 세상 안에서 자신들의 위치를 잡아 나가기 위해 이용할 수 있는 정체성 각본은 이것 말고는 별로 없었다. 사실 인생 이야기들을 살펴보면, 사람들이 스스로 편안하다고 느낄 수 있는 정체성을 찾기까지는 성인기 이전의 긴 시간이 필요하다는 것을 알 수 있다. 벨라가 말하는 것처럼 말이다.

내가 정말, 정말로 완전히 내가 장애를 가지고 있다는 걸 받아들인 것은 내가 그러니까……아……잘 모르겠어요. 아마도 내가 사회복지를 시작하면서, 1980년대에 인간 발달에 대해 공부하면서 비로소 가능하지 않았을까 싶어요.

장애에 대해서 다른 관점으로 볼 수 있도록 하는 것이 단지 나이나 지혜만은 아니라는 것도 중요하게 받아들여져야 한다. 나이나 지혜보다는 공적인 영역 안에서 장애에 대한 새로운 사고방식을 접하게 되는 것이 중요했는데, 이는 장애의 사회적 모델, 장애 행동주의와 평등한 기회에 관한 정책들이 등장한 것에 의해서 자극을 받은 것이다. 다시 말해, 플로렌스와 벨라 같은 아이들은 아동기에 가정에서 정상인 것처럼 지내야 한다는 식의 말을 많이 들었으면서도, 정상화를 향한 치료의 과정에서 그들이 감내해야만 했던 고통스러운 개인적 노력을 해석하는 데 필요한 장애에 대한 대안적인 내러티브는 제공받지 못했던 것이다. 치료에서의 관례적 방식treatment regime이 설명이나 자문 또는 당사자의 동의를 수반하지 않았기 때문에 이들의 불안은 더 가중되었다.

학교에서 경험한 차이와 동일성

어린 시절 학교에서 겪은 정체성의 위기에 대한 이야기들을 들어 보면
공공 정책의 실제에 관심을 갖지 않을 수 없다. 공공 정책은 손상을 가
진 것으로 낙인을 부여받은 아이들을 그들의 또래와는 다른 사람들로
보이게 만들었고, 그들을 또 다른 형태의 감독과 통제하에 있게 했다.
그렇게 되고 나면 이번에는 이것이 또래와의 친구 관계나 연계망을 형
성하기 더 어렵게 만들고 만다. 예컨대 데이지는 공적인 공간에서 그녀
가 경험했던 최초의 차별이 그후로 오랫동안 삶의 궤적에서 심대한 심
리정서적 영향을 미쳤다고 생각하고 있다. 그녀는 특히 학교생활이 시
작되는 시점에 자신이 어떻게 '차이'를 느끼게 되었는지 기억하고 있다.

> 쉬는 시간이었는데, 난 내가 밖에 나가서 다른 아이들과 함께 놀지 못할
> 거라는 말을 들었어요. 내가 넘어질 것이기 때문에 그렇다는 거였지요.
> 그러니 다섯 살 된 어린아이에게 이게 어떤 메시지로 받아들여졌겠어
> 요? 넌 다른 아이들과 놀 수 없어! 그리고 지금 나는 쉰여덟 살이 되도
> 록 혼자 가족도 없고 아이도 없이 살고 있어요. 다섯 살 때 일어났던 그
> 일이 마치 내 나머지 삶까지도 결정짓는 것같이 되어 버렸지요.……넌
> 뭔가 다르다……라는 것을 학습하고, 내내 기억하게 된 거죠. 학교에
> 가기 전까지 난 내가 다르다는 것을 몰랐어요.

거의 반세기가 지난 후, 가장 젊은 세대의 장애인들 중에서도 학교
에서의 공적인 과정에 의해서 자신이 뭔가 다른 사람으로 취급되는 느

낌을 받은 경우들이 분명 있었다(특수학교뿐 아니라 일반학교에서도). 예컨대 헬렌은 일반학교에서 공식적으로 제공된 지원과 (학습 지원을 통한) 보호가 또래 관계에 참여하는 것을 가로막았다고 설명한다.

> 내가 혼자서 하도록 허락받은 건 아무것도 없었어요. 운동장에서도 누군가는 나를 지켜보면서 내가 다치지 않는지, 뭐 다른 일이 생기지 않는지 확인하고 있었죠. 중학교에서는 24/7이라나[6] 하는 사람들과 함께 있어야 한다고 그들이 주장했기 때문에 상황이 더 나빠졌죠. 진짜로 재미있는 건 뭐냐하면요, 내가 고등학교에 갈 때쯤 되니까 적당한 친구를 사귀는 게 정말 어렵다는 걸 알게 됐다는 거죠. 왜냐하면 내가 사귀려고 하는 친구들은 '돌봄 콤플렉스'가 있는 아이들이거나 그들 역시 좀 이상한 아이들이었던 거예요.

이러한 경험은 1990년대에 헬렌 또래의 아이들에 대한 선행연구에서 대체로 보고되었던 것이다(Priestley, 1999에서 상세히 논의되었음). 예컨대 왓슨 등의 연구자들은 1980년대에 태어난 장애아동들이 일종의 '제도화된 관례'rite of institution(Bourdieu, 1992)에 희생되고 있었다고 결론지었다(Watson et al., 1999: 13). 사회적 공간과 학교의 서비스가 그 아이들을 뭔가 다른 사람들로 보이게 했고 다른 사람들이 그들을 표상하는 방식을 바꾸어 놓았던 것이다. 짚고 넘어가야 할 중요한 점은 공적인 실무와 제도화된 관례가 의도한 방식으로든, 의도하지 않은 방식으로든 사람들에게 영향을 미친다는 것이다. 따라서 학교 조직과 관련한

---

6 24/7이란 24시간과 7일을 표현하는 것으로, 쉼 없는 서비스를 의미한다.—옮긴이

공공 정책은 학업의 수행뿐 아니라 아동들의 사적인 삶에서의 개인적 관계, 자기 확신, 자아 정체성에 대해서까지도 일정한 영향을 미친다.

특수학교에서 이루어지는 물리적 분리는 정체성의 논의에서 가장 두드러진 영향을 남긴다. 예컨대 댄은 특수학교에서 그가 받았던 다양한 도움과 그 심리·정서적 영향에 대해서 다음과 같이 회상한다.

너도 알다시피 넌 다르단다. 네 장애가 무엇이든지 간에 넌 그것 때문에 여기에 있는 것이고, 넌 그걸 평생 가지고 살게 될 거야. 너도 알고 있겠지만 넌 여기 바깥에 있는 사람들 모두와 다르단다. 일반학교에 있는 네 친구들 말이야. 넌 장애를 가지고 있기 때문에 이런 특별한 기관이 필요한 거야.

5장에서 논의한 것처럼, 기숙형 특수학교의 제도화된 관례는 1970년대에 성장기를 함께했던 사람들이 아동기에 경험했던 세상과 사람들 사이의 관계를 규정하고 있다. 학업에 대한 낮은 기대는 이들로 하여금 미래의 삶에서도 의미 있는 고용에 참여하지 못할 것이라는 생각을 스스로도 하게 만들었다(6장 참조). 또한 성인기 삶에서의 사회적 관계에 대해서도 제한적인 기대를 가질 수밖에 없게 되었다. 예컨대 포피(1960년대생)는 이렇게 회상한다.

……어떤 여자가 그걸 뼈저리게 느끼게 해주었죠. 어느 날 어떤 여자가 교실에 찾아왔어요. 그녀는 우리가 학교를 떠날 때 무얼 하고 있으면 좋겠냐고 물었어요. 나는 집, 직업, 가족을 가지고 있었으면 좋겠다고 말했어요. 그랬더니 그녀는 넌 그걸 다 가질 수는 없단다, 라고 했죠.……

마찬가지로 매트는 특수학교 사람들이 그의 직업에 대해 보여 준 기대 수준이 매우 낮았고, 이것이 그의 사회적 정체성과 삶의 궤적에 큰 영향을 주고 있다고 생각한다.

이다음에 뭘 하고 싶은지 질문을 받았던 적이 있어요. 몇 가지 이런저런 이유를 들면서 난 공인회계사가 되고 싶다고 대답했죠. 그랬더니 선생님이 말하길, "그런데 얘야, 네 목표가 너무 높다고 생각하지 않니?"라고 했어요. 그 말을 들었을 때, 난 그게 내 지적인 능력을 두고 하는 말이 아니라는 것을 알았죠. 그건 "넌 장애인이잖아……"와 같은 말이라는 생각이 들었어요.

주류사회에 노출된 경험이 없이 특수학교 안에서 낮은 기대만을 받으며 지내다가, 특수학교라는 협소한 세상을 떠나게 되는 것은 이들에게 상당히 큰 도전이었다. 포피는 이렇게 쓰고 있다.

우리 학교는 아주 작아서 아이들은 서로 다 알고 지냈는데, 다들 장애인들이었죠.…… 하지만 일단 그곳을 떠나게 되니, 뭔가 잃어버린 것 같고 나는 완전히 아무것도 아닌 것처럼 느껴졌어요. 나와 동일시할 수 있는 게 아무것도 없었죠. 난 10대 청소년이었고, 호르몬이 변화하고 있었어요. 난 스스로에게 물었죠. "나는 누구인가? 남은 인생 동안 난 무엇을 하려고 하는가? 이 작은 집에서 부모님에게 들러붙어 있을 것인가?" 정말로 우울해지더군요. 난 정말로 내 친구들이 그리웠어요.……

특히나 기숙 학교의 폐쇄적인 사회 환경은 자연스럽게 또래들 사이에 친밀한 유대감이 형성되도록 하였다. 이것은 개인적인 발달 면에서 긍정적인 의미와 부정적인 의미를 모두 가지고 있는 것이었다(Shah, 2007). 홀리(1980년대생)는 그녀 자신이 매우 최근에 경험한 것을 통해서 이러한 모순을 설명해 주고 있다.

> 난 어려서 장애아동 보육시설에 들어갔고, 다섯 살부터는 특수학교에 다니기 시작했어요. 그러니까 보육시설을 같이 다녔던 아이들 중 많은 아이들이 학교도 같이 가게 되었죠. 사실 이 똑같은 사람들과 두 살부터 열여덟 살까지를 함께 보낸 거예요. 난 이게 참 힘든 일이라는 걸 알게 됐어요. 그 시간 동안 내내 똑같은 사람들과 지내는 건 편하긴 하지만, 성장할 수 있는 기회가 없다는 걸 알게 된 거죠. 다른 사람들과 관계를 발전시킬 기회도 없고, 실수를 하면서 뭔가를 배울 수 있는 기회도 없어지는 거예요.

홀리는 특수학교 환경이 과잉 보호적이고 성인기를 준비시키지 못하였지만, 장벽 없는 환경에서 다른 휠체어 사용자들과 섞여 지냄으로써 그 시기를 자유롭게 보낼 수는 있었다고 본다.

> 눈앞에 있는 사람을 볼 때 장애를 보기보다는 사람을 보게 돼요.······이런 단어를 써도 되나 모르겠는데요, 말하자면 '눈이 멀게' 되는 거죠. 주변 사람들 그러니까 친구들이나 매일 만나는 사람들이 장애인이라는 걸 인식 못하게 돼요. 우리 식구들과 있을 때는, 내 장애는 한 번도 언급된 적도 없고 드러내 보여서도 안 되는 것이었죠.

나중에 성인이 되었을 때 장애인으로서 자신을 '드러내고' 자신이 장애인이라는 것에 대해 '자부심을 갖기'로 선택한 사람들 중 많은 사람들이 그들의 어린 시절을 시설에서 심각한 제한과 보호 감독, 참여로부터의 주변화를 경험하면서 지냈다는 사실은 놀랍기도 하고 흥미롭기도 하다. 실제로 폴 카터(Carter, 2009)는 장애인 활동가로서 높은 위상을 갖게 된 사람들 중 '특수학교의 생존자'들이 얼마나 되는지에 주목했다 (Campbell and Oliver, 1996; Barnes and Mercer, 2006). 특수학교는 사람들의 인생 이야기 속에서 그들을 격려하지 못했던 공간으로 이야기되었지만, 어떤 사람들에게는 하나의 새롭고 저항적인 대안문화 안에서 서로 정체성을 공유할 수 있게 하는 비옥한 토양을 제공해 주기도 하였다.

일반학교에 다녔던 가장 젊은 세대의 사람들(헬렌이나 스티브처럼)도 방과 후 활동이나 치료를 위한 공간 등에서 다른 장애아동을 만나는 것을 긍정적인 경험으로 묘사하였고, 서로 참조할 수 있는 준거가 되었다고 생각한다. 스티브는 다음과 같이 쓰고 있다.

그건 좋았어요. 일반학교에서는 자기 혼자서만 장애를 가진 사람이었다면, 장애인들이 가는 클럽 같은 곳에 가면 나 혼자만 그런 건 아니구나 하는 걸 깨달을 수 있으니까요. 그러면 고립되어 있다는 느낌을 덜 갖게 되죠.

헬렌은 그녀가 열두 살이 되었을 때 처음으로 장애아동들을 위해 만들어진 활동에 참여했던 것이 자신에게 어떤 의미가 있었는지 묘사하였다.

……사는 동안 내내 난 일차적으로 장애인으로 규정되었고 내 또래의 다른 아이들에 비해서 더 어른스러워야 했어요. 난 늘 어른들로 둘러싸여 있었고 내가 학교에서 뭔가 버릇없는 행동을 하는 건 무척 어려운 일이었어요.……난 늘 애어른처럼 행동해야 한다는 기대를 받았던 것 같아요. 그러다가 갑자기 그 단체에서 다른 어린 장애아이들과 함께 있을 기회를 갖게 된 거예요. 장애가 없는 아이들은 그냥 일상적으로 하는 것일 재미있는 일, 즐거운 일을 나도 하게 된 거죠. 하지만 그걸 하기 위해서는 자기가 장애인이라는 사실을 받아들여야 했어요. 그래도 그보다 더 중요한 건 우리가 어리고 장애를 가지고 있다는 것이었고, 그렇게 난 그 활동에 매료되었어요. 난 완전히 빠져들었죠. 장애를 가진 내 또래 아이들을 만난다는 건 말하자면 내 장애를 드러내 보이는 거나 마찬가지였어요.……그 단체를 만나기 이전에 당신이 내게 '장애'를 말했다면, 아마 나는 당신과 앉아서 대화를 나누지도 않았을 거예요. 난 계속 장애를 부정하고 있었는데, 그건 내가 장애인이 아니라는 뜻이 아니라, 내가 장애인으로 보이기를 원치 않았다는 뜻이에요.

신체적 손상을 가진 다른 청소년들과 (서비스 공간이든, 정치적 조직이든, 또는 예술이나 레저 집단이든 간에) 경험을 공유하는 것은 그들에게 사회적·문화적 자본을 형성할 수 있도록 하는 것이다. 장애청소년들은 주류로부터 분리되는 것을 원하지 않으면서도 이런 장애인들만의 사회, 문화적 자본에 가치를 부여하고 있었다. 그러나 이러한 경험이 장애인 스스로가 주도하는 연계망과 집단을 통해서 발전해 온 정치화된 장애 정체성을 갖도록 필연적으로 이끄는 것은 아니다(Campbell and Oliver, 1996; Barnes and Mercer, 2006). 장애인 조직에 의해서 (사회적 모델의 맥락 안에서) 수행되었던 또래 멘토링 시범사업은 장애아동들의 인생에 대한 전망에 '엄청난 영향'을 미쳤다(Bethell, 2003). 그러나 아동들에게 적절한 또래 연결망에 접근할 수 있도록 하는 것은 장애인 옹호 조직들에게는 서비스를 제공하는 것만큼이나 어려운 과제였다. 이때의 또래 연결망은 또다시 분리를 조장하는 것이 아니라 문화로서의 장애에 대한 민감성을 가진 것이 되어야 했기 때문이다.

계속교육의 중요성

중간 세대와 젊은 세대에서 수집된 많은 이야기들은 중등학교에서 대학으로 넘어가는 과정이 정체성이나 사회적 소속감을 형성하는 데 중요한 전환점이 되었음을 보여 준다. 인생 이야기들 속의 몇몇 대목에서 계속교육 또는 고등교육을 위해 대학으로 옮겨 가는 것은 이들이 좀더 자유로워지는 결과를 가져왔음을 알 수 있다. 대학으로의 전환은 다른 공적 제도들과 다르게, 정체성 협상identity negotiation 과정에서 제한보다는 기회를 제공한 것으로 보인다.

> 그건 일종의 통과의례였어요. 그곳은 지금의 내가 될 수 있게 많은 것을 배웠던 곳이었죠.……난 독립적인 어른이 되는 것에 대해 배웠고, 내가 원하는 것을 선택할 수 있고 그 선택들을 이루어 나갈 수 있다는 걸 배웠어요.…… (포피)

탠(1960년대생)은 기숙형 특수대학에 갔지만, 그녀에게도 대학의 경험은 특수학교에 있었던 것과는 질적으로 다른 것이었다. 다른 장애 청소년들과 공통된 경험을 공유하는 것이 자신에 대한 자각과 정체성에 좀더 긍정적인 영향을 미치기 시작했다고 생각한 것은 바로 대학에서였다.

대학생활은 자유롭게 세상에 던져진 것 같은 느낌이었어요. 그니까 성장하는 경험이었죠. 다른 어떤 교육 경험보다도 더 인생의 성장을 경험하는 것 같았어요. ······ 그건 굉장한 경험이었죠. 비로소 인간존재로서 성장하게 된 느낌이었고, 자기 스스로 세상을 탐색할 수 있는 공간을 드디어 찾은 것이었죠. 우리는 학교 앞 선술집으로 뛰쳐나가 하루 종일 술을 마실 수도 있었고요, 파티를 즐기기도 했어요. 친구 관계나 이성 관계도 맺게 되었고요. ······ 그리고 자신이 정치화된다는 것을 느끼지 못하면서도 서서히 정치화되어 가는 시간이기도 했어요. 왜냐하면 우리는 서로 경험을 공유할 수 있었으니까요.

매트가 계속교육 기간을 거치면서 가졌던 경험도 이와 유사하였다.

······ 처음 6주 정도는 정말 솔직히 말해서 완전히 충격 그 자체였어요. ······ 전보다 훨씬, 모든 면에서 스스로 헤쳐 나가야 했죠. 난 정말 순식간에 커 버린 느낌이었어요. 가족들이 깜짝 놀랐죠. 왜냐하면 아주 얌전하고 말 잘 듣던 열여섯 살 아이였던 내가 석 달 후에 집에 왔을 때에는 헤비메탈, 정치, 논쟁을 즐겼고 갑자기 모든 것에 반론을 제기하기 시작했으니까요.

어떻게 보면 이런 이야기는 별로 놀랄 만한 것도 아니고 성장하고 있는 젊은이들에 대한 연구에서라면 흔히 등장할 것 같은 이야기들이기도 하다. 하지만 여기에서 특별히 주목해야 할 것은 장애의 맥락 안에서 공공 정책과 제도가 미치는 영향이다. 이런 이야기들 속에, 일반대학에서의 경험과 분리된 대학에서의 경험이 모두 포함되어 있다는 사실은 짚고 넘어갈 만한 가치가 있다. 이들 간에는 분명한 차이가 있지만 유사성도 있다. 유사성은 주로 의무적인 학교 교육을 떠날 수 있는 기본적인 행동의 자유를 얻었다는 것과 관련된 것이었다. 예컨대 안톤은 16세 이상의 교육을 위한 기숙형 대학에 진학했다. 그는 고향에 있는 특수학교에 등하교하며 다니는 동안은 자신의 부모와 함께 살았다. 처음에는 새로 부여된 독립성에 놀랐던 것이 점차 제도적 분리에 수반되는 제한성에 대한 자각의 성장으로 이어졌다.

> 난 대학에 갔고, 거기에서 3년 동안 머물렀어요. 그것 역시 일종의 문화적 충격이었어요. 가족과 함께 살 때는 부모님이 우리를 위해서 무엇이든지 다 해주시잖아요. 첫해에는 완전히 자유롭다고 느꼈어요. 아무도 나에게 뭐라고 할 사람이 없었으니까요! 그리고 돈도 받을 수 있었죠. 우체국에 가서 간호 수당과 다른 여러 가지 것들을 신청하면 되었으니까요. 그리고 선술집 같은 곳에도 갈 수 있었고요. 정말 엄청난 변화였죠. 그리고 두번째 해가 되니 그곳에서 우리에게 가하는 제한에 대해 깨닫기 시작했어요. '버틸 수는 있지만 이건 우리가 생각했던 만큼 자유로운 건 아닌데!' 하는 생각이 들기 시작하는 거죠. 그러다 세번째 해가 되니 정말 큰 제한이 있다는 걸 알게 되었어요.

대학에 들어가는 경험은 또 다른 세계에 발을 들여놓는 것이었고, 주류 문화 속에서 정체성을 형성할 첫번째 기회를 얻는 것이었다.

새로운 사람, 나와는 다른 사람, 정말 영리한 몇몇 사람들도 만나게 되었죠. 이들 대부분은 나와는 반대로 건강한 몸을 가진 사람들이었어요. ……장애인들과 함께 있을 때는 같은 수준에서 느꼈고, 어떤 일에서 제외된다고 느낄 일도 없었고, 뭔가 자신의 존재를 증명하려고 할 필요도 없이 지낼 수 있었죠. 하지만 건강한 몸을 가진 사람들에게 둘러싸여 있을 때는, 특히 그게 처음으로 경험하는 것이라면 자꾸 배제된다는 느낌을 갖게 되었어요. 왜냐하면 그들은 나에 대해서 이야기하고, 나는 따로 구분되고 있다고 느꼈으니까요. 이런 생각을 바꾸는 데는 좀 시간이 걸렸지요.

하비는 그가 자란 지역사회 안에서 또래들로부터 심각한 배제를 경험한 적이 있는데, 그에게 대학은 일종의 새로운 발견이었다.

그러니까 이 장애라는 것이 사회적인 문제라는 사실을 처음 접하게 되었을 때는, 스스로에 대한 의문을 갖게 되고 나는 누구인가, 난 무얼 하려고 하는가 하는 질문들을 하게 되지요. ……사실 대학에 들어가기 전까지는 나 자신에 대해서 정말 편안할 수가 없었어요. 대학에 들어가고 나서야 비로소 정말 친하다고 할 수 있는 친구들을 가질 수 있었죠. ……난 밖에 나다니며 사람들을 만나고, 밖에 나가 술도 마시고, 다른 사람들은 모두 하고 있던 일들을 전 그제서야 할 수 있었어요. 그때 난 깨달았죠. 이 장애라는 것이 문제가 안 되는구나, 내가 사회적으로 적응만 한다면 문제가 안 될 수도 있겠구나 하는 걸요.

여전히 많은 장애물들이 남아 있지만, 통합적인 학교 교육, 「장애차별금지법」, 공적 평등의 의무는 특히 신체적 손상을 가진 학생들이 주류적인 고등교육에 접근할 수 있는 기회를 증가시켜 왔고, 학교에서 대학 진학에 필요한 학업 수준을 성취할 수 있는 기회도 증가시켰다.

1970년대 중반 이후 장애학생에게는 적지만 안정적으로 수당이 제공되어 왔는데, 좀더 현실적이고 유연한 장애학생 수당Disabled Students Allowance(DSA)이 소개된 것은 1990년대가 시작될 무렵부터였다. 이는 보조적 설비, 활동 보조, 여행과 기타 비용 등을 지원하기 위한 것이었다. 새로운 지원 방안들이 제도화된 것, 장애 접근성을 위해 대학에 재정 지원이 이루어진 것, 장애학생 수당이 소개된 것 등은 1990년대 이후 잉글랜드 학생들에게는 상당한 변화를 가져다주었다(Holloway, 2001; Fuller et al., 2004; Riddell et al., 2005b; Harrison et al., 2009). 그러나 주류의 계속교육을 위한 대학에 접근할 수 있는 가능성은 오히려 뒷걸음질 치고 있다(예컨대 Sanderson, 2001). 여전히 해야 할 것들이 많다. 하지만 주류 고등교육에 참여할 수 있는 자유로운 기회가 그 이전 세대에 비해 지금의 젊은 세대들에게 좀더 접근 가능한 것이 되었다고 말하는 데에는 큰 무리가 없을 듯하다.

'장애' 관련 일자리를 통한 새로운 정체성

6장에서 임금을 받는 직업과 의미 있는 경력 개발에 접근할 수 있는지가 성인기 정체성 구성에 있어서 중요한 지표가 된다는 점을 보았다(Shah, 2005a; 2005b). 직업의 세계는 장애 정체성이 타협해 나갈 필요가 있는 또 하나의 사회적 공간을 만들어 낸다. 예컨대 직접적인 차별로 인해 직장동료와의 관계에서 장애물에 직면하는 경험을 하기도 한다. 이런 맥락에서 인생 이야기들은 장애 관련 조직에서 일하는 경험을 통해 좀더 긍정적인 장애 정체성을 형성하는 방안들을 보여 준다. 이는 장애인을 '위한' 전통적인 조직이나 장애인에 '의한' 새로운 조직 내에서 유급 또는 무급으로 일하는 것(Barnes and Mercer, 2006), 그리고 새롭게 등장하는 장애인 권리에 기초한 '장애' 일자리 등을 모두 포함한다.

제인은 실제로 그녀가 자원활동을 해왔던 조직(정신건강 단체)에서 시간제의 유급 일자리를 제안받았다. 그녀는 유급 직장을 얻기 위한 목적으로만 자원활동을 해왔던 것도 아니고, 장애 관련된 조직에서 일자리를 찾게 된 유일한 사람도 아니다. 또 다른 예로 홀리는 현재 그녀가 살고 있는 곳의 한 장애인 조직에서 자원활동가로 일을 하고 있다. 그녀는 이것이 "자신의 존재를 증명하기 위한" 하나의 디딤돌이라고 생각한다. 그녀는 몇 년 동안 유급의 직장을 찾아보았지만 성공하지 못했다. 그녀는 자신의 교육 수준이 낮은 것이 직업을 얻는 데 실제적인 장애물이라고 생각하고 있다. 일자리를 얻는다면 정부의 급여로만 살아가는 덫에서 벗어날 수 있을 것이라고 기대하고 있다. 장애 조직에서 하는 자원활동은 그녀가 구직활동의 일환으로 지속하고 있는 일이다.

특수학교와 관련하여 논의한 것처럼(5장), 장애 관련 조직에서 일하는 것은 양가 감정을 불러일으킬 수 있다. 에이미(1960년대생)는 손상에 기초한 자선단체에 속해 일하게 되었는데, 그곳에서 그녀는 자신이 수용되었음을 느끼고 정체감을 공유하는 경험을 하였다. 그 일은 또한 그녀에게 직업적 경력을 쌓는 기회도 제공하였다.

……여기는 나를 전문가로 만들었죠.……나는 이 자선단체의 출판담당자로 3년 동안 일해 왔어요. 그 일은 나를 고양시키는 경험이었는데, 사무실 환경에서 일을 했기 때문이에요.

2장에서 요약된 개인들의 이야기들 중에는 1980년대와 1990년대에 등장한 새로운 종류의 '장애 일자리'에 참여하는 것이 생애 과정에 어떤 의미를 지니는지에 관심을 기울이게 하는 대목들이 있다. 이러한 기회는 소수의 장애인에게 해당되는 것이고 항상 임금을 받는 것은 아닐지라도, 장애인의 조직들의 등장, 사회적 모델에 대한 인식의 제고, 새로운 정체성의 정치 등에 의해 사회적인 요구가 결집됨으로써 만들어진 것들이다. 점증하는 장애인 의식화에 참여하거나 장애 친화적인 조직에서 일하는 기회는 그것을 경험하는 사람들에게 중대한 영향을 미쳤다.

중간 세대(1960년대생)의 이야기들 중에서 몇몇은 특히 장애인들에 의해서 주도되는 새로운 조직에서 일하는 경우를 보여 준다. 예컨대 1990년대에 대학을 졸업하고 난 후, 포피는 장애 정치에 참여하게 되었고 장애 일자리를 만드는 데 관여하였다.

우리 셋이 장애인 의식화에 관련된 사업체를 만들었어요.……그리고 우리는 디렉터가 되고, 훈련자가 되었죠. 돈도 제법 벌었어요.

공공 정책이 좀더 권리에 기초를 둔 형태로 변화함으로써 공적 제도 안에 새로운 종류의 직업 ─ 예를 들면 지방정부 안에 '접근성 담당자', 대학 안의 장애학생 상담자 같은 직업 ─ 이 생겨났고, 정책 개발과 관련해서도 새로운 직업이 생겼다. 예컨대 케이(1980년대생)는 거주시설 안에서 일한 경험이 있었는데, 이 경험이 그녀를 장애학 분야의 대학원 과정을 밟도록 이끌었다. 임시직을 거친 후에 그녀는 장애권리 위원회Disability Rights Commission에서 일할 수 있다는 것을 알게 되었다. 케이에게 이것은 '꿈의 직장'으로 여겨졌다. 왜냐하면 이 일은 장애 정책에 직접적으로 관여하는 것이었고, 그녀가 생각하기에 장애인의 삶에 변화를 만들어 낼 수 있는 조직의 일부분이 되는 것이었기 때문이다.

> 장애권리 위원회는 ⓐ사람들을 돕기 위해서, 그리고 ⓑ지금은 특히 평등의무 같은 것들을 강화하기 위해서 존재하는 곳이에요.……조직에서 일을 하면서, 승소한 사례들이나 그동안 있었던 배치의 사례들, 진행되었던 일들에 대해 많이 읽어 보고 새로이 깨닫게 되었죠.

그러나 이런 기회가 항상 안정적인 것은 아니다. 장애권리 위원회가 사라지고 2008년에 그것이 평등과 인권 위원회Equality and Rights Commission로 합병된 것(1장에서 설명되었다)은 이 인권조직에 고용되어 일하고 있었던 장애인에게는 미래에 대한 불안감을 불러일으켰다. 지역 내 이용자 주도의 조직들이 극심한 재정적 압력으로 지속 가능성의 문제에 시달리고 있는 모습은 앞선 예와 유사한 걱정을 하게끔 만든다. 이는 보건부에 의한 이용자 주도 조직 개발 재단User-Led Organisations Development Fund이 설립됨으로써 약간의 지원이 이루어졌음에도 불구하고 마찬가지이다(Morris, 2007)

중간 세대(1960년대생)에게는 공적인 옹호나 권리에 관련된 일을 통해서 유급의 직업을 가질 수 있는 기회가 별로 없었다. 하지만 사회서비스나 장애 자선단체에서 다른 장애인을 사회적으로 돌보았던 경험을 통해 경력을 쌓게 된 사례들은 있었다. 예컨대 밥은 뇌성마비협회Spastic Society에서 사무직으로 일을 시작하면서 일반 부문과 장애 부문 모두에서 다양한 일을 하게 되었다. 그는 이후 1980년대에는 동료 상담과 장애운동을 하는 단체에서 일하게 되었다.

동시에 장애예술운동의 등장은 사람들에게 인생을 바꾸는 기회를 제공하였다. 예컨대 1990년대 초반에 길버트는 텔레비전 드라마에서 배우 역할을 하고 나서 장애인 극단으로부터 함께 일을 하자고 초대받았다. 그는 장애청소년들을 위한 워크숍을 열었고 그후에는 배우, 제작자, 작가를 포함하여 프리랜서로서의 경력을 쌓아 나갔다. 또한 주류 예술 교육을 통해서 시각 예술에 관련된 경험도 갖게 되었다.

리처드슨은 1960년대와 1970년대에 예술학교들이 예술의 문화적·정치적 의미에 대해 비판적인 관심을 기울이지 않았다는 점을 강조한다(Richardson, 2007). 그는 1969년에 계속교육에 참여하는 전체 학생 중에서 1/10이 예술과 디자인 분야를 공부하고 있었다는 점을 지적한다. 이러한 환경에서 창의적이고 예술적인 혁신이 준비되어 왔고(예컨대 '팝아트'운동처럼) 이는 종종 정치적인 의식 고양 및 정치적 운동과 연계되기에 이르렀다. 그러나 탠의 경우, 장애를 가진 예술 학도로서, 그녀가 그 당시에 탐색하고자 했던 장애 이슈를 예술적으로 표현하는 방법을 찾는 데 어려움을 느끼고 있었다.

> 나는 비장애인들의 세계에 있었고 그들은 장애예술과 장애의 정치에 대한 아무런 지식과 관심도 가지고 있지 않았어요. 그들은 내가 장애에 중점을 둔 작업을 하기 어렵게 했어요.……그들은 캔버스에 휠체어를 그려 넣지 말라고 했죠. 알다시피 사람들은 휠체어나 크러치 같은 것을 보고 싶어 하지 않아요. 그들은 그걸 보고 싶어 하지 않았죠. 그래서 난 그런 것을 표현할 수 없었어요.……나는 그 당시에 정치적 의견을 담은 예술작품을 전혀 만들지 않았어요.

그녀 세대의 다른 사람들과 마찬가지로, 탠에게도 전환점이 된 것은 장애예술운동을 만나게 된 것이다. 이 운동은 새롭고 놀라운 가능성을 제시해 주었다. 그녀는 학위논문을 위한 연구 기회를 얻기 위해서, 새롭게 창간된 『런던 장애예술』*Disability Arts In London(DAIL)* 잡지에 글을 썼다. 이를 계기로 그녀는 다른 장애예술가들과 함께 그녀의 작품을 전시할 수 있는 기회를 얻었고, 이후에는 좀더 정치적으로 도전적인 작품들을 만들어 낼 수 있게 되었다.

역사적으로 장애예술과 장애 정체성 간에 있어 왔던 연관성을 살펴보면서, 캐머런은 이 운동이 정체성의 정치화를 가능하게 했을 뿐 아니라 '적극성 모델'affirmative model의 가능성을 보여 주었다고 주장한다(Cameron, 2007: 501). "장애예술이라는 저항의 문화를 발전시킴으로써 장애인들은 개인적 비극 내러티브를 거부하고 손상을 축복받아야 할 인간 경험의 일부분으로 개념화하는 담론을 개발해 왔다"는 것이다. 장애예술가들은 1980년대 이후 장애예술운동과 '장애인 문화' crip culture가 가지고 있는 정체성의 중요성을 지적한다. 이들은 문화적 고정관념에 대해 저항하고 도전할 수 있는 대안적인 공간을 제공한 것이다(Vasey, 1992). 이러한 공간을 통해 표현적인 문화를 구축하는 것은 공공 정책에 대하여 정치화된 정체성의 요구를 할 수 있는 능력을 강화하는 것으로 보인다. 예컨대, 핀켈스타인은 다음과 같이 주장하였다 (Finkelstein, 1992: 6).

……우리 자신의 대중적인 이미지를 우리 스스로가 만들어 낸다는 것은 매우 중요한 것이다. 이는 우리의 명확한 집단 정체성을 자유롭게 수용함으로써 가능한 것이고 이를 통해 우리는 다문화적인 세상에 참여

할 수 있게 된다. 이러한 문화적 정체성은 우리 스스로에 대한 확신을 갖게 되는 데 중요한 역할을 할 것이다. 우리가 가지는 확신은 우리의 조직을 만들어 내는 데 필수적인 것이고, 이 조직은 우리 모두가 원하는 사회 변화를 촉구하기 위해 필요한 것이다.

캐럴 길은 장애 문화의 등장으로 대안적인 장애 정체성 레퍼토리가 자라나게 되었다고 주장한다(Gill, 1997). 이러한 장애 정체성은 정치화된 운동을 통해 세상에 알려졌다. 장애 문화는 지금까지와는 다른 장애인의 '상징적인 정체성'signature identity을 채택하기 위해 새로운 내러티브를 '시도'해 보는 기회를 제공했다. 동시에 크립 같은 사람들은 예술적 게토가 만들어짐으로써 생겨나는 긴장을 지적하기도 한다(Cribb, 1993). 장애예술가들은 이 게토를 좀더 주류적인 작업으로 나아가기 전에 "포근하게 보호받을" 수 있는 공간 정도로 여길 수도 있다는 것이다. 예컨대 에이미에게도 장애예술은 삶의 중요한 한 부분으로 작용했지만 그녀는 이 경험을 가지고 더 좋은 세상으로 옮겨 가야 한다고 생각했다.

그건 정말 멋진 출발점이었고 내게 훌륭한 기반이 되었죠. 동료들이나 친구들이 내 등을 토닥여 주는 곳이지만, 그래도 거기에 영원히 머물 수는 없어요. 더 중요한 게 있으니까요.

이러한 다양한 경험들이 설명해 주는 것처럼, '장애' 관련 일자리에 참여하는 기회는 우리에게 인생 이야기를 들려준 사람들의 정체성 형성 과정에 중대한 영향을 미쳤다. 그러나 이러한 기회는 매우 적은 소수의 사람들에게만 이용 가능한 것일 뿐이었다는 점, 그리고 다른 많은 장애청소년들은 이용자 주도의 조직을 만나지도 못하였고, 많은 장애성인들은 이러한 조직들과 스스로 거리를 두고자 했다는 점도 기억해야 할 것이다(Watson, 2002). 그럼에도 불구하고 이 사례들이 보여 주는 것처럼, 장애 행동주의, 장애예술, 권리에 기초한 장애 정책의 실행 등을 통해 등장할 수 있었던 새로운 종류의 '장애' 관련 일자리들이 '장애인'으로 살아가는 데 그리고 '장애인'이 되어 가는 데 얼마나 급격히 새로운 방식을 제공해 주었는지를 확인하는 것도 마찬가지로 중요할 것이다.

나가며

우리가 수집한 인생 이야기들은 사람들이 접할 수 있었던 장애담론이 시간의 흐름에 따라 얼마나 크게 변화해 왔는지를 보여 준다. 1940년대와 1950년대에 신체적 손상을 가지고 성장한 사람들이 접할 수 있었던 문화적 각본의 범위는 1980년대와 1990년대에 성장한 사람들보다 훨씬 제한적이었다. 장애인의 정치적 행동주의의 등장, 지역사회 거주의 증가, 장애인 역할모델에 대한 접근 가능성의 증가와 사회적 모델의 성장 등, 이 모든 것은 삶을 변화시키는 원천을 제공했다. 보건, 교육, 고용 등 공공 정책과 제도들이 손상에 대해 매우 부정적인 표상을 갖게 하는 사회적 공간과 서비스 실천방식을 만들어 냈다는 사실은 많은 사례들을 통해 확인된다. 그러나 다른 한편으로 이러한 제도들이 때로는 '억압으로서의 장애'라는 핵심적 주제에 대한 저항과 의식화를 촉진하는 역할을 수행하기도 했다는 것도 알 수 있었다.

    남들이 알 수 있는 손상을 가진 젊은이들은 공공 서비스 실천에 의해서 "알려지는" 것만이 아니라 "그들 스스로 자신을 알리기도" 한다는 것을 강조할 필요가 있을 것이다(Priestley, 1999). 이 장에서의 논의를 통해 우리는 장애를 가진 사람들이 공적 영역과 사적 영역에서 장애와 타협하는 과정 동안 매우 복잡하고 때로는 혼란스러운 정서적 노동을 경험한다는 점을 알리고자 했는데, 시간이 지남에 따라 이러한 경험에 중대한 변화가 있어 왔다는 점도 함께 알게 되었다. 오늘날에는 [손상을 가졌음에도 불구하고] 마치 '정상'인 것처럼 '숨겨야' 할 만한 사회적 압력은 적어졌고, 신체적인 차이를 주장하고 심지어 축복할 수 있는 가능성은 훨씬 커졌다. 뿐만 아니라, 장애인들이 가질 수 있었던 기회구조에서의 변화도 있어 왔다. 이는 사회적·정치적 장애담론의 등장에 따른 것이었다. 장애담론을 통해 사람들은 그 이전 시대의 장애청소년들을 힘들게 만들었던 사회적 모순에 대해서 비로소 깨달을 수 있었다.

| 토론을 위한 질문 |

• 오늘날 장애청소년들이 이용할 수 있는 문화적 이미지와 정체성 역할모델은 1950년대와 1960년대의 장애청소년들이 이용했던 것들과 비교해서 어떤 차이가 있는가?

• 1980년대와 1990년대에 사회적 모델의 개념과 장애인 조직의 발달은 장애청소년들이 스스로의 자아 정체성과 인생의 목표를 세우는 데 기초가 될 만한 새로운 형태의 사회적·문화적 자본을 제공하는 데 어느 정도로 기여하였는가?

8장

결론

지금까지 7개의 장에서 우리는 1940년대 이후 공공 정책과 제도에서의 변화가 시민사회의 변화와 함께 신체적 손상을 가진 젊은이들의 개인적인 삶에 어떠한 영향을 미쳐 왔는지에 대해서 광범위하게 탐색하였다. 이러한 탐색은 세 세대에 걸친 사람들의 생애사 면접에서 추출된 전기적 내러티브들을 비판적으로 검토함으로써 이루어졌다. 이들은 서로 다른 역사적 시기에 아동기와 성인으로의 전환기를 겪었던 사람들이었다. 분석방법은 이들 내러티브들을 그것과 시기적으로 맞닿아 있는 공공 정책과 제도의 발전을 분석하기 위한 일종의 촉매로 제시하는 것이었다. 이제 이 책의 마지막 부분에서는 앞의 장들에서 얻은 주요한 발견에 기초하여 이들 정책과 제도의 발전을 재검토하고, 이 책의 시작 부분에서 제기되었던 질문으로 되돌아가 보려고 한다.

인생 이야기에서 드러나는 것들

장애의 사회적 모델 패러다임을 공유하는 행동가들이나 학문적 담론은 장애의 본질을 억압과 제도화된 차별이라고 강조하였다. 이러한 관점은 현대사회에서 장애를 사회적으로 이해하고 응집력 있는 사회운동의 동력을 얻게 한 토대가 되었다. 장애는 가부장제와 인종차별주의처럼 사람들의 개인적인 삶에 실질적으로, 그리고 심리·정서적으로 영향을 미치는 어떤 것이다. 자전적 이야기들 안에 생생하게 살아 있는 개인적 경험은 개개인의 삶이 얼마나 다양한지에 대해서도 깨닫게 한다. 그러므로 사회과학에서의 '전기에 대한 관심'biographical turn(Rustin, 2000)이 거대이론에 대한 포스트구조주의적 비판으로부터 엄청난 영감을 얻었다는 것은 놀라운 일이 아니다. 한편 여성주의가 오랫동안 우리에게 일깨워 준 바와 같이, '개인적인 것'은 '정치적인 것'이고 공적 영역과 사적 영역 사이의 경계는 종종 무너지고 흐릿해진다. 장애학은 여성학과 마찬가지로, 불평등한 사회적 관계에서 발생한 공공 정책과 제도가 사람들의 개인적인 삶과 관계에 얼마나 깊숙이 관여할 수 있는지를 반복적으로 보여 주었다. 특히 장애청소년들의 삶은 공공 정책과 제도에 의해 좌우되어 왔다. 이러한 공적 영역은 사적인 개인의 삶을 매우 공적인 것으로 만들기도 하고, 개인적인 인생의 결정에 대해 제한을 가하기도 한다.

우리가 살펴본 인생 이야기들은 정책(예컨대 공적 보건의료와 사회적 돌봄, 교육, 주택 또는 교통서비스 등의 정책들)이 사람들의 매일의 일상 생활과 가까운 개인적 관계에 어떤 영향을 미치는지에 대해 매우 실질적인 설명을 제공해 주었다. 가장 생생한 사례는 실행된 정책들이 젊은이들을 거의 완전하게 그들의 가족으로부터 분리시켰다는 것이었다(다양한 종류의 거주시설을 통해서). 이는 세 세대 모두에 걸쳐 공통적으로 나타나는 경험인데, 사람들의 인생 이야기를 개별적으로 자세히 들여다보면 더욱 현저하게 드러나는 사실이다. 이처럼 사람들의 공통적인 경험을 개인적 경험으로 구체화시켜 볼 수 있다는 것은 광범위한 통계에서 보이는 경향성과 개인의 전기적 경험을 함께 연결해 봄으로써 얻을 수 있는 주요한 이점들 가운데 하나이다.

전기적 내러티브는 공과 사의 경계를 관통하는 길을 보여 주기도 한다. 우리가 정책의 결과일 것으로 가정한 것들에 대해 반론을 제기하거나 도전하는 사실들을 보여 주는 것이다. 예를 들면, 가장 위 세대 장애인들이 가장 분리된 어린 시절을 겪었을 것이라는 우리의 생각이 반드시 맞는 것은 아니라는 사실을 인생 이야기들을 통해 알게 된다. 이러한 발견은 맥락적 증거contextual evidence들에 대해 좀더 정밀한 관찰을 하게 만들고 제도화된 서비스의 연대기에 대해 좀더 비판적인 관점을 갖게 만든다. 인생 이야기들은 의심할 수 없는 '실제의' 이야기로 읽혀서는 안 된다. 이 이야기들은 서로 대화를 나누는 동안 선택적으로 그리고 상호적으로 구성된 것이기 때문이다. 그러나 이야기들은 타협과 저항의 숨겨진 측면을 드러내고 상부하달식의 역사적 설명에 이의를 제기하면서 '이야기의 전말'에 좀더 가까이 접근할 수 있는 수단을 제공하고자 하는 행위자들을 드러낸다.

사람들의 인생 전기에서 나타나는 증거[사실이나 사건]들은 그것이 주인공의 목적 지향적인 인생 계획과 부합하여 나타날 때조차도 종종 '혼란스럽고' 불확실하다. 인생 경험은 기억되고 상상되고 선택되고 해석된 것이다. 토머스(Thomas, 1999: 7)가 장애여성들에게서 전해들은 이야기들을 정리하면서 지적한 것과 같이 "내러티브는 표상representations으로서, 그 구성('이야기하기'telling)과 소비('나의 읽기'my reading)에 있어서, 그리고 그것의 재생산('나의 재-표상'my representation)과 그 이상의 해석('당신들의 읽기'your reading)에 있어서 해석과 선택을 포함하고 있는 것이다". 이 책의 경우에도 마찬가지다. 2장에 제시된 요약된 이야기들은 내러티브의 일관성을 유지하고 있고 관련된 사람들에 의해 타당화되었지만, 그것들은 선택적이고 부분적인 이야기들로서 사건이 지나간 후에 구성된 단선적인 내러티브를 보여주는 것이다. 이어지는 장들에서 사용된 에피소드의 조각들은 더욱 선택과 재표상화에 의해 다듬어진 것들이다. 뿐만 아니라 이 책의 연구방법에서 핵심 요인은 이렇게 내러티브에서 뽑아낸 것들을 '더 큰 그림'과 관련하여 맥락 속에 배열하고 논의하고 해석하려는 것이다. 그렇기에 이 해석은 원래의 이야기에서 반드시 의도된 것이 아닐 수도 있다.

1장에서 논의한 대로, 개인적인 내러티브를 단순한 '일화'로만 다루지 않는 것, 그리고 '사생활 엿보기'에 대한 경계를 늦추지 않는 것이 중요했다. 내러티브는 분명히 '모든 것'이 아니다. 그러나 사람들의 개인적인 이야기에 대해 응답하는 것은 비판적이고 성찰적인 연구에서 장애인들의 목소리를 살아 있게 하기 위한 중요한 방법이 된다. 이러한 맥락에서 장애인은 이야기의 '소재'가 아니라는 원칙을 가장 핵심적인 입장으로 유지하려 했다. 비판적인 분석은 개인적인 이야기에 대해 과학적 지식이 갖는 가치 못지않은 지식으로서의 가치를 부여할 필요가 있다. 그러나 그것은 장애를 만들어 내는 사회의 제도와 사회적 관계에 대한 초점을 유지하는 것이어야 한다. 메시지의 전달자보다는 메시지에 초점을 맞추어야 한다. 개인의 전기를 역사와 연결시키는 것, '사회학적 상상력'의 핵심인 이것은 장애 이야기들이 '개인의 어려움'에 대한 이야기로 읽히는 것이 아니라 '공적인 이슈'의 한 증거로서 읽혀야 한다는 것을 확인시켜 준다. 이런 식으로 읽히게 되면, 이 이야기들은 비전기적인 글이나 순수하게 전기적이기만 한 글이 줄 수 있는 것보다 훨씬 더 새로운 통찰과 설명을 제공할 것이다.

핵심적인 발견들

3장에 제시된 이야기들은 가족 관계의 유대감과 가족 자원이 아동과 젊은이들에게 얼마나 중요한 것인지를 잘 보여 준다. 또한 그것은 공적인 정책과 제도들이 종종 아동을 그들이 맺고 있는 관계로부터 분리시키는 방향으로 개입하게 됨을 보여 주었다(예컨대, 의학적인 치료나 학교 교육을 제공하기 위한 목적으로). 지역사회의 삶으로부터 분리시키는 조치가 개인들에게 가져오는 결과는 여러 문헌들에서 언급되어 왔지만, 이 책의 인생 이야기들은 분리적인 정책에 따른 매우 개인적이고 사적인 결과들을 더욱 잘 드러낸다. 또한 장애를 조장하는 제도들이 가족의 삶에 남길 수 있는 심리·정서적 '상처'도 드러낸다. 그러나 인생 이야기를 들려준 많은 사람들이 아동기와 성인기에 매우 일반적인 가족생활 경험을 가지고 있다는 것도 다시 언급되어야 할 중요한 사실이다. 가족들과 함께 생활한 경험 안에서 손상이나 장애는 사적인 삶과 관계에 별다른 영향을 주지 못한 것 같다.

의료적 권위가 일상적인 생활에 미치는 영향에 대해서도 살펴보았다. 그것은 합법적인 의료의 영역을 넘어서 중요한 삶의 선택에 대해서도 영향을 미치고 있었다(예컨대 학교 배치를 결정하는 데에 영향을 미치기도 한다. 이는 4장에서 구체적으로 논의되었다). 의료기관이 가진 영향력은 전문적인 실천과 공적인 자원이 연결되면서 발생한다. 예컨대 부모가 방문할 권리도 제한한 채 오랜 기간 입원을 시켜 치료하는 방식은 가까운 곳에 위치하는 소아과 병원이 별로 없었기 때문이었다. 권역의 구분regionalisation과 규모의 경제[1]는 격리 병동, 개방학교, 특수학교(협소하게 규정된 손상범주별 학교), 직업재활 시설 등이 가져오는 분리를 더 악화시켰다. 전후 재건의 시기에 공공 교통시설의 낙후성과 (전국 단위의 이동보다는 지역의 필요에만 부합하는) 부실한 도로는 먼 거리에서 가족 간 애착 관계를 유지하기 어렵게 했다.

　기본적 인권을 부정하는 분리 정책들(노예제, 인종분리 정책apartheid, 남성에게 귀속된 재산권, 장기 입원시설 등)은 일종의 패권적인 정상성을 획득하게 된다. 멀리서 보았을 때 또는 추상적인 수준에서는 다수의 사람들에게 합리적인 이유가 있는 것처럼 보이기 때문이다. 인간적인 차원에서, 예컨대 억압당한 경험에 대한 전기적 구술을 통해서 이러한 분리의 정책이 미치는 영향이 밝혀지고 도전을 받게 되면, 그동안 가정되어 왔던 정상성은 한순간에 분명한 모습을 드러내게 된다. 장애라는 이유로 아동을 가족으로부터 분리하는 것은 빈번히 일어나는 일일 수는 있으나 결코 '정상'으로 볼 수는 없는 것이다.

　인생 이야기들은 젊은이들과 그 가족들이 장애를 조장하는 정책과 실천에 대해 때로 타협하고, 때로 맞서고, 그것을 전복시키는 행동의 주체이자 자원이 된다는 것을 보여 준다. 특히 세 세대 모두의 이야기에서 어머니들의 탄력성과 저항력이 생애 과정의 주요한 전환점에서 핵심적인 자원으로 부각된다. 가장 일반적으로 나타나는 사례는 학교 배치에 대한 결정의 순간이다. 의학적인 치료나 학교 배치에 대한 결정 상황에

---

1 규모의 경제는 생산량이 늘어남에 따라 평균 생산비용이 줄어드는 현상을 말한다. 즉 장애아동에 대한 서비스 제공에서도 그 대상을 일정 규모 이상으로 유지함으로써 서비스 비용을 줄이려는 노력이 있었음을 의미한다.　―옮긴이

서, '저항하는 소비자'(Fox and Ward, 2006)로서 전문적인 권위에 맞서는 경험은 '노련한 환자'를 등장시켰으며, 부모의 선택, 재심의 과정(비록 이러한 절차는 방해를 받을 수도 있고, 누구나 진행할 수 있는 것이 아닐 수도 있었지만)을 가능하게 했다. 동시에 몇몇 이야기들에서는 다른 연구에서 그러했던 것처럼 부모들이 장애아동을 유기한 사례도 있었다. 이는 장애아동의 가족들에게서 상대적으로 위험성이 높은 것으로 알려진 이혼이나 가족 붕괴 문제에 대한 관심을 불러일으킨다.

이야기들을 통해 장애 정책의 기본틀이 가진 특징들을 잡아낼 수 있는데, 이것은 두 개의 서로 다른 인생 궤적과 연관되어 있다. 첫번째 것은 가족들과 함께 그럭저럭 통합되는 것에 기초를 둔 것이다(가족 안에서 손상과 장애는 때로는 수용되고, 때로는 부정된다). 두번째 것은 공적 시설 안에 분리되는 것에 기초를 둔 것이다(개인의 삶의 경로와 전환점은 하나의 궤적에서 또 다른 하나로 전환되는 모습을 보여 주기도 한다). 복지국가가 성장하고 '장애인 가족'의 자각이 증대하면서, 점차 두번째 궤적은 축소하고 첫번째 궤적으로 나아갈 수 있도록 지원하는 정책의 필요성이 강조되었다. 그러나 우리가 수집한 이야기들은 정책 개발의 이러한 단선적인 내러티브에 대해서는 동의하지 않는 것 같다.

특히 4장에서는 의료적 권위가 약화되고 병원 입원 기간이 짧아지면서 생긴 제도적 공간을 어떻게 분리 위주의 교육 제도가 메워 나가기 시작했는지 잘 보여 주었다. 정책적 논쟁이 분리에 대한 비판으로 전환되어 나가던 바로 그 시절(1970년대)에 분리 위주의 교육 제도는 정말 빠르게 확장되었다. 1970년 「만성질환과 장애인 법」을 통해 당사자에게 권한을 부여하는 서비스가 제공되었음에도 불구하고, 사회서비스 데이센터에 대한 투자의 증가는 이러한 분리를 장애청소년에게까지 지속적으로 확대하였다. 그러므로 때때로 1940년대에 태어난 사람들의 어린 시절 이야기들이 (병원에서의 경험은 제외해야겠지만) 1960년대 사람들의 어린 시절 이야기보다 오히려 더 '정상적'[보통 사람들의 일상적인 삶을 지칭하는 의미에서]인 것처럼 보이는 것은 단순히 우연적인 것만은 아닐 것이다.

4장은 또한 의학적인 견해나 예후가 신체적 손상을 가지고 태어난 아동의 미래에 대한 가족들의 기대에 영향을 미쳤다는 것을 보여 준다. 7장에서 논의된 것처럼, 대안적인 인생 내러티브와 정체성 각본에 대한 접근 가능성은 이러한 견해에 도전할 수 있는 힘이 되었고 시대를 바꾸어 놓았다. 장애에 대해서 새로운 방식으로 생각하고 새로운 방식으로 정체성을 부여하는, 완전히 질적인 변화가 있었던 것이다. 일차적으로 이는 정체성의 정치를 펼친 장애운동, 장애예술운동, 자립생활운동을 통해서 일어난 일이다. 그러나 가족들은 여전히 장애아동이 일상적인 삶을 살 수 있도록 하는 새로운 접근방식이나 장애성인의 역할모델이 이들에게 갖는 의미에 대한 이론을 접하지 못하고 있었다는 문제를 가지고 있었다. 오늘날의 젊은이들 역시 이러한 자원에 접근하지 못하고 있다. 그러나 이런 것을 접하게 된 소수의 청소년들에게 그것은 개인적인 삶과 인생에 대한 열망을 완전히 바꾸어 놓는 영향을 미칠 수 있다.

7장의 사례들은 젊은이들이 접할 수 있는 장애에 대한 문화적 각본에서의 변화가 그들 자신과 다른 사람들을 이해하는 데 어떠한 영향을 미쳤는지 보여 주었다. 장애 행동주의와 장애예술에 의해 만들어진 새로운 문화적 공간을 통해서 대중매체의 영향력은 더욱더 강해지고 새롭고 도전적인 장애 정체성이 퍼져 나가게 되었다. 위 세대 사람들이 많이 경험했던 '오염된 정체성' 또는 '숨기기' 같은 것은 젊은 세대의 정체성 레퍼토리에서는 훨씬 덜 나타나게 되었다. 중간 세대 사람들은 장애운동과 직접적으로 조우했던 경험을 더 많이 들려주었던 반면, 가장 젊은 세대 사람들은 얼마나 실질적이었는지는 몰라도 이러한 정치화된 담론들을 조직 안에서 '장애활동가'가 되는 것과는 다른 방식으로 습득한 것 같다.

우리가 들은 이야기들 속에는 분리된 서비스와 제도 안에서 또래문화에 접근하는 것에 대해 가지는 양가 감정이 표현되고 있었다. 장애를 가진 사람들끼리만 아동기의 세상을 공유하도록 강제된 친밀한 상황(예컨대 병원, 기숙 학교나 대학에서)은 어떤 이들에게는 혼동과 분노를 낳지만, 어떤 이들에게는 우정을 가져다주었으며 서로에게 힘을 북돋아 주었다. 또 어떤 사람에게는 시설화된 분리의 경험 그 자체가 '생존자'의 정체성에 불을 댕겨서, 그들이 장애인임을 '드러내'거나 '자부심을 갖도록' 독려하는 경험이 되기도 했다. 그러나 공적인 서비스를 통해서 부여된 정체성은 장애를 '중심적 지위'로 만들어 버린다는 지적도 있었다. 이렇게 되면 계급, 성별, 인종, 또는 성적 지향 등이 개인의 삶에 대해서 갖는 중요성은 모두 가려지게 된다는 것이다.

후대에 오면서 '심각하고' '복합적인' 신체 손상을 가진 아이들이 점점 더 많이 성인기까지 살아남을 수 있게 되었고 일반학교에 다니도록 지원을 받게 되었다. 이는 의료적인 기술 발전, 개별화된 교실에서의 지원과 학습욕구에 대한 개별화된 사정을 할 수 있게 한 투자, 그리고 「장애차별금지법」의 제정을 통해 가능해진 것이었다. 그러나 주류사회 안에서 공적인 지원서비스의 증가는 개인의 자아 정체성과 개인이 맺는 관계에서 새로운 조정을 필요로 했다. 예컨대 일대일로 배정된 성인 동반자나 지도 감독자가 증가하면서 학교에서의 또래 관계에 대한 의도하지 않은 사회적 결과를 가져온 것이다.

6장에서의 논의는 교육에서 직장으로, 아동기에서 성인기로의 전환을 다루었다. 이는 사적인 삶과 공공 정책 사이의, 그리고 개별 행위자와 사회구조 사이의 관계에 대한 광범위한 주제와 질문을 불러일으킨다. 인생 이야기들을 통해서 볼 때, 공적인 고용서비스와 경력 관련 지원을 통해 신체적 손상을 가진 젊은이들이 성인 노동시장에 처음 진입하는 과정에서 실질적인 도움을 받았다는 증거는 별로 없다. 이것은 세 세대 모두에게 마찬가지다. 오히려 공공 정책과 제도가 사람들의 인생 행로를 개방적인 노동시장으로부터 더 멀어지게 하는 것으로 이끌었다는 증거가 훨씬 더 많은 것 같다. 보호고용, 사회서비스 데이센터, 장기적인 복지 수혜 또는 성인기 교육 안에서 끝도 없는 '훈련' 과정의 반복 등으로 몰아가는 것이다. 좀더 권리 지향적인 방향으로 정책의 중대한 변화가 있었다는 증거도 나타난다. 적어도 1995년 「장애차별금지법」의 실행과 강화는 권리 지향적이었다. 인생 이야기들은 장애인들이 근거 없는 직접적인 차별에 대해 매우 취약했다는 것을 보여 주면서, 동시에 이러한 차별에 맞서거나 그 결과를 사전에 차단할 수 있는 새로운 정책적 기회도 만들어졌음을 보여 준다.

고용 문제의 경우, 사회경제사의 맥락에서 개인의 생애사와 정책의 역사를 함께 읽는 것이 얼마나 중요한지를 알 수 있었다. 장애인들의 이야기 속에서 찾은 사례들은 장애학 문헌들에서 이론적으로 논의되었던 것들을 매우 실제적으로 보여 주고 있다. 바로 노동력 공급을 통제하기 위한 행정적 범주로서 장애 개념이 '탄력적'으로 적용되는 양상을 보여 준 것이다. 이는 구조적 요인이나 인구학적 요인과 관련되어 있다. 예를 들면 전시戰時의 산업적 수요, 이주한 식민지 노동력의 착취, "이보다 더 좋을 수 없을" 전후 부흥기, 1970년대의 경제적 불황, 최근 경제위기 직전까지의 지속적인 성장 등의 결과로 나타나는 노동 수요와 공급의 변화가 개인에게 어떤 의미를 가져왔는지를 알 수 있었다. 고용 기회의 끊임없는 동요(그리고 노동 정책과 복지 정책에서의 공적 개입의 긴박성)는 이러한 구조적 순환 과정을 반영하는 것이다. 그러나 장애인 고용률이 개선되었다는 것, 그리고 비장애인과의 고용 격차가 줄었다는 것 또한 지적되어야 공평할 것이다.

새로운 세대를 위한 교훈

20세기 후반기의 다른 많은 관찰자들과 마찬가지로, 앤디 펄롱과 프레드 카트멜(Furlong and Cartmel, 1997: 8)은 "하나의 세대 안에서조차도 젊은이들의 전형적인 경험에는 늘 급격한 변화가 있어 왔다"고 결론을 내렸다(Irwin, 1995도 참조하라). 그러나 이 말이 영국의 장애청소년들에게도 진실일까? 그들의 생애 과정과 경험은 같은 기간 동안 어느 정도나 변화하였을까? 우리가 살펴본 기간 동안 장애인이 처한 상황에 대한 정책적 관심이 영국 사회 정책 발달사의 그 어느 때보다도 현저히 고조되었음은 의심의 여지가 없다. 오늘날 영국에서 성장하고 있는 장애청소년들은 그들의 부모 세대나 조부모 세대와는 매우 다른 인생의 선택과 기회를 가지고 있다는 것을 보여 주는 이야기들이 있다(어떤 부분에서는 여전히 비슷한 수준에 머물러 있기도 하지만). 예컨대 전쟁 직후에 신체적 손상을 가진 많은 아이들은 정말 긴 시간 동안을 가족으로부터 분리되어 장기입원 병원의 착취적인 상황에서 살아야 했다. 가족들이 문제를 제기하더라도 그것은 대체로 공적인 관심사이기보다는 개인적인 문제로 간주되었고, 장애는 사회 문제이기보다는 개인적인 어려움으로 여겨졌다(아마도 고용의 문제를 제외하고는).

오늘날 장애를 공적인 문제로 인식하는 것은 바람직하지만, 공공 정책이 전문적 권위하에서 범위를 넓혀 가며 빠르게 변화하는 것은 그 자체로 문제를 야기해 왔고, 많은 젊은이들에게 장애화를 가중시키는 결과를 가져왔다. 장애를 더욱더 제도화된 차별의 한 형태로 자각하게 만든 것은 과거의 제도가 아니라 오히려 새로운 제도에 대한 늘어나는 불만과 비판이었다(예컨대 1970년대 특수학교와 사회적 돌봄서비스의 확대에서 개인들이 직면한 차별). 이러한 비판 속에서 등장한 장애인들의 조직은 권리, 선택, 일상적인 삶에 대한 통제권 등을 지향하는 미래의 대안적 정책을 구상하는 데 중요한 촉진제가 되었다. 사회적 태도의 변화, 물리적 환경에 대한 접근 가능성, 새로운 과학기술, 이용자가 통제하는 지원서비스, 권리에 기초를 둔 법령 등은 모두 가족, 교육, 직업에 대한 사람들의 경험에 다양한 방식으로 영향을 미쳤다. 그것은 또한 사람들의 개인적인 정체성이나 영국사회에 대한 소속감에도 영향을 미쳤다.

21세기로의 전환은 새로운 희망을 불러일으켰는데, 이는 새로운 도전이기도 하다. 2010년 「평등법」은 관련성에 따르는 차별discrimination by association로부터 보호할 것을 새롭게 약속하고 있다. 이는 장애아동의 가족이나 친구들이 부딪힐 수 있는 어떤 장벽에 대해 잠재적으로 인정하고 있다는 것이다. UN 장애인권리협약의 원칙과 의무에 대한 공식적 합의는 더 큰 변화를 예고하고 있다. 정책은 수사적으로는 큰 변화를 맞이했지만 원대한 목표가 실현되는 것은 아직 요원한 채로 남아 있다. 지난 노동당 정부는 그 실현을 2025년까지의 장기적인 계획으로 잡아 놓았기 때문이다. 이를 실현시키기 위해서 우리는 역사로부터 교훈을 얻을 필요가 있다. 특히 장애인들의 경험에서 배울 필요가 있을 것이다. 2010년 총선은 이용자 주도의 사회적 돌봄에 대한 좀더 포괄적인 국민적 권리를 쟁취할 수 있는 가능성을 보여 주었고, 이는 그것이 실현되기만 한다면 많은 장애인들의 삶의 선택권에 중대한 변화를 가져올 수 있을 것이다. 특수학교 이용을 포함하여 아동에 대한 개인 생활비 지출이 늘어날 것이라고 전망되는 가운데, 보건의료와 사회적 돌봄에서의 개인 맞춤화 의제는 더욱 진전될 것이라고 (그리고 장애인 조직도 이를 환영할 것이라고) 기대되었다. 그러나 개척자 격인 자립생활재단Independent Living Fund은 일하지 않는 새로운 지원자들에게는 효과적으로 문을 닫아 왔다. 사회적 돌봄을 위해서 100만 파운드 이상의 새로운 투자가 있었지만 (2011년 재정 체계의 역사적인 변화에 따라) 그 절반은 보건의료서비스 예산으로부터 가져온 것이었고, 엄청난 자금이 결국 모든 예산 보호책을 상실한 지방정부의 예산을 삭감함으로써 얻어진 것에 불과하다는 우려가 제기되고 있다.

불확실한 경제 환경 속에서 보수-자유 민주 연합정부가 공적 지출을 극단적으로 통제하는 것에 합의하면서 도전은 극대화되고 있는 듯하다. 이미 장애인들은 새로운 긴축 정책 앞에서 심각한 위험에 처해 있다는 증거들이 나타나고 있다(Wood and Grant, 2010). 장애와 관련된 복지 대상 등록 자격이 심각하게 축소되면서, 장애아동들은 공제 혜택을 유지할 수 있을지라도(예컨대 아동신탁기금Child Trust Fund의 자격을 유지함으로써), 많은 성인들은 자격 축소의 영향을 받을 것으로 예상된다. 전례 없는 공공 부문의 인력 감축이 있을 것이고, 대략 50만 개의 일자리가 사라질 것이다. 이는 사회서비스, 사회 주택, 아동서비스, 교통과 통합교육에서의 순회 지원서비스 등에 영향을 미칠 것이다. 이는 또한 상대적으로 성공을 거두었던 공공 부문의 장애인 고용에도 영향을 미칠 것이다. 담보대출mortgage 지원, 집세 보조금, 주택 급여 등의 주택지원이 축소되고 지원 상한액이 감소하는 것은 특히 장애인 가족에게 어려움을 가중시킬 것이다.

장애인 고용 자문 위원회Disability Employment Advisory Committee와 장애승객 운송 자문 위원회Disabled Passengers Transport Advisory Committee는 사라졌고, 평등과 인권 위원회Equality and Human Rights Commission의 미래에 대해서는 조건부라는 제한이 가해졌다. 장애인 생활 수당을 위한 예산은 삭감되었고 거주시설 보호를 받고 있는 사람들은 함께 제공되던 이동지원 부분을 이미 상실했다. 2013년부터 모든 장애인 생활 수당 신청은 새로운 의학적 진단을 요구할 것이고, 많은 사람들이 그 자격을 상실하거나 삭감된 급여만을 받게 될 것이다. 이미 고용과 지원 수당을 통해서 제공되는 장애인 지원을 받을 수 있는 자격조건이 엄격해지기 시작했다. 모든 신청자는 더 엄격해진 의료적·기능적 '근로 능력' 검사를 통해 다시 면접심사를 받아야만 한다. 이렇게 판정된 근로 능력을 가지고 12개월 이후부터는 급여액을 감축할 것이고, 일자리를 찾기 위한 공적인 지원을 줄여 나갈 것이다. 일자리를 찾는 사람들을 위한 직업 접근성 지원제도 예산도 삭감되었다. 공공 부문에 고용된 사람들이 이용할 수 있는 재원은 전혀 남아 있지 않게 되었고, 민간 부문에 고용된 사람들의 경우에조차도 기존의 지원책들, 예컨대 이 책의 면접에 참여했던 사람들에게 많은 도움이 되었던 지원 항목들(개조된 의자나 책상, 세분화된 정보와 의사소통을 위한 과학기술, 또는 건물의 개조 등)을 신청해 볼 수 있는 기회조차 없어질 것이다.

보건의료서비스 부문과 학교의 재정적 자율성에 대한 급격한 재구조화가 이루어지면서 이는 미래의 지원 계획에 대한 불확실성을 증가시켰다. 예전 같으면 지역의 교육 관료와 일차적인 돌봄 제공자(이것은 이제 모두 사라졌다)에 의해 세워졌을 지원 계획이었다. 지방정부의 재정 삭감에 따라 지방정부로부터 독립하기로 결정한 학교들은 예전 같으면 순회자문교사 같은 공유서비스에 투입했을 예산을 앞으로는 없애버릴 것이다. 2010년 9월 아동가족부 장관은 새로운 행정부가 펴낸 "특수교육 욕구와 장애를 가진 아동 및 청소년"에 대한 첫번째 녹서green paper[2]에 대해 공식적인 자문을 내놓았다. 대표적인 정책 원칙들 중 어떤 것은 이 책의 앞부분에서도 이미 설명된 것들이다. 특히 "아동과 청소년들이……더 이른 시기부터 성인기의 삶과 고용으로 전환할 수 있도록 하기 위해 더 나은 교육적 성과와 인생의 기회"를 찾아야 한다는 원칙과 "특별히 가장 심각하고 복합적인 욕구를 가진 사람들과 주요한 전환 과정에 놓인 사람들을 위해서 교육, 사회적 돌봄, 보건으로부터의 지원을 연계"해야 한다는 원칙이 그것이다(DfE, 2010: 4). "그것이 일반학교든 특수학교든 자녀가 다니는 학교에서 그리고 그들이 받는 지원과 서비스에서 부모의 선택권이 확장되는 것"도 요구되고 있다. 일반학교 또는 특수학교 교육을 선택하는 것과 관련하여, '부모의 선택'이라는 의제를 강조하는 것은 완전한 참여와 평등을 향한 진전이 지속적으로 이루어지는지에 대한 관심을 불러일으킨다. 총선 선거운동 기간 동안 차기 총리[데이비드 캐머런David Cameron]는 "이념적으로 추동된 특수학교 폐쇄에 대한 유예조치"를 개인적인 공약으로 공식화하였고 "특

---

2 녹서는 의회에서의 토의를 위해 정부의 정책 시안을 정리하여 제출한 보고서를 말한다. 이에 비해 백서는 정부의 공식 보고서로서 정부 각부가 소관 사항에 대해서 제출하는 실태 보고서를 말한다.—옮긴이

수한 욕구를 가진 아동을 일반학교에 통합하는 것에 대한 편향을 종식한다"는 공약도 내걸었다(Conservative Party, 2010: 53). 이 책을 통하여 분리의 상처가 얼마나 큰 것인지 드러났고, 지난 정부가 UN 협정의 통합교육 요구에 대해 완전히 동의한다는 입장을 '보류'하였다는 점을 고려하면, 다음 세대 장애청소년들의 미래는 아무것도 확신할 수 없는 상태에 놓이게 된 것이다.

참고문헌

Abel-Smith, B. 2005. "The Welfare State: Breaking the Post-War Consensus", *Political Quarterly*, vol. 51, no. 1, pp. 17~23.

Adam, B. 1998. *Timescapes of Modernity: The Environment and Invisible Hazards*, London: Routledge.

Alderson, P. 1993. *Children's Consent to Surgery*, Buckingham: Open University Press.

_____ . 2006. "Who should Decide and How?", E. Parens ed., *Surgically Shaping Children: Technology, Ethics, and the Pursuit of Normality*, Baltimore, MD: Johns Hopkins University Press, pp. 157~175.

Alderson, P. and Goodey, C. 1998. "Doctors, Ethics and Special Education", *Journal of Medical Ethics*, vol. 24, pp. 49~55.

_____ . 1998. *Enabling Education: Experiences in Special and Ordinary Schools*, London: Tufnel Press.

Alderson, P. and Montgomery, J. 1996. *Health Care Choices: Making Decisions with Children*, London: Institute of Public Policy Research.

Allsop, J. and Mulcahy, L. 1996. *Regulating Medical Work: Formal and Informal Controls*, Buckingham: Open University Press.

Ammerman, R. 1997. "Physical Abuse and Childhood Disability: Risk and Treatment Factors", *Journal of Aggression, Maltreatment & Trauma*, vol. 1, no. 1, pp. 207~224.

Anderson, O. and Lerner, M. 1960. *Measuring Health Levels in the United States 1900~1958*, Health Information Foundation Research Series no. 11, New York: Foundation.

Armer, B. 2007. "Eugenetics: A Polemical View of Social Policy in the Genetic Age", *New Formation*, vol. 60, pp. 89~101.

Ashton, D. and Field, D. 1976. *Young Workers: From School to Work*, London: Hutchinson.

Atkinson, R. 1998. *The Life Story Interview*, London: Sage.

Audit Commission. 2003. *Services for Disabled Children: A Review of Services for Disabled Children and Their Families*, London: Audit Commission.

Avis, M. and Reardon, R. 2008. "Understanding the Views of Parents of Children with Special Needs about the Nursing Care Their Child Receives When in Hospital: A Qualitative Study", *Journal of Child Health Care*, vol. 12, no. 1, pp. 7~17.

Bagley, C., Woods, P. and Woods, G. 2001. "Implementation of School Choice Policy: Interpretation and Response by Parents of Students with Special Educational Needs", *British Educational Research Journal*, vol. 27, no. 3, pp. 287~311.

Baldwin, S. 1976. "Families with Handicapped Children", K. Jones and S. Baldwin eds., *Year Book of Social Policy in Britain, 1975*, London: Routledge & kegan Paul, pp. 171~191.

_____ . 1985. *The Costs of Caring: Families with Disabled Children*, London: Routledge & Kegan Paul.

Barker, P. 1974. "Psychological Effect on Children of Admission to Hospital", *Update*, vol. 7, pp. 1019~1024.

Barnes, C. 2000. "A Working Social Model? Disability, Work and Disability Politics in the 21st Century", *Critical Social Policy*, vol. 20, no. 4, pp. 441~457.

_____ . 1990. *Cabbage Syndrome: The Social Construction of Dependence*, Lewes: Falmer.

_____ . 1991. *Disabled People in Britain and Discrimination: A Case for Anti-discrimination Legislation*, London: Hurst/BCODP.

_____ . 1992. *Disabling Imagery: An Exploration of Media Portrayals of Disabled People*, Derby: BCODP.

Barnes, C. and Mercer, G. 2005. "Disability, Work and Welfare: Challenging the Social Exclusion of Disabled People", *Work, Employment & Society*, vol. 19, no. 3, pp. 527~545.

_____ . 2010. *Exploring Disability* (2nd edition), Cambridge: Polity Press.

_____ . eds. 1996. *Exploring the Divide: Illness and Disability*, Leeds: Disability Press.

_____. 2006. *Independent Futures: Creating User-led Services in a Disabling Society*, Bristol: BASW/The Policy Press.

Barnes, C., Mercer, G. and Shakespeare, T. 2003. *Exploring Disability: A Sociological Introduction*, Cambridge: Polity Press.

Barton, L. and Corbett, J. 1993. "Special Needs in Further Education: The Challenge of Inclusive Provision", *European Journal of Special Needs Education*, vol. 8, no. 1, pp. 14~23.

BCODP(British Council of Organisations of Disabled People?). 1986. *Disabled Young People Living Independently*, London: BCODP.

Beck, U. 1992. *Risk Society: Towards a New Modernity*, Newbury Park, CA: Sage.

Beckett, A. 2009. "Challenging Disabling Attitudes, Building and Inclusive Society: Considering the Role of Education in Encouraging Non-disabled Children to Develop Positive Attitudes Towards Disabled People", *British Journal of Society of Education*, vol. 30, no. 3, pp. 317~329.

Begum, N. 1996. "General Practitioners' Role in Shaping Disabled Women's Lives", C. Barnes and G. Mercer eds. *Exploring the Divide: Illness and Disability*, Leeds: Disability Press, pp. 157~172.

Bennett, P. 1998. "Special Educational Needs Tribunals: An Overview for Educational Psychologists", *Educational Psychology in Psychology in Practice*, vol. 14, no. 3, pp. 203~208.

Beresford, B. 1995. *Expert Opinions: A National Survey of Parents Caring for a Severely Disabled Child*, Bristol: The Policy Press, in association with the Joseph Rowntree Foundation and Community Care.

_____. 1994. *Positively Parents: Caring for a Severely Disabled Child*, London: HMSO/SPRU.

Berthoud, R., Lakey, J. and McKay, S. 1993. *The Economic Problems of Disabled People*, London: Policy Studies Institute.

Bethell, J. 2003. "Our Life, Our say", *An Evaluation of a Young Disabled People's Peer Mentoring/Support Project*, York: Joseph Rowntree Foundation.

Bevan, A. 1948. "A Message to the Medical Profession from the Minister of Health", *British Medical Journal*, July 3, pp. 45~65.

Bhaskar, R. 1975. *A Realist Theory of Science*, London: Verso.

_____. 1997. *A Realist Theory of Science*(2nd edition), London: Verso.

_____. 1998. *The Possibility of Naturalism: A philosophical Critique of the Contemporary Human Sciences*(3rd edition), London: Routledge.

Birenbaum, A. 1970. "On Managing a Courtesy Stigma", *Journal of Health and Social Behaviour*, vol. 2, pp. 196~206.

Black, J. 1978. "Families with Handicapped Children: Who Helps Whom and How?", *Child: Care, Health and Development*, vol. 4, no. 4, pp. 239~245.

Board of Education. 1958. *The Health of the School Child*, London: Ministry of Education.

Booth, T. and Booth, W. 1998. *Growing up with Parents with Learning Difficulties*, London: Routledge.

Borsay, A. 2005. *Disability and Social Policy in Britain Since 1750: A History of Exclusion*, Basingstoke: Palgrave Macmillan.

Bourdieu, P. 1992. "Rites as Acts of Institution", J. Peristiany and J. Pitt-Rivers eds., *Honor and Grace in Anthropology*, Cambridge: CUP, pp. 79~89.

Bowlby, J. 1951. *Maternal Care and Mental Health*, Geneva: World Health Organisation.

Bradbury, E., Kay, S., Tighe, C. and Hewison, J. 1994. "Decision Making by Parents and Children in Paediatric Hand Surgery", *British Journal of Plastic Surgery*, vol. 47, pp. 324~330.

Bradley, S. 1995. "The Youth Training Scheme: A Critical Review of the Evaluation Literature", *International Journal of Manpower*, vol. 16, no. 4, pp. 30~56.

British Medical Association. 2001. *Consent, Rights, Choices in Health Care for Children and Young people*, London: BMJ Books.

Bruce, M. 1966. *The Coming of the Welfare State*, London: Batsford.

Buckle, J. 1971. *Work and Housing of Impaired Persons in Great Britain* (Handicapped and impaired in Great Britain, Part II), London: Office of Population Census and Surveys.

Cahill, H. 2008. "Male Appropriation and Medicalization of Childbirth: An Historical Analysis", *Journal of Advanced Nursing*, vol. 33, no. 3, pp. 334~342.

Calvocoressi, P. and Wint, G. 1972. *Total War*, London: Penguin.

Cameron, C. 2007. "Whose Problem? Disability Narratives and Available Identities", *Community Development Journal*, vol. 42, no. 4, pp. 501~511.

Campbell, J. and Oliver, M. 1996. *Disability Politics: Understanding Our Past, Changing Our Future*, London: Routledge.

Campling, J. ed. 1981. *Images of Ourselves: Women with Disabilities Talking*, London: Routledge.

Caputo, J. and Yount, M. 1993. *Foucault and the Critique of Institutions*, Pennsylvania, PA: Pennsylvania State University Press.

Carter, M. 1962. *Home School and Work*, London: Pergamon Press.

_____. 2008. "A Probable Epidemic of Congenital Hydrocephalus in 1940~ 1941", *Developmental Medicine & Child Neurology*, vol. 7, no. 1, pp. 61~64.

Carter, P. 2009. "Fervour Education", *Disability Now*, September, retrieved January 2010 (from: http://www.disabilitynow.org.uk/article/fervour-education)

Cavet, J. and Sloper, P. 2006. "Participation of Disabled Children in Individual Decisions about Their Lives and in Public Decisions about Service Development", *Children & Society*, vol. 18, no. 4, pp. 278~290.

Central Health Services Council. 1959. *The Welfare of Children in Hospital: Report of a Committee of the CHSC* (Chairman: Sir Harry Platt), London: Ministry of Health/HMSO.

Chamberlyne, P. and Rustin, M. 1999. "From Biography to Social Policy", *SOSTRIS Working Paper 9*, London: Centre for Biography in Social Policy, University of East London.

Charlton, J. 1998. *Nothing about Us without Us: Disability Oppression and Empowerment*, Berkeley, CA: University of California Press.

Charmaz, K. 1994. "Identity Dilemmas of Chronically Ill Men", *Sociological Quarterly*, vol. 35, pp. 269~288.

_____. 1983. "Loss of Self: A Fundamental Form of Suffering in the Chronically Ill", *Sociology of Health and Illness*, vol. 5, no. 2, pp. 168~195.

_____. 1995. "The Body, Identity, and Self: Adapting to Impairment", *Sociological Quarterly*, vol. 36, pp. 657~680.

Chief Medical Officer. 1958. *Health of the School Child, 1956/57*, London: HMSO.

_____. 1962. *Health of the School Child, 1960/61*, London: HMSO.

Clark, A. and Hirst, M. 1989. "Disability in Adulthood: Ten-year Follow-up of Young People with Disabilities", *Disability & Society*, vol. 4, no. 3, pp. 271~83.

Clough, P. and Barton, L. 1999. *Articulating the Difficulty: Research Voices in Inclusive Education*, London: Paul Chapman.

Clough, P. and Corbett, J. 2004. *Theories of Inclusive Education: A Students' Guide*, London: Paul Chapman.

Cohen, D. 2001. *The War Come Home: Disabled Veterans in Britain and Germany, 1914-1939*, Berkeley, CA.: University Press.

Cole, T. 1989. *Apart or a Part? Integration and the Growth of British Special Education*, Milton Keynes: Open University Press.

_____. 1986. *Residential Special Education: Living and Learning in a Special School*, Milton Keynes: Open University Press.

Coleman, L. 1997. "Stigma: An Enigma Demystified", L. Davies ed., *The Disability Studies Reader*, New York: Routledge, pp. 216~231.

Committee on the Child Health Services. 1976. *Fit for the Future* (Chairman: SDM Court), Cmnd 6684, London: HMSO.

Connors, C. and Stalker, K. 2003. *The Views and Experiences of Disabled Children and Their Siblings: A Positive Outlook*, London: Jessica Kingsley Publishers.

Conservative Party. 2010. *Invitation to Join the Government of Britain*, London: Alan Mabbutt on behalf of the Conservative Party.

Cowen, A. 1996. *Introducing the Family Fund Trust for Families with Severely Disabled Children*, York: York Publishing Services.

Cribb, S. 1993. "Are Disabled Artists Cotton-wooled?", *Disability Arts Magazine*, vol. 3, no. 2, pp. 10~11.

Croll, P. and Moses, D. 1998. "Pragmatism, Ideology and Educational Change: The Case of Special Educational Needs", *British Journal of Educational Studies*, vol. 46, no. 1, pp. 11~25.

Cromwell, F. 1985. *Work-Related Programs in Occupational Therapy*, New York: Haworth Press.

Crow, L. 1990. *Disability in children's literature*, Transcript of a Seminar by the Arts Council of Great Britain, Literature Department.

_____ . 1992. "Renewing the Social Model of Disability", *Coalition*, July.

Daly, M. and Rake, K. 2003. *Gender and the Welfare State: Care, Work and Welfare in Europe and the USA*, Cambridge: Polity.

Danieli, A. and Wheeler, P. 2006. "Employment Policy and Disabled People, Old Wine in New Glasses?", *Disability & Society*, vol. 21, no. 5, pp. 485~498.

Daunton, M. ed. 2000. *The Cambridge Urban History of Britain: 1840-1950*, Cambridge: Cambridge University Press.

Davidson, I., Woodill, G. and Bredberg, E. 1994. "Images of Disability in 19th Century British Children's Literature", *Disability & Society*, vol. 9, no. 1, pp. 33~46.

Davis, K. 1981. "28-38 Grove Road: Accommodation and Care in a Community Setting", A. Brechin, P. Liddiard and J. Swain eds., *Handicap in a Social World*, London: Hodder and Stoughton, pp. 322~327.

Davis, K. and Mullendar, A. 1993. *Ten Turbulent Years: A Review of the Work of the Derbyshire Coalition of Disabled People*, Nottingham: University of Nottingham Centre for Social Action.

DCLG(Department for Communities and Local Government). 2009. *Household Projections to 2031, England: Housing Statistical Release*, 11 March 2009,

London: DCLG.

DCSF(Department for Children, Schools and Families). 2010. *Breaking the Link between Special Educational Needs and Low Attainment: Everybody's Business*, London: DCSF.

Department of Education and Science. 1956. *Report of the Committee on Maladjusted Children*, London: Stationery Office.

_____ . 1972. *The Health of the School Child: Report of the Chief Medical Officer of the Department of Education and Science for the years 1966-1969*, London: HMSO.

Dexter, M. and Harbert, W. 1983. *The Home Help Service*, London: Tavistock.

DfE(Department for Employment). 1990. *Employment and Training for People with Disabilities: Consultative Document*, London: HMSO.

DfE(Department for Education). 2010. *Green Paper: Children and Young People with Special Educational Needs and Disabilities – Call for Views*, London: DfE.

DfES(Department for Education and Skills). 2003a. *Disabled Children in Residential Placements*, London: DfES.

_____ . 2003b. *Every Child Matter*, London: Stationery Office.

_____ . 2007. *Special Educational Needs in England*, January 2007, London: DfES.

Disability Alliance. 1987. *Poverty and Disability: Breaking the Link*, London: DfES.

Disney, R. and Webb, S. 1991. "Why are There so Many Long Term Sick in Britain?", *The Economic Journal*, vol. 101, no. 405, pp. 252~262.

Dobash, R. E. and Dobash, R. 1992. *Women, Violence and Social Change*, London: Routledge.

DoH (Department of Health). 2001. *The Expert Patient: A New Approach to Chronic Disease Management in the 21st Century*, London: The Stationery Office.

DoH. 2002. *Residential Special Schools: National Minimum Standards Inspection Regulations*, London: The Stationery Office.

DoH/DfES(Department of Health/Department for Education and Skills). 2004a. *Disabled Child Standard, National Service Framework for Children, Young People and Maternity Services*, London: DoH.

DoH/DfES. 2004b. *National Service Framework for Children, Young People and Maternity Services: Disabled Children and Young People and those with Complex Health Needs*, London: Crown.

Dowling, M. and Dolan, L. 2001. "Families with Children with Disabilities: Inequalities and the Social Model", *Disability & Society*, vol. 16, no. 1, pp. 21~35.

Drake, R. F. 1996. "Charities, Authority and Disabled People: A Qualitative Study", *Disability & Society*, vol. 11, no. 1, pp. 5~24.

Driedger, D. 1989. *The Last Civil Rights Movement*, London: Hurst & Co.

Edwards, J. 1958. "Remploy: An Experiment in Sheltered Employment for the Severely Disabled in Great Britain", *International Labour Review*, vol. 77, pp. 147~159.

Eisenstadt, S. 1956. "From Generation to Generation: Age Groups and Social Structures, Glencoe, IL; Free Press.

Elder, G. 1994. "Time, Human Agency and Social Change; Perspectives on the Life Course", *Social Psychology Quarterly*, vol. 57, no. 1, pp. 4~15.

Field, F. 1977. "Out for the Count", *Low Pay Bulletin*, vol. 13, pp. 5~6.

Fiese, B., Hooker, K., Kotary, L., Scwagler, J. and Rimmer, M. 1995. "Family Stories in the Early Stages of Parenthood", *Journal of Marriage and the Family*, vol. 57, pp. 763~770.

Finkelstein, V. 1999. "A Profession Allied to the Community: The Disabled People's Trade Union", E. Stone ed., *Disability and Development: Learning from Action and Research on Disability in the Majority World*, Leeds: The Disability Press.

_____ . 1992. "Disabled People and Our Culture Development", *DAIL (Disability Art in London) Magazine Anthology: The First Five Years*, London: DAIL Magazine, pp. 3~6.

_____ . 1993. "The Commonality of Disability", J. Swain, V. Finkelstein, S. French, and M. Oliver eds., *Disabling Barriers: Enabling Environments*, London: Sage/Open University, pp. 9~15.

_____ . 2001. *The Social Model of Disability Repossessed*, Retrieved January 2007 (from: http ://www.leeds.ac.uk/disability-studies/archiveuk/ finkelstein/ soc%20mod%20repossessed.pdf)

Foner, A. 1988. "Age Inequalities: Are They Epiphenomia of the Class System?", in M. W. Riley ed., *Social Structures and Human lives*, Newbury Park, CA: Sage, pp. 176~191.

Fox, N. and Ward, K. 2006. "Health Identities: From Expert Patient to Resisting Consumer", *Health (London)*, vol. 10, pp. 461~479.

Fraser, D. 1973. *The Evolution of the British Welfare State: A History of Social Policy Since the Industrial Revolution*, London: Macmillan.

Freidson, E. 1988. *Profession of Medicine: A Study of the Sociology of Applied Knowledge*, Chicago: University of Chicago Press.

Frejka, T. and Sardon, J. 2005. *Childbearing Trends Prospects in Low-fertility*

Countries: A Cohort Analysis, Dordrecht: Kluwer Academic.

French, S. ed., 1994. *On Equal Terms: Working with Disabled People*, Oxford: Butterworth-Heinemann.

French, S. and Swain, J. 2000. "Institutional Abuse: Memories of a 'Special' School for Visually Impaired Girls: A Personal Account", J. Bornat, R. Perks, P. Thompson and J. Walmsley eds., *Oral History, Health and Welfare*, London: Routledge, pp. 159~179.

_____ . 2006. "Telling Stories for a Politics of Hope", *Disability & Society*, vol. 21, no. 5, pp. 383~396.

Fuller, M., Bradley, A. and Healey, M. 2004. "Incorporating Disabled Students within an Inclusive Higher Education Environment", *Disability & Society*, vol. 19, no. 5, pp. 455~468.

Furlong, A. and Biggart, A. 1999. "Framing Choices: A Longitudinal Study of Cccupational Aspirations among 13 to 16 year-olds", *Journal of Education and Work*, vol. 12, no. 1, pp. 21~36.

Furlong, A. and Cartmel, F. 1997. *Young People and Social Change: Individualisation and Late Modernity*, Buckingham: Open University Press.

Garland-Thomson, R. 1997. *Extraordinary Bodies: Figuring Physical Disability in America Culture and Literature*, New York: Columbia University Press.

Giddens, A. 2008. *Sociology* (5th edition), Cambridge: Polity.

_____ . 1984. *The Constitution of Society: Outline of the Theory of Structuration*, Berkeley, CA: University of California Press.

_____ . 1991. *Modernity and Self Identity*, Cambridge: Polity.

Gill, C. 1997. "Four Types of Integration in Disability Identity Development", *Journal of Vocational Rehabilitation*, vol. 9, pp. 39~47.

Gillespie-Sells, K. and Campbell, J. 1991. *Disability Equality Training: Trainers Guide*, London: CCETSW.

Gittins, D. 1982. *Fair Sex: Family Size and Structure, 1900~1939*, London: Hutchinson.

Goacher, B., Evans, J., Welton, J. and Wedell, K. 1988. *Policy and Provision for Special Educational Needs: Implementing the 1980 Education Act*, London: Cassell.

Goffman, E. 1959. *The Presentation of Self in Everyday Life*, Harmondsworth: Penguin.

Goffman, E. 1961. *Asylums: Essays on the Social Situation of Mental Patients and Other Inmates*, New York: Doubleday Anchor.

Goffman, E. 1968. *Stigma: Notes on the Management of the Management of Spoiled*

Identity, Harmondsworth: Pelican.

González, L. and Viitanen, T. 2009. "The Effect of Divorce Laws on Divorce Rates in Europe", *European Economic Review*, vol. 53, no. 2, pp. 127~138.

Gooding, C. 2000. "Disability Discrimination Act: From Statute to Practice", *Critical Social Policy*, vol. 20, no. 4, pp. 533~549.

Goodley, D. 1996. "Tales of Hidden Lives: A Critical Examination of Life History Research with People Who Have Learning Difficulties", *Disability & Society*, vol. 11, no 3, pp. 333~348.

Goodley, D., Lawthom, R., Clough, P. and Moore, M. 2004. *Researching Life Stories: Method, Theory and Analyses in a Biographical Age*, London: Routledge Falmer.

Goodley D. and Tregaskis C. 2006. "Storying Disability and Impairment: Retrospective Accounts of Disabled Family Life", *Qualitative Health Research*, vol. 16, no. 5, pp. 630~646.

Gordon, C. and Longino, C. 2000. "Age Structure and Social Structure", *Contemporary Sociology*, vol. 29, no. 5, pp. 699~703.

Gordon, D., Parker, R. and Loughran, F. with Heslop, P. 2000. *Disabled Children in Britain: A Re-analysis of the OPCS Disability Surveys*, London: Stationery Office.

Graham, H. 1985. "Providers, Negotiators and Mediators: Women as the Hidden Carers", E. Lewin and V. Olesen eds., *Women, Health and Healing: Towards a New Perspective*, New York: Tavistock, pp. 25~52.

Grant, I. 1961. "Status of the General Practitioner Past, Present and Future", *British Medical Journal*, vol. 2, no. 5262, pp. 1279~1282.

Greenleigh Associates. 1975. *The Role of Sheltered Workshops in the Rehabilitation of the Severely Handicapped*, New York: Greenleigh Associates, Inc.

Griffith, W. 1955. "The First Ten Years of the Ministry of Education", *British Journal of Educational Studies*, vol. 3, no. 2, pp. 101~114.

Griffiths, R. 1988. *Community Care: Agenda for Action(A Report to the Secretary of State for Social Services)*, London: HMSO.

Gruber, J. 2000. "Disability Employment Benefits and Labor Supply", *Journal of Political Economy*, vol. 208, no. 6, pp. 1162~1183.

Habermas, T. and Bluck, S. 2000. "Getting a Life: The Emergence of the Life Story in Adolescence", *Psychological Bulletin*, vol. 126, pp. 748~769.

Halpin, D. 1999. "Democracy, Inclusive Schooling and the Politics of Education", *International Journal of Inclusive Education*, vol. 3, no. 3, pp. 225~238.

Halpin, D. and Lewis, A. 1996. "The Impact of the National Curriculum on

Twelve Special Schools in England", *European Journal of Special Needs Education*, vol. 11, no. 1, pp. 95~105.

Hardiker, P. 1999. "Children First: Bringing Disabled Children within the Child Welfare Fold", *Practice: Social Work in Action*, vol. 11, no. 4, pp. 27~36.

Hareven, T. 2000. *Families, History and Social Change: Life Course and Cross Cultural Perspective*, Oxford: Westview Press.

Harris, A., Cox, E. and Smith, C. 1971. *Handicapped and Impaired in Great Britain*, London: OPCS/HMSO.

Harris, N., Eden, K. and Blair, A. 2000. *Challenges to School Exclusion: Exclusion, Appeals, and the Law*, London: Routledge Falmer.

Harrison, J., Henderson M. and Leonard, R. 2007. *Different Dads: Fathers's Stories of Parenting Disabled Children*, London: Jessica Kingsley.

Harrison, M., Hemingway, L., Sheldon, A., Pawson, R. and Barnes, C. 2009 *Evaluation of Provision and Support for Disabled Students in Higher Education*, London: HEFCE.

Harrison, S. and Ahmad, W. 2000. "Medical Autonomy and the UK State 1975 to 2025", *Sociology*, vol. 34, pp. 129~146.

Harvey, D. and Greenway, A. 1984. "The Self-concept of Physically Handicapped Children and Their Non-handicapped Siblings: And Empirical Investigation", *Journal of Child Psychology and Psychiatry*, vol. 25, no. 2, pp. 273~284.

Haskell, S. and Anderson, E. 1969. "The Education of Physically Handicapped Children in Ordinary Schools", *The Irish Journal of Education*, vol. 3, no. 1, pp. 41~54.

Hasler, F. 1993. "Developments in the Disabled People's Movement", J. Swain, V. Finkelstein, S. French, and M. Oliver eds., *Disabling Barriers: Enabling Environments*, London: Sage/Open University, pp. 278~284.

Healthcare Commission. 2007. *Improving Services for Children in Hospital*, London: Healthcare Commission.

Healthcare Commission. 2009. *Improving Services for Children in Hospital: Report of the Follow-up to the 2005/06 Review*, London: Healthcare Commission.

Heaton, J., Sloper, P. and Clarke, S. 2008. "Access to and Use of NHS Patient Advice and Liaison Service (PALS): The Views of Children, Young People, Parents and PALS Staff", *Child: Care, Health & Development*, vol. 34, no. 2, pp. 145~151.

Helfer, R. 1973. "The Etiology of Child Abuse", *Pediatrics*, vol. 51, pp. 777~779.

Herbert, E. and Carpenter, B. 1994. "Fathers: The Secondary Partners;

Professional Perceptions and Fathers' Reflections", *Children & Society*, vol. 8, no. 1, pp. 31~41.

Hevey, D. 1993. "The Tragedy Principle: Strategies for Change in the Representation of Disabled People", J. Swain, V. Finkelstein, S. French and M. Oliver eds., *Disabling Barriers: Enabling Environments*, London: Sage/ Open University, pp. 116~121.

Hirst, M. 1987. "Careers of Young People with Disabilities between Ages 15 and 21 years", *Disability & Society*, vol. 2, no. 1, pp. 61~74.

HMSO. 2004. *Social Trends*, London: HMSO.

Hollomotz, A. 2009. "Beyond 'Vulnerability': An Ecological Model Approach to Conceptualizing Risk of Sexual Violence against People with Learning Difficulties", *British Journal of Social Work*, vol. 39, no. 1, pp. 99~112.

Holloway, S. 2001. "The Experience of Higher Education from the Perspective of Disabled Students", *Disability & Society*, vol. 16, no. 4, pp. 597~615.

Holmes, T. 1869. *The Surgical Treatment of the Diseases of Infancy and Childhood*, London: Longman's.

Hornby, G. 1992. "A Review of Fathers' Accounts of their Experiences of Parenting Children with Disabilities", *Disability, Handicap & Society*, vol. 7, no. 4, pp. 363~374.

House of Commons. 1980. *Second Report from the Social Services Committee: Session 1979-1980: Perinatal and Neonatal Mortality* (Chairman: Mrs Renée Short), London: HMSO.

Hubbard, G. 2000. "The Usefulness of In-depth Life History Interviews for Exploring the Role of Social Structure and Human Agency in Youth Transitions", *Sociological Research Online*, vol. 4, no. 4 (www.socresonline. org.uk/4/4/hubbard.html)

Hughes, B. 2007. "Being Disabled: Towards a Critical Social Ontology for Disability Studies", *Disability & Society*, vol. 22, no. 7, pp. 673~684.

Hughes, B. and Paterson, K. 1997. "The Social Model of Disability and the Disappearing Body: Towards a Sociology of Impairment", *Disability & Society*, vol. 12, no. 3, pp. 325~340.

Humphries, S. and Gordon, P. 1992. *Out of Sight: Experience of Disability, 1900-1950*, London: Channel Four.

Hunt, P. 1966. *Stigma: The Experience of Disability*, London: Geoffrey Chapman.

Hurt, J. 1988. *Outside the Mainstream: A History of Special Education*, London: Routledge.

Hyde, M. 1998. "Sheltered and Supported Employment in the 1990s: The

Experiences of Disabled Workers in the UK", *Disability & Society*, vol. 13, no. 2, pp. 100~215.

Hyman, M. 1977. *The Extra Costs of Disabled Living*, London: National Fund for Research into Crippling Diseases.

Ignatieff, M. 1983. "Total Institutions and the Working Classes: A Review Essay", *History Workshop Journal*, vol. 15, no. 1, 167~173.

Illich, I. 1976. *Limits to Medicine: Medical Nemesis, the Expropriation of Health*, London: Marian Boyars Publication.

Invalid Tricycle Association 1960. *Motor and Electric Invalid Tricycles*, London: ITA.

Irwin, S. 2000. "Reproductive Regimes: Changing Relation of Inter-dependence and Fertility Change", *Sociological Research Online*, vol. 5, no. 1 (www. socresonline.org.uk/5/1/irwin.html)

_____ . 1995. *Rights of Passage: Social Change and the Transition from Youth to Adulthood*, ULC Press: London.

Johnson, B. 1990. "The Changing Role of Families in Healthcare", *Child Health Care*, vol. 19, no. 4, pp. 234~241.

Johnson, M. and Sherman, S. 1990. "Constructing and Reconstructing the Past and the Future in the Present", E. Higgins and R. Sorrentino eds., *Handbook of Motivation and Cognition: Foundations of Social Behavior*, New York: Guildford Press, pp. 482~526.

Joint Committee on Mobility for the Disabled. 1968. *Conveyance of the Disabled*, London: Spastics Society.

_____ . 1963. *The Case for Supplying Suitably Adapted Small Cars to the Disabled*, London: Joint Committee on Mobility for the Disabled.

Jordan, D. 1979. *A New Employment Programme Wanted for Disabled People*, London: Disability Alliance.

Kalekin-Fishman, D. 2001. "The Hidden Injuries of 'A Slight Limp'", M. Priestley ed., *Disability and Life Course; Global Perspectives*, Cambridge: CUP, pp. 136~150.

Kanter, A. 2007. "Promise and Challenge of the United Nations Convention on the Rights of Persons with Disabilities", *Syracuse Journal of International Law and Commerce*, vol. 34, pp. 287~318.

Kasnitz. D. 2001. "Life Event Histories and the US Independent Living Movement", M. Priestley ed., *Disability and Life Course: Global Perspectives*, Cambridge: CUP, pp. 67~78.

Keith, L. 2001. *Take up thy Bed and Walk: Death, Disability and Cure in Classic*

Fiction for Girls, London: The Women's Press.

Keller, H. 1905. *The Story of My Life*, New York: Doubleday, Page & Company.

Kelly, G., Lam, P., Thomas, A. and Turley, C. 2005. *Disability in the Workplace: Small Employers' Awareness Responses to the Disability Discrimination Act 1995. and the October 2004 Duties*, London: Department for Work and Pensions.

Kenworthy, J. and Whittaker, J. 2000. "Anything to Declare? The Struggle for Inclusive Education and Children's Rights", *Disability & Society*, vol. 15, no. 2, pp. 219~231.

Kerr, A. and Cunningham-Burley, S. 1998a. "The New Genetics and Health: Mobilizing Lay Expertise", *Public Understanding of Science*, vol. 7, no. 1, pp. 41~60.

_____ . 1998b. "Eugenics and the New Genetics in Britain: Examining Contemporary Professionals' Accounts", *Science, Technology & Human Values*, vol. 23, no. 2, pp. 175~198.

Kerr, A. and Shakespeare, T. 2002. *Genetic Politics: From Eugenics to Genome*, Cheltenham: New Clarion Press.

Kew, S. 1975. *Handicap and Family Crisis: A Study of the Siblings of Handicapped Children*, London: Pitman.

Kochan, A. 1996. "Remploy: Disabled and Thriving", *Assembly Automation*, vol. 16, no. 1, pp. 40~41.

Kowalsky, M. 2007. "'This Honourable Obligation': The King's National Roll Scheme for Disabled Ex-Servicemen 1915~1944", *European Review of History: Revue européenne d'histoire*, vol. 14, no. 4, pp. 567~584.

Kriegel, L. 1987. "The Cripple in Literature", A. Gartner and T. Joe eds., *Images of the Disabled: Disabling Images*, New York: Praeger, pp. 31~46.

Kuh, D., Lawrence, C., Tripp, J. and Creber, G. 1988. "Work and Work Alternatives for Disabled Young People", *Disability & Society*, vol. 3, no. 1, pp. 3~26.

Landsman, G. 1998. "Reconstructing Motherhood in the Age of 'Perfect' Babies: Mothers of Infants and Toddlers with Disabilities", *Signs: Journal of Women in Culture and Society*, vol. 24, pp. 69~99.

Large, P. 1991. "Paying for the Additional Costs of Disability", G. Dalley ed., *Disability and Social Policy*, London: Policy Studies Institute, pp. 101~105.

Laslett, P. 1977. *Family and Illicit Love in Earlier Generations*, Cambridge: University of Cambridge.

Law, B. and Watts, A. 1977. *Schools, Careers and Community*, London: Church

Information Office.

Lawson, A. 2008. *Disability and Equality Law in Britain; The Role of Reasonable Adjustment*, London: Hart Publishing.

Lawton, D. and Quine, L. 1990. "Patterns of Take-up of the Family Fund", *Child: Care, Health and Development*, vol. 16, no. 1, pp. 35~53.

Levitas, R. 1996. "The Concept of Social Exclusion and the New Durkheimian Hegemony", *Critical Social Policy*, vol. 16, pp. 5~20.

Lightfoot, J. and Sloper, P. 2003. "Having a Say in Health: Involving Young People with a Chronic Illness or Physical Disability in Local Health Services Development", *Children & Society*, vol. 17, pp. 277~290.

Lomax, E. 1996. "Small and Special: The Development of Hospitals for Children in Victorian Britain", *Medical History Supplement*, vol. 16, pp. 1~217.

Lonsdale, S. 1990. *Women and Disability*, London: Macmillan.

Lowenthal, D. 1985. *The Past is a Foreign Country*, Cambridge: Cambridge University Press.

McLaughlin, J., Goodley, D., Clavering, E. and Fisher, P. 2008. *Families Raising Disabled Children: Enabling Care and Social Justice*, Basingstoke: Palgrave.

McLean, K. and Pratt, M. 2006. "Life's Little (and Big) Lessons: Identity Statuses and Meaning-making in the Turning Point Narratives of Emerging Adults", *Developmental Psychology*, vol. 42, pp. 714~722.

McLean, K., Pasupathi, M. and Pals, J. 2007. "Selves Creating Stories Creating Selves: A Process Model of Self-development", *Personality and Social Psychology Review*, vol. 11, pp. 262~278.

Mallas, A. 1976. "Current Workshop Practices: Strengths and Weaknesses", *Education and Training of the Mentally Retarded*, vol. 11, pp. 338~341.

Manheim, K. 1952. *Essays in the Wociology of Knowledge*, London: Routledge & Kegan Paul.

Martin, H. and Beezley, P. 1974. "Prevention and the Consequences of Child Abuse", *Journal of Operational Psychiatry*, vol. 6, pp. 68~77.

Martin, J. and White, A. 1988. *OPCS Report 2, The Financial Circumstances of Disabled Adults Living in Private Households*, London: HMSO.

Martin, J., White, A. and Meltzer, H. 1989. *Disabled Adults: Services, Transport and Employment*, London: HMSO.

Masefield, P. 2006. *Strength: Broadsides from Disability on the Arts*, London: Trentham Books Ltd.

Mattingley, S. 1965. "Industrial Rehabilitation", *British Medical Journal*, vol. 1965, no. 2, pp. 930~932.

Mauldon, J. 1992. "Children's Risks of Experiencing Divorce and Remarriage: Do Disabled Children Destabilize Marriages?", *Population Studies*, vol. 46, pp. 349~362.

Meltzer, H., Smyth, M. and Robus, N. 1989. *Disabled Children: Services, Transport and Education*, OPCS surveys of disability in Great Britain, report 6, London: HMSO.

Mental Deficiency Committee. 1929. *Report of the Mental Deficiency Committee*, London: HMSO.

Michailakis, D. 2001. "Information and Communication Technologies and the Opportunities of Disabled Persons in the Swedish Labour Market", *Disability & Society*, vol. 16, no. 4, pp. 477~500.

Middleton, L. 2003., *Disabled Children: Challenging Social Exclusion*, Oxford: Blackwell Science Ltd.

Mills, C., 1959. *The Sociological Imagination*, Oxford: Oxford University Press.

Ministry of Education. 1959. *Handicapped Pupils and Special Schools Regulations*, London: Ministry of Education.

_____ . 1946. *Special Educational Treatment*, London: HMSO.

_____ . 1961. *Special Educational Treatment for Educationally Subnormal Pupils, Circular 11/61*, London: HMSO.

Ministry of Health. 1948. *The Development of Specialist Services*, Circular RHB(48)1, London: Ministry of Health.

Mitchell, D. and Snyder, S. 2000. *Narrative Prosthesis: Disability and the Dependencies of Discourse (Corporealities: Discourses of Disability)*, Michigan: University of Michigan Press.

Moncrieff A. and Walton, A, 1952. "Visiting Children in Hospital", *British Medical Journal*, vol. 1952, no. 1, pp. 43~44.

More, C. 2007. *Britain in the Twentieth Century*, London: Pearson.

Morris, J. 1993. *Independent Lives? Community Care and Disabled People*, Basingstoke: Macmillan.

Morris, J. 1998. *Still Missing? vol. 1: The Experiences of Disabled Children and Young People Living away from Their Families*, London: The Who Cares? Trust.

Morris, J. 2007. *Centres for Independent Living/local User-led Organisations: A Discussion Paper*, London: Department of Health/Crown.

_____ ed. 1989. *Able Lives: Women's Experience of Paralysis*, London: The Women's Press.

Morris, J. Abbott, D. and Ward, L. 2002. "At Home or Away? An Exploration of

Policy and Practice in the Placement of Disabled Dhildren at Residential Schools", *Children and Society*, vol. 16, pp. 3~16.

Morrison, E. and Finkelstein, V. 1993. "Broken Arts and Cultural Repair: The Role of Culture in the Empowerment of Disabled People", J. Swain, V. Finkelstein, S. French and M. Oliver eds., *Disabling Barriers: Enabling Environments*, London: Sage/Open University, pp. 122~128.

Murphy, J. and Ashman, A. 1995. "The Education of Children in Hospital Schools", *Australasian Journal of Special Education*, vol. 19, no. 1, pp. 29~36.

Neale, B. and Flowerdew, J. 2003. "Time, Texture Childhood: The Contours of Longitudinal Qualitative Research", *International Journal of Social Research Methodology*, vol. 6, no. 3, pp. 189~200.

Nixon, C. and Cummings, E. 1999. "Sibling Disability and Children's Reactivity to Conflicts Involving Family Members", *Journal of Family Psychology*, vol. 13, no. 2, pp. 274~285.

Norwich, B. 2002. *Special School Placement and Statements for English LEAs 1997-2001*, Report for CSIE, Exeter: University of Exeter.

_____. 1997. *Trend towards Inclusion: Statistics on Special School Placements and Pupils with Statements in Ordinary Schools, England 1992-96*, Bristol: Centre for Studies on Inclusive Education.

Noyes, J. 2000. "Enabling Young 'Ventilator-dependent' People to Express Their Views and Experiences of Their Care in Hospital", *Journal of Advanced Nursing*, vol. 31, no. 5, pp. 1206~1215.

ODI (Office for Disability Issues). 2009. Factsheet - Employment, retrieved January 2010 (from: www.officefordisability.gov.uk/docs/res/factsheets/ Factsheet_Employment.pdf)

_____. 2010. Disability Equality Indicators, retrieved 30 April 2010 (from: www.officefordisability.gov.uk/research/indicator.php)

Office for National Statistics. 2000. *School Pupils: By Type of School, 1970/71~1998/99: Social Trends 30*, London: Office for National Statistics.

Oliver, M. 1983. *Social Work with Disabled People*, Basingstoke: Macmillan.

_____. 1989. "Conductive Education: If It Wasn't So Sad It Would Be Funny", *Disability & Society*, vol. 4, no. 2, pp. 197~200.

_____. 1990. *The Politics of Disablement*, Basingstoke: Macmillan.

_____. 1996. *Understanding Disability: From Theory to Practice*, Basingstoke: Macmillan.

Oswin, M. 1998. "A Historical Perspective", C. Robinson and K. Stalker eds.,

Growing up with Disability, London: Jessica Kingsley Publishers, pp. 29~41.

Pagel, M. 1988. *On Our Own Behalf: An Introduction to the Self-organisation of Disabled People*, Manchester: GMCDP.

pahl, J. 1985. *Private Violence and Public Policy: The Needs of Battered Women the Response of the Public Services*, London: Routledge.

Parens, E. and Asch, A. eds. 2000. *Prenatal Testing and Disability Rights*. Washington, DC: Georgetown University Press.

Parfit, J. 1975. "Siblings of Handicapped Children", *British Journal of Special Education*, vol. 2, no. 1, pp. 19~21.

Parsons, T. 1951. *The Social System*, London: Free Press/RKP.

Paterson, K. and Hughes, B. 1999. "Disability Studies and Phenomenology: The Carnal Politics of Everyday Life", *Disability & Society*, vol. 14, no. 5, pp. 597~610.

Pedersen, S. 1993. *Family, Dependence, And the Origins of the Welfare State: Britain and France 1914~1945*, Cambridge: Cambridge University Press.

Pharoah, P., Platt, M. and Cooke, T. 1996. "The Changing Epidemiology of Cerebral Palsy", *Archives of Disease in Childhood: Fetal and Neonatal Edition*, vol. 75, no. 3, pp. F169-F173.

Piercy Report. 1956. *Report of the Committee of Enquiry on the Rehabilitation, Training and Resettlement of Disabled Persons*, London: HMSO.

Pierson, P. 1994. *Dismantling the Welfare State? Reagan, Thatcher and the Politics of Retrenchment*, Cambridge: Cambridge University Press.

Pinney, A. 2005. *Disabled Children in Residential Placements*, London: Department for Education and Skills.

Pitt, V. and Curtin, M. 2004. "Integration Versus Segregation: The Experiences of a Group of Disabled Students Moving from Mainstream School into Special Needs Further Education", *Disability & Society*, vol. 19, no. 4, pp. 387~401.

Plowden Report. 1967. *Children and Their Primary Schools*, London: HMSO.

Plummer, K. 2001. *Documents of Life*, London: SAGE.

Priestley, M. 1997. "The Origins of a Legislative Disability Category in England: A Speculative History", *Disability Studies Quarterly*, vol. 17, no. 2, pp. 87~94.

_____ . 1998a. *Disability Politics and Community Care*, London: Jessica Kingsley.

_____ . 1998b. "Discourse and Resistance in Care Assessment: Integrated Living and Community Care", *British Journal of Social Work*, vol. 28, no. 5, pp. 659~673.

_____ . 1998c. "Childhood Disability and Disabled Childhoods: Agendas for

Research", *Childhood: A global Journal of Child Research*, vol. 5, no. 2, pp. 207~223.

_____ . 1998d. "Constructions and Creations: Idealism, Materialism and Disability Theory", *Disability & Society*, vol. 13, no. 1, pp. 75~94.

_____ . 1999. "Discourse and Identity: Disabled Children in Mainstream High Schools", S. French and M. Corker eds., *Disability Discourse*, Buckingham: Open University Press, pp. 92~102.

_____ . 2000. "Adults Only: Disability, Social Policy and the Life Course", *Journal of Social Policy*, vol. 29, pp. 421~439.

_____ . 2003. *Disability: A Life Course Approach*, Cambridge: Polity Press.

_____ . ed. 2001. *Disability and the Life Course: Global Perspectives*. Cambridge: Cambridge University Press.

Priestley, M., Corker, M. and Watson, N. 1999. "Unfinished Business: Disabled Children and Disability Identities", *Disability Studies Quarterly*, vol. 19, no. 2, pp. 87~98.

Priestley, M., Rabiee, P. and Harris, J. 2002. "Young Disabled People and the 'New Arrangements' for Leaving Care in England and Wales", *Children and Youth Services Review*, vol. 25, no. 11, pp. 863~890.

Prime Minister's Strategy Unit. 2005. *Improving the Life Chances of Disabled People: Final Report*, London: PMSU.

Raz, A. 2005. "Disability Rights, Prenatal Diagnosis and Eugenics: A Cross-Cultural View", *Journal of Genetic Counselling*, vol. 14, no. 3, pp. 183~187.

Read, J. 1998. "Conductive Education and the Politics of Disablement", *Disability & Society*, vol. 13, no. 2, pp. 279~293.

_____ . ed. 2001. *Disability and the Life Course: Global Perspectives*. Cambridge: Cambridge University Press.2000. *Disability, Family and Society: Listening to Mothers*, Buckingham: Open University Press.

Read, J. and Harrison, C. 2002. "Disabled Children Living away from Home in the UK: Recognizing Hazards and Promoting Good Practice", *Journal of Social Work*, vol. 2, no. 2, pp. 211~232.

Record, R. and McKeown, T. 1949. "Congenital Malformations of the Central Nervous System: A Survey of 930 Cases", *British Journal of the Society of Medicine*, vol. 4, pp. 183~219.

Reeve, D. 2002. "Negotiating Psycho-emotional Dimensions of Disability and Their Influence on Identity Constructions", *Disability & Society*, vol. 17, no. 5, pp. 493~508.

Richardson, W. 2007. "In Search of the Further Education of Young people in post-war England", *Journal of Vocational Education & Training*, vol. 59, no. 3, pp. 385~418.

Rickman, J. 1939. "Evacuation and the Child's Mind", Letter to the Editor, *The Lancet*, 2 December, p. 1192.

Riddell, S., Adler, M., Mordaunt, E. and Farmakopoulou, N. 2000. "Special Educational Needs and Competing Policy Frameworks in England and Scotland", *Journal of Education Policy*, vol. 15, no. 6, pp. 621~635.

Riddell, S., Harris, N., Smith, E. and Weedon, E. 2010. "Dispute Resolution in Additional and Special Educational Needs: Local Authority Perspectives", *Journal of Education Policy*, vol. 25, no. 1, pp. 55~71.

Riddell, S., Pearson, C., Jolly, D., Barnes, C., Priestley, M. and Mercer, G. 2005a. "The Development of Direct Payments in the UK: Implications for Social Justice", *Social Policy & Society*, vol. 4, no. 1, pp. 75~85.

Riddell, S., Tinklin, T. and Wilson, A. 2005b. *Disabled Students in Higher Education: Perspectives on Widening Access and Changing Policy*, London: Routledge.

Riley, J., Foner, A., Moore, M., Hess, B. and Roth, B. 1968. *Ageing and Society, vol. 1: An Inventory of Research Findings*, New york: Russell Sage Foundation.

Riley, M. and Riley, J. 1999. "Sociological Research on Age: Legacy and Challenge", *Ageing and Society*, vol. 19, pp. 123~132.

Roberts, D. 1960. *Victorian Origins of the British Welfare State*, New Haven, CT: Yale University Press.

Roberts, E. 1984/1996. *Women's Place: An Oral History of Working Class Women, 1890~1940*, Oxford: Blackwell.

Roulstone, A. 1998. *Enabling Technology: Disability People, Work and New Technology*, Buckingham: Open University Press.

_____. 2000. "Disability, Dependency and the New Deal for Disabled People", *Disability & Society*, vol. 15, no. 3, pp. 427~443.

_____. et al. 2003. *Thriving and Surviving at Work: Disabled People's Employments*, Bristol, The Policy Press.

Roulstone, A. and Morgan, H. 2009. "Self Directed Support or Neo-Liberalism: Are We Speaking the Same Language on Adult Social Care?", *Social Policy and Society*, vol. 8, no. 2, pp. 333~345.

Rowe, J. and Lambert, L. 1973. *Children who Wait*, London: ABAA.

Rowland-Crosby, N., Giraud-Saunders, A. and Swift, P. 2004. *Developing Connexions: Young People with Disabilities, Mental Health Needs or Autistic*

Spectrum Disorders, London: The Foundation for People with Learning Disabilities.

Runswick-Cole, K. 2007. "'The Tribunal was the Most Stressful Thing: More Stressful than My Son's Diagnosis or Behaviour': The Experiences of Families who Go to the Special Educational Needs and Disability Tribunal (SENDisT)", *Disability & Society*, vol. 22, no. 3, pp. 315~328.

Russell, p. 1995. "The Importance of Contact for Children with Disabilities", H. Argent ed., *See You Soon: Contact with Children Who Are Looked after by Local Authorities*, London: BAAF, pp. 100~119.

Rustin, M. 2000. "Reflections on the Biographical Turn in Social Sciences", P. Chamberlayne et al. eds., *The Turn to Biographical Methods in Social Science*, London: Routledge, pp. 33~52.

Rutter, M. 1972. *Maternal Deprivation Reassessed*, Harmondsworth: Penguin Press.

Ryder, N.B. 1965. "The Cohort as a Concept in the Study of Social Change", *American Sociological Review*, vol. 30, no. 6, pp. 843~861.

Saldana, J. 2003. *Longitudinal Qualitative Research: Analyzing Change through Time*, Walnut Greek, CA: AltaMira Press.

Sanderson, A. 2001. "Disabled Students in Transition: A Tale of Two Sectors' Failure to Communicate", *Journal of Further and Higher Education*, vol. 25, no. 2, pp. 227~240.

Sanghera, P. 2007. "Abuse of Children with Disabilities in Hospital: Issues and Implications", *Paediatric Nursing*, vol. 19, no. 6, pp. 29~32.

Sass, E.J., Gottfried G. and Sorem, A. 1996. *Polio's Legacy: An Oral History, Lunham*, MD: University Press of America.

Scott, R.A. 1969. *The Making of Blind Men: A Study of Adult Socialization*, New York: Russell Sage Foundation.

Segal, S. 1961. "Dull and Backward Children: Post-war Theory and Practice", *Educational Research*, vol. 3, no. 3, pp. 171~194.

Shah, R. 1995. *The Silent Minority: Children with Disabilities in Asian Families*, London, National Children's Bureau.

Shah, S. 2005a. *Career Success of Disabled High Flyers*, London: Jessica Kingsley.

_____ . 2005b. "Voices and Choices: How Education Influences the Career Choices of Young Disabled People", *Journal of Research in Special Educational Needs*, vol. 5, no. 3, pp. 112~117.

_____ . 2007. "Special or Mainstream?: The Views of Disabled Students", *Research Papers in Education*, vol. 22, no. 4, pp. 425~442.

_____. 2008. _Young Disabled People: Choices, Aspirations and Constraints_, Surrey: Ashgate.

Shah, S. and Priestley, M. 2009. "Home and Away: The Impact of Educational Policies on Disabled Children's Experiences of Family and Friendship", _Research Papers in Education_, vol. 25, no. 2, pp. 155~174.

Shakespeare, T. 1996. "Disability, identity and difference", C. Barnes and G. Mercer eds., _Exploring the Divide_, Leeds: The Disability Press, pp. 94~113.

_____. 1998. "Choices and Rights: Eugenics, Genetics and Disability Equality", _Disability & Society_, vol. 13, no. 5, pp. 665~681.

_____. 2006. _Disability Rights and Wrongs_, London: Routledge.

Shaw, J. 2004. "'Expert Patient': Dream or Nightmare?", _British Medical Journal_, vol. 328, pp. 723~724.

Sheikh, K., Meade, T. and Mattingly, S. 1980. "Unemployment and the Disabled", _Rheumatology and Rehabilitation_, vol. 19, pp. 233~238.

Silver Jubilee Committee on Improving Access for Disabled People. 1979. _Can Disabled People Go Where You Go?_, London: Department of Health and Social Security.

Smith, B. and Sparkes, A. C. 2008. "Narrative and its Potential Contribution to Disability Studies", _Disability & Society_, vol. 23, no. 3, pp. 17~28.

Social Exclusion Unit. 1999. _Bridging the Gap: New Opportunities for 16~18 Year Olds Not in Education, Employment or Training_, London: HMSO.

Somers, R. 1994. "The Narrative Construction of Identity: A Relational and Network Approach", _Theory and Society_, vol. 23, pp. 605~649.

Stacey, M., Dearden, R., Pill, R. and Robison, D. 1970. _Hospitals, Children and Their Families_, London: Routledge & Kegan Paul.

Stafford, B., Corden, A., Meah, A., Sainsbury, R. and Thornton, P. 2007. _New Deal for Disabled People: Third Synthesis Report - Key Findings From the Evaluation_, Research Report No. 430, London: Department for Work and Pensions.

Stone, D. 1984. _The Disabled State_, London: Macmillan.

Strong, P. 1979. _The Ceremonial Order of the Clinic, Doctors and Medical Bureaucracies_, London: Routledge & Kegan Paul.

Sudbery, J. and Noyes, J. 1999. _The Voices and Choices of Young People who Use Assisted Ventilation: Bibliography and Analysis of the Literature_, York: Joseph Rowntree Foundation/University of Salford.

Sutherland, A. 1997. "Disability Arts, Disability Politics", A. Pointon with C. Davies eds., *Framed: Interrogating Disability in the Media*, London: British Film Institute, pp. 182~183.

Swain, J. and French, S. 2001. "The Relationship between Disabled People and Health and Well Professionals", G. Albrect, K. Seelman and M. Bury eds., *Handbook of Disability Studies*, Thousand Oaks, CA: Sage, pp. 734~53.

Swain, J. and Cameron, C. 1999. "Unless Otherwise Wtated: Discourses of Labeling and Identity in Coming Out", M. Corker and S. French eds., *Disability Discourse*, Buckingham: Open University Press, pp. 68~78.

Szreter, S. 2009. "History, Policy and the Social History of Medicine", *Social History of Medicine*, vol. 22, no. 2, pp. 235~244.

Tates, K. and Meeuwesen, L. 2001. "Doctor-patient-child Communication; A (Re) View of the Literature", *Social Science and Medicine*, vol. 52, pp. 839~851.

Thomas, C. 1998. "Parents and Family: Disabled Women's Stories about Their Childhood Experiences", C. Robinson and K. Stalker eds., *Growing up with Disability*, London: JKP, pp. 85~96.

_____ . 1999. *Female Forms: Experiencing and Understanding Disability*, Buckingham: Open University Press.

_____ . 2001. "Medicine, Gender and Disability: Disabled Women's Health Care Encounters", *Health Care Women International*, vol. 22, no. 3, pp. 245~262.

_____ . 2007. *Sociologies of Disability and Illlness: Contested Ideas in Disability Studies and Medical Sociology*, London: Palgrave Macmillan.

Thomas, P. 2004. "Disablism and Charity", *Coalition*, November.

Thompson, P., Lavery, M. and Curtice, J. 1990. *Short Changed by Disability*, London: Disability Income Group.

Thomson, R., Plumridge, L. and Holland, J. 2003. "Longitudinal Qualitative Research: A Developing Methodology", *International Journal of Social Research Methodology*, vol. 6, no. 3, pp. 185~187.

Thornton, P. and Corden, A. 2002. *Evaluating Impact of Access to Work: A Case Study Approach*, Sheffield: DWP.

Thornton, P. and Lunt, N. 1995. *Employment for Disabled People: Social Obligation or Individual Responsibility?*, York: Social Policy Research Unit.

Tin, W., Wariyar, U. and Hey, E. 1997. "Changing Prognosis for Babies of less than 28 Weeks' Gestation in the North of England between 1983 and 1994", *British Medical Journal*, vol. 314, no. 7074, pp. 107~111.

Tomlinson, G. 1943. *Report of the Inter-departmental Committee on the Rehabilitation and Resettlement of Disabled Persons*, London: HMSO.

Tomlinson, S. 1982. *A Sociology of Special Education*, London; Routledge.

Topliss, E. 1975. *Provision for the Disabled*, Oxford: Blackwell/Martin Robertson.

_____ . 1979. *Provision for the disabled* (2nd edition), Oxford: Blackwell/Martin Robertson.

Topliss, E. and Gould, B. 1981. *A Charter for the Disabled: The Chronically Sick and Disabled Persons Act 1970*, Oxford: Blackwell.

Tregaskis, C. 2006. "Parents, Professionals and Disabled Babies: Personal Reflections on Disabled Lives", D. Goodley and R. Lawthon eds., *Disability and Psychology: Critical Introductions and Reflections*, Basingstoke: Palgrave Macmillan.

Ulrich, M. 2000. *Life Course in the Transformation of East Germany*, Madrid: Instituto Juan March de Estudios e Investigaciones.

United Nations Committee on the Rights of the Child. 2008. *Consideration of Reports Submitted by States Parties under Article 44 of the Convention, Concluding Observation: United Kingdom of Great Britain and Northern Ireland*, CRC/C/GBR/CO/4, New York: UN.

UPIAS (Union of Physically Impaired Against Segregation)/Disability Alliance 1976. *Fundamental Principles of Disability*, London: UPIAS/Disability Alliance.

Vasey, S. 1992. "Disability Arts and Culture: An Introduction to Key Issues and Questions', S. Lees ed., *Disability Arts and Culture Papers*, London: Shape, pp. 7~13.

Vehkakoski, T. 2007. "Newborns with an Impairment: Discourses of Hospital Staff", *Qualitative Health Research*, vol. 17, no. 3, pp. 288~299.

Vernon, A. 1999. "The Dialectics of Multiple Identities and the Disabled People's Movement", *Disability & Society*, vol. 14, no. 3, pp. 385~398.

Vickerstaff, S. 2003. "Apprenticeship in the 'Golden Age': Were Youth Transitions Really Smooth and Unproblematic Back Then?", *Work, Employment & Society*, vol. 17, no. 2, pp. 269~287.

Vierzigmann, G. and Kreher, S. 1998. "'Zwischen den Generationen': Familiendynamik und Familiendiskurse in biographischen Erzählungen" ["'Between Generations': Family Dynamics and Family Discourses in Biographical Accounts"], *Berliner Journal für Soziologie*, vol. 8, no. 1, pp. 23~38.

Vincent, C., Evans, J., Lunt, I. and Young, P. 1996. "Professionals under Pressure: the Administration of Special Education in a Changing Context", *British Journal of Educational Research*, vol. 22, no. 4, pp. 475~490.

Walker, A. 1980. "The Handicapped School Leaver and the Transition to Work", *British Journal of Guidance & Counselling*, vol. 8, no. 2, pp. 212~223.

Warnock Report 1978. *Special Educational Needs: (Report of the Committee of Enquiry into the Education of Handicapped Children and Young People)*, London: HMSO.

Warren, J. 2005. "Disabled People, the State and Employment: Historical Lessons for Welfare policy", A. Roulstone and C. Barnes eds., *Working Futures: Disabled People, Employment Policy and Social Inclusion*, Bristol: The Policy Press, pp. 301~314.

Watson, N. 2002. "Well, I know This Is Going to Sound Very Strange to You, But I don't See Myself as a Disabled Person: Identity and Disability", *Disability & Society*, vol. 17, no. 5, pp. 509~527.

Watson, N. and Woods, B. 2005. "No Wheelchairs Beyond This Point: A Historical Examination of Wheelchair Access in the Twentieth Century in Britain and America", *Social Policy & Society*, vol. 4, no. 1, pp. 97~105.

Watson, N., Shakespeare, T., Cunningham-Burley, S., Barnes, C., Corker, M., Davis, J. and Priestley, M. 1999. *Life as a Disabled Child: A Qualitative Study of Young People's Experiences and Perspectives*, Edinburgh and Leeds: Universities of Edinburgh and Leeds.

Watts, A. 2001. "Career Guidance and Social Exclusion: A Cautionary Tale", *British Journal of Guidance & Counselling*, vol. 29, no. 2, pp. 157~176.

Wendell, S. 1996. *The Rejected Body: Feminist Philosophical Reflections on Disability*, New York: Routledge. [수전 웬델, 『거부당한 몸: 장애와 질병에 대한 여성주의 철학』, 강진영·김은정·황지성 옮김, 그린비, 2013]

Westcott, H. 1994. "Abuse of Children and Adults Who are Disabled", S. French ed., *On Equal Terms: Working with Disabled People*, Oxford: Butterworth-Heinemann, pp. 190~206.

Westcott, H. and Cross, M. 1996. *This Far and No Further: Tending the Abuse of Disabled Children*, Birmingham: Venture Press.

Williams, B., Copestake, P., Eversley, J. and Stafford, B. 2008. *The Experiences and Expectations of Disabled People*, London: Office for Disability Issues/DWP.

Williams, F. 1989. *Social Policy: A Critical Introduction: Issues of Race, Gender and Class*, Cambridge: Polity Press.

Williams, P. 1965. "The Ascertainment of Educationally Subnormal Children", *Educational Research*, vol. 7, no. 2, pp. 136~146.

Wilson-Costello, D., Friedman, H., Minich, N., Fanaroff, A. and Hack, M. 2005. "Improved Survival Rates with Increased Neurodevelopmental Disability for Extremely Low Birth Weight Infants in the 1990s", *Pediatrics*, vol. 115, pp. 997~1003.

Wood, C. and Grant, E. 2010. *Destination Unknown*, London: Demos.

Woods, B. and Watson, N. 2004. "A Glimpse at the Social/Technological History of Wheelchairs", *International Journal of Therapy and Rehabilitation*, vol. 11, no. 9, pp. 407~410.

_____ . ed. 2001. *Disability and the Life Course: Global Perspectives*. Cambridge: Cambridge University Press.2005. "When Wheelchair Innovation in Britain was under State Control", *Technology and Disability*, vol. 17, no. 4, pp. 237~250.

Young, M. and Willmott, P. 1957. *Family and Kinship in East London*, London: Routledge.

Zola, I. 1972. "Medicine as an Institution of Social Control", *Sociological Review*, vol. 20, no. 4, pp. 487~504.

_____ . ed. 2001. *Disability and the Life Course: Global Perspectives*. Cambridge: Cambridge University Press.1977. "Healthism and Disabling Medicalization", I. Illich, I. Zola, J. McKnight, J. Caplan and H. Shaiken eds., *Disabling Professions*, London: Calder & Boyars, pp. 41~68.

찾아보기